AF482627

Ricarda Huch

Michael Bakunin und die Anarchie

e-artnow 2021

Ricarda Huch

Michael Bakunin und die Anarchie

Der Weg eines Revolutionärs

e-artnow, 2021
Kontakt: info@e-artnow.org

ISBN 978-80-273-4196-2

Inhaltsverzeichnis

Mikhail Bakunin (1814 - 1876)

1

Rußlands Beziehungen zur europäischen Geschichte

Die Flammen, in denen Moskau sich verzehrte, geboten dem Erobererschritt Napoleons halt; aber unangetastet von der Glut stand die Muse unter den knisternden Mauern und sah ihrem Liebling nach, der mit düsterer Stirn sich rückwärts wandte, dem Untergang entgegen. Umgeschlagen das singende Element wie einen flatternden Mantel, schrieb sie mit Geisterfingern in den Schutt, über den sie hinschritt, dann verschwand sie in der herbstlichen Steppe. Sie wanderte an der Wolga und am brausenden Don entlang, sie glitt mit der klingenden Troika über unabsehbare Heiden ohne Dorf, ohne weidendes Vieh, und ihre goldene Sohle berührte die fruchtbare Erde des Südens. Niemand sah sie; aber ihr Atem mischte die Luft zu einem Zaubertranke, der viele Seelen berauschte. Auf manche Schwelle, über die sie gedankenvoll wandelte, grub sie magische Zeichen: Sollte der Fuß eines jungen Helden über sie stürmen? sollten kriegerische Horden über sie eindringen? war sie durch Aufruhr dem Verderben geweiht? Die alten Lieder, die sie vorübersausend sang, vernahm niemand; aber sie blieben an Bäumen und Strömen hangen, die sie fortan verkündeten. Es gab Kinder, die mit ihnen aufwuchsen und sie in sich trugen wie Fanfaren, die zu Taten drängten. Während Eltern, Geschwister und Diener ihrem Vergnügen und ihren Geschäften nachgingen, dumpf in die alltägliche Langeweile versunken, horchten sie auf den lockenden Ton, der von der Harfe der Klio sprühte.

Rußland, mächtig durch sein Gebiet, seine Völker, durch Schätze der Erde, war dennoch bisher ein geschichtsloses, nicht ereignisloses Land; es erlebte, aber ohne allgemeine Teilnahme, Sinn und Entwicklung auf ein höheres Ziel zu. Wenn Keime eines organischen Lebens im russischen Volke lagen, so wurde ihr Wachstum durch besondere Verhältnisse zurückgehalten. Diese bestanden zum Teil vielleicht in dem geographischen Charakter des eintönigen, ungegliederten, massigen Reiches, sodann jedenfalls in einem durchgreifenden Zwiespalt, der Rußland zerriß und lähmte, indem die adlige Bürokratie und die leibeigene Bauernschaft sich fremder als zwei fremde Völker gegenüberstanden. Die Idee des Kaisers als des Statthalters Gottes, in welchem das Ganze des Volkes beschlossen ist, so daß er die Unterdrückung einiger oder vieler durch den Übermut einzelner nicht leidet, ist dem Menschen, und besonders dem russischen Menschen, so eingeboren, daß die russischen Bauern inmitten des Elends ihrer Hörigkeit nie aufhörten zu glauben, der Zar halte es mit ihnen gegen den Adel, der sich seine Übermacht im Widerspruch gegen ihn angeeignet habe. Tatsächlich hatten die Zaren, ähnlich wie die Fürsten des Abendlandes, die Bauern dem Adel preisgegeben, um sich die Unterwerfung des Adels zu erkaufen, und hatten sich dadurch in eine zweideutige Stellung gebracht, aus der sie je länger je weniger einen Ausweg wußten. Trotz der Unfreiheit des Adels, der nichts war als die Beamtenschaft und das Werkzeug des Zaren, hingen sie selbst doch wieder vom Adel ab, der zwischen ihnen und dem größten Teil des eigentlichen Volkes stand; nur ein kleiner Teil der Bauern gehörte dem Staat.

Es ist bekannt, daß Peter der Große die westliche Zivilisation nach Rußland zu verpflanzen suchte, dabei natürlich das herausgreifend, was sich am ehesten durch einen Einzelwillen übertragen ließ und was seiner herrischen Natur zusagte: Das war der Despotismus der in der Person des Fürsten mündenden Adels- und Beamtenherrschaft. Der orientalische Despotismus, der im russischen Wesen zu liegen scheint, vereinigte sich mit dem abendländischen Absolutismus, um das Leben der russischen Gesellschaft zu unterdrücken. Den Hauptunterschied zwischen der Struktur Rußlands und der des übrigen Abendlandes machte der Umstand aus, daß das Bürgertum in Rußland schwach und bedeutungslos war; vergebens hatte sich Katharina bemüht, die Einrichtungen des deutschen Städtewesens in ihr Reich zu übertragen, da sich organisches Leben nicht auf Befehl einführen läßt. Das Fehlen der vermittelnden Klasse machte die Gegensätzlichkeit und Spannung desto heißer und gefährlicher.

Die russischen Zaren hatten von jeher Ursache, vor Verschwörung und Mord auf der Hut zu sein; und zwar waren diejenigen, die ihnen nachstellten, nicht unter den gequälten Bauern, sondern unter dem hohen Adel und der zarischen Familie zu suchen. Paul, der Sohn Katharinas und Vater der beiden Kaiser Alexander I. und Nikolaus I., war durch eine sogenannte Palastrevolution gefallen, der sein Sohn Alexander nahegestanden hatte. Durch den despotischen Willen eines russischen Kaisers fühlten sich zu allermeist die Nächststehenden bedroht, die Familie und der hohe Adel, welcher die eigentliche unmittelbare Dienerschaft des Zaren bildete. Dadurch aber, daß ein Glied des Adels den jeweiligen Zaren bis aufs Blut hassen, ja morden konnte, wurde das autokratische System nicht angetastet, da ja der Reichtum des Adels auf der rechtlosen Abhängigkeit der Bauern beruhte, die der Zar ihm verbürgte; so seltsam waren Herrschaft und Knechtschaft von Zar und Adel verflochten.

Man sollte meinen, die Befreiung der Bauern hätte im Interesse der Zaren gelegen; indessen unmittelbare Gefahr und Mühe wirkt stärker als in der Ferne winkender Vorteil. Katharina hatte mit dem Gedanken der Bauernbefreiung gespielt; von Alexander I. heißt es, er habe ihn aufgegeben, als man ihn vor dem Gifte des Adels gewarnt hatte, der durch eine solche Umwälzung in seinem Besitz und Wohlsein bedroht gewesen wäre. Je länger der Stein dalag, desto mehr Furcht verbreitete sich vor dem Augenblick, wo man ihn aufhöbe und grauenhaftes Gewürm frei hervorkröche. So wenig aber Alexander tat, um den inneren Zustand Rußlands zu heben, beförderte er doch die Kritik und die Sehnsucht nach Besserung, indem er selbst, alles Russische verachtend, auf westeuropäische Bildung stolz war. Auch Katharina hatte junge Leute auf deutschen Universitäten studieren lassen; unter Alexander aber führte der Krieg unzählige junge Offiziere ins Ausland, welche, heimgekehrt, das freiere und edlere Leben, an das sie sich gewöhnt hatten, schmerzlich vermißten. Überhaupt war seit langer Zeit das Französische die Umgangssprache der guten Gesellschaft und französische Sitte und französische Anschauungsweise verbreitet; dem Adel waren die freiheitlichen Ideen der Französischen Revolution vielfach geläufig, während er tatsächlich von der Sklaverei des Volkes lebte.

Die jungen Revolutionäre, welche zur Zeit Alexanders zum ersten Male den Plan einer systematischen Umwälzung in Rußland faßten, gingen alle aus den höchsten Kreisen der Gesellschaft hervor; man nannte diese Erscheinung später den bereuenden Adel. Die Gesellschaft war auf einer Spitze angelangt, wo sie sich selbst beurteilte, sich selbst verdammte und auflöste; sie begriff, wie weit sie sich von der Natur und den in ihr wirksamen sittlichen Gesetzen entfernt hatte und daß sie so nicht weiter fortbestehen konnte, weil sie es nicht durfte. In der Mehrheit war natürlich eine solche selbstvernichtende Erkenntnis nicht lebendig, und viele gab es, die sie wohl hatten, aber keine Schlüsse daraus zogen. Daß die Revolutionäre die herrschende Schicht gegen sich hatten, war selbstverständlich; zu ihrem Unheil konnten sie sich aber auch nicht auf das Volk stützen, das sie nicht verstand.

Überall erhält sich ein mehr oder weniger dunkles Bewußtsein von naturgemäßen Zuständen, wie sie sein sollten, die die Gebildeten, je mehr die Entwicklung sie davon entfernt hat, geringschätzig als phantastisch abzutun pflegen; in Rußland war dies besonders der Fall, da sich einerseits die primitive Freiheit der Dorfgemeinde inmitten der Leibeigenschaft unverändert erhalten hatte, anderseits die Zivilisation gewalttätig eingeführt war und in das Volk nie hatte eindringen können. Um die Ereignisse richtig zu beurteilen, muß man einsehen, daß seit Peter dem Großen ein dauernder Kriegszustand in Rußland herrschte, meist im verborgenen glimmend, zuweilen in hellen Flammen auflodernd. Das Eigentümliche des Dekabristenaufstandes war, daß er aus dem Schoße der westlichen Zivilisation selbst erwuchs und ohne jede Anknüpfung an das leidende Volk war, dem er Erlösung bringen sollte. Die Bauern haßten den Adel und die Bürokratie, aber sie trennten davon den Zaren, der in ihrer Einbildung ein Volkszar war, und was sie anstrebten, Land und Freiheit, hatte nichts zu schaffen mit den Verfassungsplänen der Dekabristen; das Rüstzeug, dessen diese sich bedienten, bestand in westlichen Ideen, die sich allmählich gegen die Schäden der Zivilisation auf dem Boden derselben entwickelt hatten.

Man kann von einem romanischen und einem germanischen Protest gegen die herrschenden Zustände sprechen. Beide gründen sich auf die Idee der Volksherrschaft, die aber auf verschiedene Art von beiden aufgefaßt wird. Die germanische Volksherrschaft beruht auf der Gesamtheit der wehrkräftigen Freien und wird von Männern ausgeübt, die aus ihrer Mitte hervorgegangen und von ihnen gewählt sind; nach der romanischen Idee wird die Herrschaft von der Gesamtheit des Volkes abgelöst, wodurch aus dieser Regierte oder Staatsbürger werden, die mit den öffentlichen Angelegenheiten nichts zu tun haben. Es mag sein, daß es richtiger wäre, die Lebensformen junger und alternder Völker zu unterscheiden; jedenfalls übernahmen die romanischen Völker die Neigung zu den römischen Gesetzen und Regierungen, kurz, die Zentralisation, während die germanischen Barbaren auflösend auf jene Welt wirkten. Die romanische Revolution und Demokratie bedeutet die Teilnahme einer neuen, bisher ausgeschlossenen Schicht an der Regierung und Vertretung im Parlament, die germanische verlangt, daß das, was alle angeht, auch von allen beschlossen und ausgeübt werde, Selbstverwaltung im weitesten Sinne. Im wesentlichen stehen sich Zentralisation und Föderation oder Vergesellschaftung, Gemeindebildung, gegenüber; denn es leuchtet von selbst ein, daß das Besorgen der öffentlichen Geschäfte durch alle die Bildung von Gruppen erfordert, die sich, von unten nach oben zusammenwachsend, untereinander verständigen müssen. Ebensowohl kann man fließendes und erstarrendes Leben unterscheiden: Mit der Zentralisation beginnt das, was man Staat zu nennen pflegt, dessen Wesen Stabilität ist, wohingegen man den fließenden Zustand das Reich der privaten Beziehungen nennen könnte. Denn im Grunde ist es doch so: Das Leben bleibt im Flusse, solange es auf Personen und Gewohnheiten abgestellt ist, es erstarrt, wenn es auf Erblichkeit, auf Gesetzen, Verträgen und Verfassungen beruht.

Der hervorragendste unter den russischen Revolutionären, Pestel, Sohn einer deutschen Mutter und Adjutant des Fürsten Wittgenstein, hatte föderalistische und sozialistische Ideen zu einer Zeit, wo das Wort und der Begriff Sozialismus noch unbekannt waren. Er übte auf seine Genossen einen fast unwiderstehlichen Einfluß aus; doch wichen viele in verschiedener Hinsicht von ihm ab. Er wollte die Republik, andere wollten eine konstitutionelle Monarchie. Die Befreiung der Bauern wollten alle, über die Art ihrer Ausstattung mit Land war man nicht einig. Pestel hielt die Umwandlung des Adelszaren, Vertreters einer Klasse, in einen Volkszaren, Vertreter des Ganzen, für unmöglich und deshalb die Ermordung des Zaren und seiner ganzen Familie für notwendig. Dazu wollten sich verschiedene andere nicht verstehen, doch gaben sie endlich, von Pestel überzeugt, wenigstens in bezug auf die Person des Zaren nach. Einer, ein entschlossener, erbitterter Mann, wollte gelegentlich die Tat ausführen; indessen, die anderen schraken davor zurück, und es gelang ihnen, ihn zurückzuhalten. Alle waren von hoher Uneigennützigkeit und begeistert im Reden; aber die rücksichtslose Kraft des Handelns besaßen sie nicht, wie sie denen eigen ist, die am eigenen Leibe unter Despotismus und Ungerechtigkeit leiden. Pestel hatte Augenblicke tiefer Niedergeschlagenheit, wo er daran dachte, mit Gefahr seines Lebens dem Zaren alles zu gestehen und ihn anzuflehen, die Geheimbünde aufzulösen und die Reformen, die sie anstrebten, selbst durchzuführen.

Der plötzliche Tod Alexanders veränderte die Lage und drängte zum Handeln; namentlich wegen eines besonderen Umstandes, der mit dem Thronwechsel verbunden war. Schon Jahre zuvor hatte der Thronfolger, Alexanders Bruder Konstantin, abgedankt, was aber im allgemeinen unbekannt war, so daß ihm der Treueid geleistet wurde. Wenn nun Nikolaus, der jüngere Bruder, auf die Nachfolge Anspruch erhob, so konnte man die Soldaten glauben machen, es handle sich nicht um Rebellion, sondern um pflichtmäßiges Eintreten für den verdrängten Erben. Die Dekabristen, wie man diese Verschwörer später nannte nach dem Monat Dezember, in welchen der Tod Alexanders und die Revolution fielen, entschlossen sich zu diesem Wege eigentlich, weil sie sich bewußt waren, es widerstrebend zu tun; nachdem sie so lange geredet hatten, hielten sie es für ein Erfordernis der Ehre, zu handeln. Einige fielen ab; andere stürzten sich mit zusammengebissenen Zähnen, hoffnungslos, in den Kampf. Diejenigen, die mit unerschütterlichem Heroismus vom Anfang bis zum Ende standhielten, starben am Galgen oder in Sibirien; nur wenige erlebten die Begnadigung nach dem Tode des Kaisers Nikolaus.

Die seltsame Erscheinung Nikolaus' des Ersten kann man nur begreifen, wenn man ihn als krankhaft ansieht, und das taten auch manche, die ihm nähertraten, besonders gegen das Ende seines Lebens. Man konnte das Urteil hören, die ganze Familie Romanow leide an erblicher Geisteskrankheit; ist sie aber nicht der Fluch, der alle trifft, die keinen Widerstand dulden und keinen finden? Die Eigenart Nikolaus', der charaktervoller, aber beschränkter war als sein Bruder

Alexander, kam der Ausbreitung des Giftes besonders entgegen. Seine oft beleidigende Gefühls-
roheit, die Leere, die er durch hochtrabende Gesten und Worte zu verdecken suchte, der Stolz,
der Eigensinn, das Aufblitzen von Größe, die aber immer im Herrischen, nicht in Großmut lag,
alles das deutet auf einen Menschen, der den Zusammenhang mit dem Ganzen verloren hat und,
von Königsbewußtsein verblendet, dem Abgrund des Königswahnsinns sich nähert. Er liebte es,
bei Paraden, Begräbnissen, Einweihungen seine schöne Person zur Schau zu stellen, als spiele
er eine Rolle; er spielte sie bis zum letzten Augenblick seines Lebens mit so viel Glanz und
Würde, daß er, wäre er ein Schauspieler gewesen, uneingeschränkte Bewunderung genießen
würde. Die Anziehungskraft, die er ausübte, verdankte er vielleicht dem russischen Wesen, das
nicht selten eine bezaubernde Wirkung ausstrahlen soll; aber auch die seelische Überspannung
verleiht zuweilen einen großen Reiz. Es kam oft vor, daß Menschen, die dem Kaiser ein starkes
Vorurteil entgegenbrachten, ja, die ihn fortdauernd mißbilligten und beinah haßten, von seiner
Persönlichkeit wider ihren Willen hingerissen wurden.

Es gibt eine Einigung, die gut ist, weil ohne sie das Chaos wäre, die gerade durch ihr Dasein
reiches Leben in unzähligen Erscheinungen verbürgt; eine andere, böse dagegen, die daraus besteht, daß ein einziger Mittelpunkt alles Leben an sich zieht und in sich verschlingt, um allein
alles zu sein. Eine solche Einheit strebte Kaiser Nikolaus an, das Ideal, das ihm vorschwebte,
durch das Motto seiner Regierung bezeichnend: Ein Volk, Ein Gesetz, Ein Glaube. Dies war
gerade in Rußland zu verwirklichen unmöglich, einem Riesenreiche, das aus den verschiedenar-
tigsten, durch Zufall und Willkür zusammengeworfenen Teilen bestand, deren Berührung wohl
segensreich sein konnte, deren Verschmelzung aber nur gewaltsam und auch durch Gewalt nicht
zu erreichen war. Das alte, breite, träge, geheimnisvoll mächtige, lebenbrütende Großrußland,
die frische, kriegerische, sagenreiche Ukraine, die deutschen Ostseeprovinzen mit ihrer vorneh-
men, erstarrten Kultur, die Tüchtigkeit und Unbeugsamkeit Finnlands, eine einsame Welt für
sich bildend, die unbändigen kaukasischen Bergvölker, herrlich durch Schönheit und Freiheit,
die wilden Kosaken, die hochmütigen, ritterlichen, unlenkbaren und zum Lenken unfähigen
Polen, die in Staub getretenen, klugen, wachsamen und geduldigen Juden – wie hätten alle diese
Völker unter ein gleiches Gesetz, einen Glauben und eine Sprache gezwungen werden können!
Anderseits liegt doch etwas im russischen Lande und im russischen Menschen, das dem Ideal
der Uniformität entgegenkommt. Einförmig ist die Natur, und einförmig sind nach Anlage,
Bauart und ganzem Charakter die Dörfer und Städte; es heißt, mit einer habe man so ziemlich
alle gesehen. Wunderbar steht dem gegenüber die phantastische Herrlichkeit der alten Kirchen
und Heiligtümer. Die Einförmigkeit schließt schroffe Gegensätze nicht aus, die nur freiwilliges,
allgemeines Leben vermitteln könnte.

Nikolaus, so groß gewachsen, so stark, so herrisch, war im Grunde zu schwach, um es mit
freien Lebensäußerungen aufzunehmen. Arm an Ideen, hielt er sich an sein dürftiges System
und erschien standhaft und folgerichtig, weil er nie an sich und seinen Ansichten zweifelte.
Es kam ihm nicht in den Sinn, sich in die Menschen, die er bearbeitete, hineinzuvertiefen;
so hielt man ihn oft für grausam, während ihm nur die Vorstellung der Außenwelt fehlte. Der
Despot ist ein Mechaniker: Er zieht den geregelten Gang des Automaten der widerspruchsvollen
Mannigfaltigkeit des Lebens vor und möchte aus den Ländern und Völkern, die er als sein Eigentum betrachtet, ein schnurrendes Räderwerk machen, das abläuft, je nachdem er es aufzieht.
In dem Bestreben, alles Eigenleben in Rußland zu unterdrücken, blieb er siegreich, solange er
lebte. Die Hinrichtung der fünf Dekabristen, die Nikolaus als die Schuldigsten ansah, die Verbannung der übrigen nach Sibirien erregte zwar Schmerz und Entrüstung unter jenem Teil der
Aristokratie, welcher ähnlich dachte; aber er verstummte. Jeder einzelne fühlte das Schweigen-
müssen wie ein lähmendes Gift durch seine Adern schleichen. Der Druck lagerte atemraubend
und beängstigend auf Rußland; wo kein Kampf zwischen dem starren Vergangenen und dem
Künftigen ist, da ist kein geschichtliches Leben. Vier Jahre nach dem Regierungsantritt Nikolaus' des Ersten verfaßte ein sonderbarer, einsiedlerisch lebender Mann, Peter Tschaadajew,
ein Schreiben, welches klang wie ein Schmerzensschrei über das Schicksal Rußlands, ausgeschlossen vom Abendlande und seiner Kultur geschichtslos zu veröden. Dies abendländische,

von einer gleichartigen Kultur durchdrungene und zusammengehaltene europäische Reich sah er als Reich Gottes an, die Krone der Erde. Nur innerhalb dieses Reiches, meinte er, gebe es eine sinnvolle Entwicklung. Schon sein Ausgangspunkt, das Heldenzeitalter, habe einen Schatz von Erinnerungen überliefert, an welchen wie an einen Brückenpfeiler die Geschichte anknüpfe und der Rußland fehle. »Die Epoche unseres sozialen Lebens, die diesem Alter entspricht, war mit einem düsteren und dunklen Dasein angefüllt, welches der Kraft und Energie entbehrte, von nichts anderem außer von Gewalttaten belebt, nur durch die Knechtschaft gemildert wurde. Weder lockende Erinnerungen und anmutige Bilder leben im Gedächtnis des Volkes noch gewaltige Lehren in seiner Überlieferung. Werfen Sie einen Blick auf alle von uns durchlebten Jahrhunderte, auf den ganzen von uns eingenommenen Raum – Sie werden keine anziehende Erinnerung, kein würdiges Denkmal finden, das Ihnen deutlich von der Vergangenheit spräche, das sie vor Ihnen plastisch und bildhaft wiederschüfe. Wir leben der Gegenwart allein in ihren engsten Grenzen, ohne Vergangenheit und Zukunft, inmitten eines toten Stillstandes.« Dieser Brief, die verzweifelte Klage eines im finstern Kerker Angeschmiedeten, der das Leben der Freien draußen im goldenen Lichte vorüberrauschen sieht, wurde schon im Manuskript viel gelesen und im Jahre 1836 in einer Zeitschrift abgedruckt. Kaiser Nikolaus, darauf aufmerksam gemacht, las ihn und fand ihn, da er ihn nicht verstand, frech und unsinnig; er handelte vermutlich aus Überzeugung, als er den Verfasser für irrsinnig erklären ließ. Tschaadajew, der als Offizier die Kriege gegen Napoleon mitgemacht hatte, der Freund Puschkins, der schöne, bewunderte Stern aller Salons, die für geistvoll galten, wurde von Staats wegen für irrsinnig erklärt und mußte sich von Zeit zu Zeit den Besuch eines Polizeiarztes gefallen lassen, der ihn zu beobachten hatte. Die Zeitschrift, in welcher der Brief abgedruckt war, wurde verboten. Tschaadajew lebte noch zurückgezogener als sonst; als einsamer Spaziergänger, den Hut tief in die Stirn gedrückt, ging er an den Menschen vorüber, selten sich äußernd und stets bereit, das Gesagte zurückzunehmen, wenn es die Grenze des amtlichen Irrsinns streifte. Der Stillstand des Lebens lastete auf den Menschen als Langeweile, ein furchtbares und verhängnisvolles Übel. Sie quälte am meisten diejenigen jungen Männer, die sich nicht entschließen konnten, in den Staatsdienst zu treten, und dadurch beschäftigungslos waren. Vielleicht kann man sagen, daß die Galgen, an welchen die Revolutionäre aufgehängt wurden, die gleichförmige Ebene des ungeheuren, ungegliederten Reiches vorteilhaft belebten. Das Bedürfnis, fremde Völker, fremde Länder kennenzulernen, ist überall vorhanden; in Rußland herrschte in allen Schichten ein außergewöhnlicher Hang, zu wandern und zu reisen, eine Sucht, den Geist durch den Anblick ungebundenen Lebens zu erfrischen, die die damit verbundenen Schwierigkeiten und Gefahren nur verstärkten. Überall, wo Despotismus besteht und die spontanen Kräfte der Individuen unterbunden sind, stellt sich Langeweile als bedenkliches Symptom ein; sie läßt sich durch Mode und Liebesverhältnisse, durch Theater und Spiele beschwichtigen, wo ein Abglanz bunten und wilden Geschehens den Müßigen vorgeführt wird; aber Leben will Blut, und wo noch Leben ist, kann der Funke leicht von den täuschenden Flammen der Bühne auf den Markt überspringen und zünden.

Niemand sprach in der Gesellschaft mehr von den Dekabristen außer mit Entrüstung und Verachtung; die Macht des Bestehenden hatte so durchaus gesiegt, daß die öffentliche Meinung sich ihr völlig unterordnete: Es gab keine Opposition mehr. Die unnatürlichen Zustände indessen hörten nicht auf, Hilfe zu fordern, und durch alle Wolken leuchtete das Sternbild der verklärten Toten. Wie der Knabe Mazzini in Genua beim Anblick der Flüchtlinge, die nach der gescheiterten Revolution Italien verließen, sich schwur, ihnen nachzueifern und sie zu rächen, so nährten sich die Herzen junger Russen mit der Leidensgeschichte ihrer ersten Märtyrer der Freiheit. Die Erstlinge einer großen Revolution erscheinen gewöhnlich ungeschickt in der Wahl ihrer Mittel, unfolgerichtig, fast einfältig im Handeln, und doch geht von ihnen die größte Kraft aus; sie fallen, den Weg bahnend, indem sie die feindlichen Speere auf ihre Brust lenken. Das Geschlecht, das geboren wurde zur Zeit, als Napoleon, der Träger und Beendiger der Revolution, stürzte, war berufen, die Reaktion zu erschüttern, die das aufgelöste Europa versteinern wollte, um es zu erhalten.

2

Michael Bakunins Vaterhaus und Jugend

Das weiße Haus ruhte breit und niedrig, mit einer Säulenvorhalle und gastlichen Flügeln zum Eintritt ladend, inmitten von Bäumen und Wiesen. Es war da nichts Gestutztes und Geschnörkeltes, die Pflege hatte sich der Natur bescheiden angeschmiegt: Sie wuchs und blühte überschwenglich aus ihrer eigenen Fülle hervor. An Gebüschen und Baumgruppen vorüber wand sich ein ruhiger Fluß und entschwand dem Blick in dichtere Haine; man sah ringsum keine Grenzen wie in einem Garten oder Park. Dies war das Gut der adligen Familie Bakunin, anschließend an das Dorf Prjamuchino, das ihre Leibeigenen, etwa tausend Seelen, bewohnten. Der Ursprung dieses alten Adels verliert sich im Dunkel; eine Überlieferung führt ihn auf die siebenbürgische Familie Báthory zurück, andere erwähnen die Stadt Baku, die einst den Persern gehörte und wo noch Sonnentempel von ihrem Glauben zeugen. Der Vater des Besitzers war Minister unter Katharina gewesen und hatte seinen Sohn achtjährig nach Florenz geschickt, wo er in Obhut von hochgestellten Verwandten aufwuchs. In Italien hatte Alexander seine Jugend verlebt und Philosophie studiert, um gleichsam als Fremdling in die Heimat zurückzukehren. Eine Zeitlang widmete er sich, wie es Vorschrift war, dem Staatsdienst, zog sich aber, davon unbefriedigt, auf sein Gut in das Privatleben zurück. Erst mit vierzig Jahren wurde Alexander Bakunin von einer entscheidenden Liebesleidenschaft ergriffen zu einem noch ganz jungen Mädchen aus dem Geschlecht der Murawjew. In dieser Familie scheint sich das gegensätzlich gespannte russische Wesen zu spiegeln: sieben Murawjew hatten zu den Dekabristen gehört, einen anderen, der sich zu grausamer Unterdrückung der Polen verwenden ließ, brandmarkte der Beiname »der Henker«. Der Zweifel, ob die so viel jüngere seine Neigung erwidern und ihm die Hand reichen würde, trieb den sonst so gesammelten und beherrschten Bakunin an die Grenze der Verzweiflung und des Selbstmordes, bis das Jawort der Geliebten alles in Glück löste. Dieser Ehe entsprangen elf Kinder: nach vier Töchtern: Ljubow, Warwara, Tatjana, Alexandra, kamen fünf Söhne, von denen der älteste den Namen Michael erhielt. Die Eltern, vom Hofe und vom öffentlichen Leben abgetrennt, widmeten sich ganz der Bewirtschaftung ihres Gutes und der Erziehung ihrer Kinder. Alexander Bakunin hatte selbst unter einer despotischen Mutter gelitten und sich gelobt, seine Kinder einem solchen Druck nicht auszusetzen: Sie wuchsen, liebevoll geleitet, aber nicht gehemmt, zwischen den Blumen und Bäumen von Prjamuchino auf. Den Winter brachte die Familie in Twer zu, der nächsten größeren Stadt. Es wurde französische Sprache, etwas Geschichte und Geographie gelernt und viel Musik getrieben; die Töchter spielten Harfe und Gitarre, und oft tönte vielstimmiger Gesang aus dem weißen Hause in die Sommernächte. Was wirksamer noch ist als guter Unterricht oder gute Schule: Es durchdrang dies Haus ein Hauch geistigen Lebens, der das alltägliche Geschehen veredelte. Was hier gedacht und gesprochen, gescherzt, gelacht und getan wurde, alles schwamm in einem verklärenden Äther des Gefühls, so wie das gewöhnlichste Wort zum Wunder werden kann, wenn Musik es begleitet. Die Kinder wurden inne, sie wußten nicht wie, daß die täglichen Ereignisse, die nahen, gegebenen Zwecke nicht die höchsten sind; daß über allen sichtbaren unsichtbare Güter schweben, denen die besten Kräfte und Kämpfe der Menschen zu gelten haben. In diesem Sinne wuchsen die Kinder im Hause Bakunin religiös auf noch neben der religiösen Erziehung, welche in den üblichen Formen, aber ohne Druck und Zwang vor sich ging. Eine Kapelle in phantastischem Stil befand sich im Park, und der Vater las der versammelten Familie aus der Bibel vor.

Es gibt Familien, in denen ein besonderer Charakter, besondere Vorzüge, lange schon ausgesondert und durcheinanderschießend, endlich die Erscheinung einer vollendeten Blüte bedingen. Hier tritt, was ein Geschlecht unbewußt dem andern überlieferte, ein persönliches Ideal ans Licht, das sich als solches erkennt, seiner Schönheit bewußt wird und somit an die letzten Augenblicke seines Daseins stößt. Gemäß den Gaben der Familie kommt nun zu Worte, was in ihr verborgen war. Gewöhnlich sind die Glieder einer solchen durch ungewöhnlich starkes Gefühl aufeinander bezogen; nicht selten geschieht es, daß die Liebe zwischen Bruder und Schwester sich der Grenze des von der Natur Verwehrten nähert. Dies ist eine schöne und gefahrvolle Stufe. Daß das Schöne sich dem Spiegel gegenüber in sich selbst vergaffen kann, ist augenscheinlich; aber auch der begabte, von Lebenskräften überquellende Mensch neigt dazu, seine Liebesglut auf sich zurückzuwenden und sich damit zu zerstören. Wir ahnen hier das furchtbare Mysterium der Verbindung zwischen Gott und Satan. Die Liebe, die höchste schöpferische Kraft, kann Selbstliebe und damit unfruchtbare Kraftlosigkeit werden; der Mensch, der Gott nah zu sein glaubt, kann abgrundweit von ihm zurückgeschleudert werden. Solange die Familien noch im Dunkel verbreitet dahinleben, trachtet ein jeder irgendeinem mehr oder weniger leicht erreichbaren irdischen Ziele nach und schließt sich Menschen seiner Umgebung oder Gott und seinen Geboten an, wie die Kirche sie ihn gelehrt hat. In diesen Familien aber, die sich enden und vollenden, soll ein bestimmtes, einzigartiges Ideal sich verkörpern, das allzu leicht mit dem absoluten Ideal, mit Gott selbst, sich verwechselt. Während die göttliche Liebe sich beständig ergießt, um die schmachtende Welt zu ernähren, besteht in genialischen Familien die Neigung, sich von der Welt abzusondern, um sich untereinander zu vergöttern und sich mit hohen Worten vom Ideal und Zweck der Menschheit über die selbstgenügsame Leere zu täuschen. Ein solches Schwanken und Überschwanken an verhängnisvoller Grenze gab es in der Familie Bakunin. Die Töchter besaßen, ohne schön zu sein, den Zauber sanfter Grazie, und ein poetischer Duft ging von ihnen aus, der wirksamer berückte als Schönheit oder Gefallsucht. Sie hingen mit solcher Zärtlichkeit aneinander, daß sie wie ein einziges Wesen waren; man mußte alle lieben, wenn man eine liebte, und empfing auch fast die gleiche Wärme von allen. Alle aber liebten mit gleicher Ehrfurcht den Vater und ordneten sich auch in geziemender Weise der Mutter unter, obwohl diese von allen Kindern weniger geliebt wurde. Das Glück schien die Menschen in Prjamuchino mit einem unzerreißbaren Kranze zu umschließen. Tränen flossen nur, wenn im Spätherbst zur Stadt aufgebrochen wurde und alle zusammen die traurigen Abschiedschöre sangen, die die Schwestern selbst komponiert hatten.

Den ersten Mißlaut brachte in dies harmonische Dasein eine seelische Entwicklungskrankheit Warwaras, die man eine Anwandlung von religiösem Wahnsinn nennen könnte. Sie peinigte sich mit Vorwürfen, daß sie den Forderungen der Religion nicht genüge, und litt dabei Qualen, die sie anderen, namentlich dem maßvollen Vater, nicht begreiflich machen konnte. Wie liebevoll er auch auf die Kinder einzugehen pflegte, lehnte er doch diese Übertreibungen, die den heiteren Horizont des gemeinsamen Lebens trübten, erstaunt und verstimmt ab. Er hätte wohl auch nicht helfen können; da ergriff sie das Rettungsmittel, das das Geschick ihr bot, indem sie sich verheiratete. Zwar hörte sie bald auf, ihren Mann zu lieben, wenn sie es überhaupt je getan hatte, aber mit desto heißerer Zärtlichkeit umfaßte sie ihr Söhnchen und schuf sich dadurch einen Lebenszweck, dem sie sich mit ganzer Seele hingeben konnte. Die zweite Störung entstand durch die Besorgnis der Eltern, die älteste Tochter, Ljubow, die zarteste, süßeste von allen, liebe einen Verwandten, einen Onkel von mütterlicher Seite. Die Verwandtenehe ist in Rußland verboten, vielleicht zum Glück für das ungemischte russische Volk, dem Inzucht doppelt gefährlich werden würde; zwar wurde das Verbot vielfach umgangen, aber die ältere Generation hatte eine große Scheu davor. Die Geschwister bestritten, daß die verbotene Neigung Ljubows überhaupt bestehe; jedenfalls sahen sie mit Befremden und beinah mit Entrüstung, wie der sonst so rücksichtsvolle Vater nicht nur einem Gefühl Ljubows entgegentrat, sondern sie zur Verlobung mit einem nicht geliebten Bewerber veranlassen wollte. Vollends aber schlug aus dem Schoße der gesegneten Familie selbst eine zerstörende Flamme auf, als der älteste Sohn, Michael, aus dem Kinde zum selbständigen Manne wurde.

Wie die Mädchen wuchs Michael in der Freiheit des Gutes auf. Er erlebte den ersten tiefen Schmerz, als er dem Kindheitsparadiese entrissen und auf die Artillerieschule geschickt wurde; denn Alexander Bakunin hielt es für notwendig, seinen Sohn die dem Adel vorgeschriebene Laufbahn ergreifen zu lassen. Die Lichtblicke seines dortigen Lebens waren die Sonntage, wo er eine Tante besuchte und sich in eine kleine Cousine verliebte; als im Sommer die Familie aufs Land fuhr, lief er lange abschiednehmend neben dem Wagen her, der die Geliebte entführte. Etwas Bemerkenswertes begegnete ihm sonst weder auf der Schule noch im Dienst; er lernte allerlei ohne Teilnahme und Schwung, und in sein schweres Brüten fiel kein Strahl, der das Chaos geschieden hätte. Die Empfindlichkeit des jungen Aristokraten, der niemals hart angefaßt, vom eigenen Vater stets mit Rücksicht behandelt war, zeigte sich, als ein Vorgesetzter ihn einmal wegen eines dienstlichen Vergehens rauh anfuhr. Er erwiderte ungebührlich und wurde deswegen bestraft. Eine Natur verriet sich, der der Druck der Disziplin und die starren Schranken des Militärdienstes unleidlich waren. In der kleinen Garnison, wohin er versetzt wurde, verfiel er in eine träge Melancholie, verbrachte die Tage lesend oder nichtstuend auf einem Sofa und vernachlässigte den Dienst so, daß er darauf aufmerksam gemacht wurde, er müsse entweder seine Pflicht tun oder denn, wenn sein Beruf ihm nicht zusage, davon zurücktreten. Diese Mahnung war ihm wie eine Offenbarung, die ihm zum Bewußtsein brachte, was er wollte oder wenigstens, was er nicht wollte, und er erklärte seinen Austritt aus dem Militär. Eine so entscheidende selbständige Handlung des zwanzigjährigen Sohnes erschreckte den Vater; sie enthüllte einen Zwiespalt, der sich allmählich vorbereitet und zuweilen schon drohend angekündigt hatte. Michael Alexandrowitsch liebte und verehrte seinen Vater mit Zärtlichkeit und unbedingt, fast wie einen Gott; dazu war ihm angeboren eine anschmiegende, hinreißende Liebenswürdigkeit, die ihm, solange er lebte, die Herzen gewonnen hat; es mußte unglaublich scheinen, daß von diesem Sohne plötzlich ein so einschneidender, weittragender Widerstand ausging. Der hochgewachsene, schöne, durch Körperkraft und unerschütterliche Gesundheit begünstigte junge Mann, dem seine Abkunft schnelle Beförderung sicherte, schien zum Offizier geschaffen zu sein; sein Verwerfen eines so annehmbaren Lebensplanes kam den Eltern wie tolle Laune vor. Gab man dieser Raum, so blieb nach der herrschenden Anschauung und den herrschenden Verhältnissen nichts übrig als Staatsdienst in der Verwaltung, worauf der Vater auch seinen Sohn hinwies. Michael indessen wollte nicht aus dem Regen unter die Traufe kommen; von der Beamtenlaufbahn wollte er noch weniger wissen als vom Militär, er wollte frei sein, die Welt auf sich wirken lassen und sich eine Anschauung von der Welt bilden. Wie in den Schwestern, so war auch in ihm, und noch stärker, der religiöse Trieb lebendig; nicht in der Form, daß er dem natürlich Höheren sich unterworfen hätte, sondern er wollte die allerletzte, allerhöchste Bestimmung des Menschen kennenlernen und dieser sich hingeben. Daß das im allgemeinen die nächste ist, ging ihm nicht ein. Er wies gleichsam alle die Vermittelungen zurück, die die Natur der Gottheit an die Seite stellt, um sich vor Gott hinzuwerfen und den Auftrag aus seinem Munde zu empfangen; das dunkle Gefühl einer besonderen Berufung erfüllte ihn so ganz, daß er ohne Zaudern und Furcht beiseiteschob, was ihn auf den landläufigen Weg geführt und seine Kräfte auf alltägliche Art in Anspruch genommen hätte. Es ist begreiflich, daß die Eltern in diesem Verhalten nur Anmaßung und Torheit sahen. Wie die meisten russischen Aristokraten war Alexander Bakunin, obwohl Besitzer eines großen Gutes und vieler Seelen, nicht reich an Geld und konnte seinem Sohn ein unabhängiges Leben in Moskau oder Petersburg nicht gewähren. Michael ließ sich dadurch nicht abschrecken und erklärte, sich selbst den Lebensunterhalt verdienen zu wollen durch Erteilen von Mathematikstunden. Dazu lächelte der Vater und zuckte die Achseln; er konnte den Ausflug des Sohnes ruhig mit ansehen und seine Rückkehr ins heimische Nest erwarten.

So war Michael frei und ging nach Moskau, versehen mit Visitenkarten, auf denen zu lesen war: Michael Alexandrowitsch Bakunin, Mathematiklehrer. Das war kindliche Prahlerei und doch auch ein Programm und ein Motto: Er schätzte die Kraft, die sich durch eigene Arbeit erhält, höher ein als ererbten Besitz und ererbtes Vorrecht.

In Moskau lebten Freunde der Familie Bakunin, mit denen Michael verkehrte: Frau Beer, eine Witwe mit zwei Töchtern. Die jungen Mädchen waren nicht schön, aber lebhaft und anregend, anziehend genug, daß sich begabte junge Leute gern in dem geselligen Hause einfanden. Dort lernte Michael jenen Stankjewitsch kennen, von dem er noch im Alter mit Liebe und Bewunderung sprach, den er seinen geistigen Vater nannte. Er erinnert an die Betrachtung, die David Strauß, von Jesus Christus sprechend, über gewisse Genies der Menschenliebe anstellt, die, ohne eigentlich Taten zu tun oder Werke zu schaffen, durch den persönlichen Einfluß, den sie auf alle ausüben, unendlich und schöpferisch fortwirken. Zu diesen Genies zählt Bakunin, wenn auch in großem Abstande von Christus, seinen frühverstorbenen Freund Stankjewitsch.

Er schildert ihn als frei von jeder Eitelkeit oder Anmaßung, Wärme und Geist ausstrahlend, wie er denn auch von allen Freunden ohne Einschränkung, ohne Neid und Eifersucht geliebt wurde. Durch Stankjewitsch wurde Michael zur deutschen Philosophie geführt, und zwar war das erste Buch, das er studierte, in welchem er zugleich die deutsche Sprache und das Denken lernte, wie er selbst sagt, Fichtes »Anweisung zum seligen Leben«. Es machte einen überwältigenden Eindruck. Wie Fichte noch jener Generation angehörte, die auf Grund der Bibel erzogen wurde, so ist auch dies Buch vom Geist der Bibel durchdrungen, aufgebaut auf dem Grundgedanken des Kampfes zwischen dem Gottesreich und der Welt. Verstand Luther unter Welt die Summe alles dessen, was der Mensch bewußt aus sich hervorbringt, so dürfen wir wohl Welt und Zivilisation gleichsetzen; da in diesen Rahmen vieles fällt, was mehr nach außen schimmert als einem inneren Gehalt entspräche, so unterscheidet man oft gleichbedeutend Äußeres und Inneres, obwohl die Begriffe Äußeres und Inneres, Welt und Gottesreich sich nicht ganz decken. Michael hatte eine Eigenschaft, die für den Dichter wesentlich ist: eine unbegrenzte Empfänglichkeit. Seine Seele war ein lockeres, jungfräuliches Erdreich, durstig nach Keimen, kräftig, sie zu nähren und zu entwickeln. Von dem Samen, der die Luft der Zeit erfüllte, entging ihm nichts; er sog ihn auf, bewußt und unbewußt, und er wurde sein eigen. Charakteristisch aber war für ihn, daß er das neuerfaßte Ideal sofort zu verwirklichen suchte, und zwar innerhalb einer Gemeinschaft. Als nächste Jünger boten sich ihm die Schwestern Beer und seine eigenen Schwestern. Leicht wurde es ihm, jene zu gewinnen, bedeutend schwerer diese, die ihn als den jüngeren Bruder, das Kind, neben sich hatten aufwachsen sehen. Es galt, das mütterliche Gefühl, das sie für ihn gehegt hatten, so umzuwandeln, daß sie den brüderlichen Führer in ihm sahen. Die überschwengliche Bewunderung der Schwestern Beer machte sie anfangs mißtrauisch, trotzdem gelang es der Ehrlichkeit seiner Überzeugung, seinem flammenden Wesen, seiner Gabe zu sprechen, sie den Eltern zum Trotz zu sich hinüberzuziehen. Er brachte ihnen die Ideen Fichtes als neue Religion, in der sie nach Überwindung des anfänglichen Widerstrebens mit Entzücken diejenige erkannten, die sie unter der Hülle der kirchlichen stets gesucht hatten. Es ist nicht leicht, den Inhalt dieser Religion genau anzugeben, denn was ist ein Aufschwung zu höheren Idealen, die nicht näher bezeichnet werden und mit nichts Irdischem in bestimmte Beziehung gebracht werden? Greifbar war zunächst nur der Kampf gegen das Weltliche, wie es das Leben einer Familie in der Stellung der Bakunin durchdrang, die Ablehnung der üblichen Geselligkeit, der geselligen Vorurteile, des gesellschaftlichen Ehrgeizes, des Strebens nach Geltung in der Welt. Es läßt sich denken, wie störend die Eltern Bakunins den Einzug der neuen Religion in die Familie empfanden. Michael, wenn er im Dorf war, wie man kurzerhand Prjamuchino zu benennen pflegte, weigerte sich, an der Gesellschaft teilzunehmen, wenn etwa Besuch kam, blieb auf seinem Zimmer, um zu lesen und zu schreiben, und verargte es den Schwestern, wenn sie Bälle mitmachten und sich den Hof machen ließen. Er wurde hierin bestärkt durch eine despotische Eifersucht, die seine Liebe zu den Schwestern eigentümlich färbte und ihn jeden Mann hassen ließ, der sich ihnen näherte. Ich möchte glauben, er habe nie eine Frau so heiß, so rückhaltlos geliebt wie seine Schwestern, vorzüglich Tatjana. Es erweckt eine hohe Meinung von ihr, wie sie diese Liebe mit ebensolcher Inbrunst erwidert und dennoch mit dem edelsten Zartgefühl die Maßlosigkeit des Bruders abzuschwächen weiß, indem sie das auf sie Gewendete als allen Schwestern geltend auffaßt und auch der den Eltern gebührenden Ehrfurcht, ja auch einer Schonung ihrer etwaigen Schwächen nichts nehmen läßt. Sie empfand die Religion als das Verbindende, Michael erfaßte sie von Anfang an als das Element des unerbittlichen Kampfes.

Eine starke Natur entfaltet eher ihr Temperament, die Stimmung und das Gefühl, womit sie einst im Leben stehen wird, als daß sie Absicht und Richtung erkennen läßt, die ihr selbst erst später zum Bewußtsein kommen. Als Michael etwa vierundzwanzigjährig war, fühlten alle seine Freunde seine Kraft, seine Eigenart, den Zauber, der von ihm ausging, ohne weissagen zu können, wohinaus es damit wollte.

Neben Stankjewitsch war es Wissarion Bjelinski, mit dem Bakunin in enger freundschaftlicher Gemeinschaft lebte. Bjelinski hatte ganz andere Hintergründe als Bakunin: Er war arm, alleinstehend, gedrückt, sehnsüchtig nach Schönheit und doch stolz in seinem Schatten. Wie ein Wunder erschien ihm der glückliche, vollständig unbekümmerte Michael Bakunin. Es ist etwas Schönes, wenn das Äußere eines Menschen sein Wesentliches so deutlich ausprägt, daß er bei seinem Erscheinen sofort als Ganzes wirkt. Das war bei Michael oder Michel, wie man ihn in Rußland in französischer Aussprache nannte, der Fall. Das Gigantische seiner Gestalt, das an Peter den Großen erinnerte, versinnbildlichte das Übermaß seines Wollens, seiner Träume und künftigen Taten. Sein großes, offenes Gesicht mit dem kühnen Blick der hellen Augen, die das Feuer der Seele leicht verdunkelte, ließ die verschiedensten Menschen an ein Löwenhaupt denken und damit an eine wilde, unzähmbare, großmütige Natur. Sein Jugendbild erinnert an Beethoven, nicht nur durch das reiche, dunkellockige Haar und durch das Ekstatische, das sein Blick zuweilen annahm, sondern auch durch die Gesichtsbildung. Bjelinski gab sich diesem neuen Menschen, der anders war als alle anderen, die er kannte, ganz hin, mehr vielleicht durch seine Persönlichkeit bezaubert, als an den Ideen interessiert, die Michel ihm mitteilte. Was als intellektuelle Begabung zunächst an ihm auffiel, war ein scharfer, biegsamer Verstand, der es ihm ermöglichte, die verschiedenen Systeme der deutschen Philosophie zu durchdringen, ihre Grundgedanken herauszuheben und anderen zu übermitteln. Dadurch brachte er Bjelinski, der mehr in der Anschauung lebte und sich bis dahin um Ideen nicht gekümmert hatte, viel Neues; aber es war nicht das Philosophieren, das Bjelinski eigentlich anzog, denn das wurde ihm vielmehr oft zu viel und stieß ihn ab. Natalie Beer schrieb an ihre Schwester, nachdem sie Michel kennengelernt hatte: »Dies ist einer von denjenigen Menschen, deren Charakterstärke und Seelenbegeisterung Großes vermögen. Seine Anwesenheit hat eine Wirkung auf mich ausgeübt, von welcher ich Dir niemals einen vollständigen Begriff werde geben können. Es war ein Chaos, ein Abgrund von Gefühlen und Ideen, die mich vollständig erschütterten; tausendmal machte ich mich daran, diese Dinge zu überdenken, zu vertiefen, und jedesmal verlor ich mich in dem Labyrinth. O das kommt daher, weil das Herz und der Kopf Michaels ein Labyrinth sind, in welchem Du nicht bald einen wegweisenden Faden findest, und die Funken, die dann und wann aufflammen (denn sein Herz und sein Kopf sind aus Feuer), entzünden auch Dir unvermerkt Herz und Kopf.«

Ähnlich erging es seinen Schwestern; die schwungvolle Kraft seines Gefühls, die ihm fast immer gegenwärtig war, trug sie wie auf Flügeln und machte ihn unentbehrlich. War er da, so erschien das Leben wichtig, die Zukunft reich und unerschöpflich; wie hätte man den Besitzer eines solchen Zauberstabes nicht herbeiwünschen oder vermissen sollen? Er fühlte dunkel eine schöpferische Kraft in sich; wie die Welt gestaltet war, die er in sich trug und die er außer sich sehen wollte, wußte er noch nicht, aber das Gefühl von ihr sprang auf seine Bekannten über. Auch Bjelinski urteilte: »In meinen Augen bist Du jetzt nichts anderes als ein Ausdruck chaotischen Gärens der Elemente. Dein Ich strebt, sich herauszuarbeiten, und zwar in riesenhaften Formen.« Das »Kochen des Lebens, der unruhige Geist, das lebendige Streben zur Wahrheit«, so schreibt er, habe ihn eingenommen. Von einem Manne ist es verständlich, daß er sich gelegentlich wieder auflehnt, wenn er sich von einem Freunde hat unterjochen lassen; das Verhältnis zwischen Bakunin und Bjelinski hat eine wechselvolle, stürmische Geschichte, bezeichnet durch Bjelinskis Versuche, sich von dem Freunde loszureißen, und die erneute Rückkehr an das magnetische Herz. Sicherlich hatte Bjelinski recht, wenn er Bakunin Herrschsucht vorwarf: Er war ein geborener Diktator. Er verlangt von seinen Freunden, so hieß es von ihm, daß sie dieselbe Ansicht über das Wetter und denselben Geschmack an Buchweizengrütze haben müssen wie er. Dabei war er so naiv, so kindlich, so gutmütig und so ohne Ahnung von seiner Herrschsucht und ohne Absicht, zu herrschen, daß die Entrüsteten bald ihre Vorwürfe zu bereuen und zurückzunehmen pflegten. Noch etwas anderes war Bjelinski an Michel unverständlich und abstoßend, nämlich sein eigentümliches Verhalten in Geldangelegenheiten. Es zeigte sich bald, daß Alexander Bakunin recht hatte, wenn er kein Vertrauen in die Mathematiklehrerlaufbahn seines Sohnes setzte. Zwar bekam er einen oder einige Schüler, aber er fand immer Gründe, die Stunden ausfallen zu lassen, und ebenso ging es meist mit dem Übersetzen von Büchern, wodurch er Gelegenheit gehabt hätte, zu verdienen. Er schrieb wohl einiges und übersetzte auch aus dem Deutschen, zum Beispiel Bettinas Briefwechsel mit Goethe; allein zu einer regelmäßigen Arbeit kam es nicht, und er verfiel auf die Idee, die Aufgabe unter seine Freunde zu verteilen, so daß auf jeden ein Kapitel zu übersetzen kam und für ihn gar nichts übrigblieb. Zu einem Beruf, der Stunde für Stunde und Tag für Tag ausgeübt werden muß, war er untauglich. Da seine gelegentlichen Einnahmen zum Leben nicht ausreichten, half er sich dadurch, daß er Schulden machte, die er fast nie zurückerstattete. Bjelinski, von Haus aus arm und immer genötigt, sich gegen die Herablassung oder Nichtachtung der Reichen zu wehren, auf seine eigene Arbeit von jeher angewiesen, begriff Michels Unbekümmertheit dem Gelde gegenüber nicht. Unabhängig zu sein, aus sich selbst zu leben, erschien ihm als die erste selbstverständliche Grundbedingung anständigen Lebens, und er warf dem Freunde seine Liederlichkeit heftig vor und machte ihn auf das rücksichtsloseste herunter.

Plötzlich aber, wenn er sich Michael vorstellte, wie er achtlos und fröhlich, wenn er gerade Geld eingenommen hatte, alles hergab, um etwa ihm, Bjelinski, aus einer Klemme zu helfen, wie er sofort vergaß, daß er es getan hatte, so wendete sich ihm das Herz, und es erschien ihm auf einmal, als könne das Überlegenheit sein, was er zunächst als klägliche Schwäche und beinahe verachtungswürdig angesehen hatte. Es gehört viel dazu, sich dauernd mit Geld helfen zu lassen und sich doch niemals abhängig zu fühlen. Zu einem Teil erklärt es sich wohl durch die sorglose Gewohnheit des Aristokraten, aus einem vorhandenen Überfluß zu schöpfen; noch mehr aber durch eine Michel angeborene Geringschätzung des Geldes und ein angeborenes Gemeinschaftsgefühl. Er war frei von dem engherzigen Eigentumsbewußtsein, das für den modernen Menschen charakteristisch ist. So wie er niemals daran gedacht hätte, sein Eigentumsrecht auf Gedanken geltend zu machen, war er auch stets bereit, von anderen zu lernen, und ebenso gab und nahm er auch materielle Werte. Es bleibt höchst wunderbar, daß diese Besonderheit seines Wesens zwar zuweilen das Urteil der anderen über ihn beeinträchtigte und Beziehungen trübte, dennoch aber im ganzen den Eindruck, den seine gewaltige, überraschende Erscheinung überall machte, nicht verkleinert hat. Es ehrt die Menschheit, die doch am Gelde klebt, daß einer, der es von ihr annahm und mit Füßen trat, weitaus mehr Freunde als Feinde fand und weitaus mehr Liebe erregte als Wut, Haß und Verachtung.

Bjelinski war so wenig kleinlich, daß er in dem Verhalten seines Freundes, während er es mißbilligte, doch etwas Neues, Wunderbares, mit gemeinem Maße nicht zu Messendes fühlte.

In die Freundesbeziehungen mischten sich teils belebend, teils störend verschiedene Liebeswirren. Natalie Beer hatte sich zuerst in Stankjewitsch verliebt, und als sie bemerkte, daß ihre Neigung unerwidert blieb, in einem Aufschwung der Seele ihn mit ihrer Freundin Ljubow Bakunin bekannt gemacht, in der er, nach ihrer Meinung, das gesuchte Ideal finden würde. Nach der Bekanntschaft mit Michael lud dieser die Freunde ein, und Stankjewitsch und Bjelinski verlebten glückliche Monate auf dem Gute. Stankjewitsch verlobte sich wirklich mit Ljubow, Bjelinski entbrannte leidenschaftlich für Alexandra, die jüngste Schwester. Beide empfingen einen unauslöschlichen Eindruck von dieser Familie in dieser Umgebung. Bjelinski sah zum ersten Male die Harmonie und Schönheit des Lebens, die er ersehnt hatte, in reifer Wirklichkeit vor sich. Vielleicht gab es viele große Güter in Rußland mit Wäldern und Strömen, gastlichen Herrenhäusern und weiten Blicken in eine unergründliche Natur; hier aber begegnete man dem alles krönenden menschlichen Geist als der Blüte und Frucht, in den die aromatischen Säfte aus unzähligen Quellen münden. In dem Benehmen und den Gesprächen des Vaters und der Kinder war jene Kultur zu spüren, die darin besteht, daß alles Unwesentliche, so angenehm, nützlich und bequem es sein mag, nur um des Ewigen willen geschätzt wird, mit dem es verbunden ist. Der alte Bakunin, durch Erblindung, die ihn traf, als er etwa sechzigjährig war, noch würdevoller und gleichsam geheiligt, hatte als junger Mann dem Kreise der Dekabristen nahegestanden, ohne daß es ihn je zu Taten gedrängt hätte. Einst hatte er seinen Leibeigenen eine Verfassung geben wollen, da sie selbst sie aber als Neuerung ablehnten, jeden Versuch zu Veränderungen aufgegeben. Älter werdend, neigte er ausgesprochen zum Bestehenden, worin ihn seine Frau bestärkte. Mit der Urbanität eines großen Herrn übte er Duldung gegenüber freier Meinungsäußerung in seinem Hause, vorausgesetzt, daß der Gast seinerseits sich im selben Geiste bewege. Bjelinski jedoch, der Arme, Leidende, den die Liebe noch linkischer machte und den das

Glück und die Harmonie des Hauses ebenso verletzte, wie sie ihn entzückte, sprach ketzerische Ansichten zuweilen mit einem rohen Nachdruck und einer Absichtlichkeit aus, die den alten Herrn empörten. So handelte es sich einmal bei Tische um die Französische Revolution, die eine Art Maßstab für die Gesinnungen bildete. Der alte Bakunin zürnte seinem Sohne, daß er und mit ihm seine Freunde den Frieden seines Hauses trübten. Es kam so weit, daß die Kinder den Eltern als ein feindlicher Haufe gegenüberstanden, angeführt von Michael unter der Fahne der neuen Religion. Sein Evangelium wurde auch von den jüngeren Brüdern angenommen, welche in Twer auf die Schule gingen und sich dort unaussprechlich langweilten, von Heimweh nach dem geliebten Dorf erfüllt. Sie beschlossen, von Michaels Ideen begeistert, den verhaßten Zwang abzuwerfen und zu ihm nach Moskau zu entfliehen, wo sie dem vorauszusehenden Zorn des Vaters Trotz bieten würden. Als die Großmutter, welche in Twer wohnte und eine Art Aufsicht führte, von ihren Plänen unterrichtet, ihnen ihr Betragen strafend vorhielt, kündigten sie ihr förmlich den Gehorsam auf. Nicht mit Unrecht sahen die erschrockenen Eltern in Michael die eigentliche Ursache dieser Schülerempörung. Michel schrieb denn auch den Brüdern einen Brief, in dem er ihnen klarmachte, sie hätten ihn mißverstanden, in ihrem Alter müsse man noch gehorchen; allein der Brief war unleugbar viel kürzer und weniger eindringlich als die, in denen er Freiheit und Liebe predigte.

Man könnte meinen, Michel hätte eine Verbindung zwischen seinem Freunde Bjelinski und einer seiner Schwestern begünstigen müssen, gerade im Gegensatz zu seinen Eltern; das war aber nicht der Fall. In Märchen erscheinen zuweilen gewalttätige königliche Väter, die ihre Töchter so frevelhaft lieben, daß sie sie keinem Manne geben wollen. Etwas von diesem herrischen Gefühl war in Bakunins Liebe zu seinen Schwestern. Warwara hatte zu einer Zeit, als Michael noch jünger und sein Einfluß weniger entscheidend war, geheiratet, aber sie hörte bald auf, ihren Mann zu lieben. Obwohl er seiner Frau treu anhänglich war, deren Selbstquälerei und religiöse Skrupel ihm gewiß das Leben mit ihr nicht leicht machten, war es für Michel ausgemacht, daß seine Schwester von diesem tieferstehenden Menschen befreit werden müsse. Die lichte Atmosphäre von Kultur, die das Bakuninsche Haus durchdrang, erfüllte augenscheinlich Warwaras Mann, der nicht in einem solchen aufgewachsen sein mochte, mit Bewunderung; er betrachtete sie wohl als ein übergeordnetes Wesen, das an sich zu fesseln er schon allerlei Opfer bringen müsse. Warwara konnte sich im täglichen Umgange mit einem Manne, der ihr nichts zuleide getan hatte und der durch sie litt, nicht dem Mitgefühl für ihn entziehen und auch wohl nicht dem Bewußtsein, ihm gegenüber im Unrecht zu sein; Michael kam dergleichen nicht in den Sinn. Eine Verpflichtung seiner Schwester, in der einmal eingegangenen Ehe auszuharren und sie so gut wie möglich zu gestalten, anerkannte er nicht; ihm galt als höhere Pflicht, sich dem erniedrigenden Einfluß eines gewöhnlichen Mannes zu entziehen. Ihm genügte als Grund schon, daß sie ihn nicht liebe; aber hätte sie ihn geliebt, würde er noch mehr darauf gedrungen haben, daß sie ihn verließe. Warwara ging nicht so weit, machte nur das eine zur Bedingung, daß ihr Mann ihre Religion nicht antaste, von der er offenbar nichts verstand und nichts verstehen wollte; man kann sich dem Eindruck nicht entziehen, daß in diesem Zwist der nachgiebige und versöhnliche Mann religiöser war als die auf diesem Punkte so heikle Warwara. Michel anderseits war nichts so verhaßt als das übliche Versumpfen im gedankenlosen Wohlleben; er erregte jene Stürme, damit lieber etwas zerbreche, als daß Stagnation eintrete; warf er doch sogar Bjelinski gelegentlich vor, er laufe Gefahr, ein Bonvivant ohne Ideale zu werden. Dazu kam nun aber seine brüderliche Eifersucht. Kaum bildete sich ein freundschaftliches Verhältnis zwischen den Schwestern und Bjelinski, als sein Benehmen ungleich, unerklärlich beleidigend gegen den Freund wurde, der in seinem Vaterhause zu Gaste war; erst als Tatjana, der er besonders nahestand, ihm erwiderte, daß sie weder zu Bjelinski noch zu einem anderen Manne eine Neigung habe, beruhigte er sich wieder. Übrigens erwiderte Alexandra die Liebe Bjelinskis nicht, und dieser heiratete später eine andere, ohne daß er je den Zauber hätte vergessen können, den die Schwestern in Prjamuchino ausübten. Als Bjelinski später Michel sein kränkendes Betragen vorhielt, gestand dieser alles zu und erklärte es durch seine Eifersucht mit so viel Freimut und Herzlichkeit, daß er den Zürnenden vollständig entwaffnete.

Einzig gegen die Verlobung der ältesten Schwester Ljubow mit Stankjewitsch hatte er nichts einzuwenden; vielleicht weil er Stankjewitsch so überaus hochstellte, vielleicht weil Ljubow ihm weniger nah verbunden war als die anderen, vielleicht aber auch, weil Stankjewitsch bald erkannte, daß sein Gefühl nicht stark genug war, um eine Heirat darauf zu gründen. Die Süße und Lieblichkeit der armen Ljubow hatte auf die Dauer nichts Anregendes für ihn; es mag sein, daß sie ihm zu ähnlich war: Sie war es ja jedenfalls darin, daß sie beide zu frühem Tode an der Schwindsucht bestimmt waren. Er brachte den Mut nicht auf, das Herz des zarten Mädchens zu zerreißen, und half sich dadurch, daß er ins Ausland reiste und durch Briefe mit ihr verbunden blieb, es der Zukunft und dem Zufall überlassend, die Verwickelung zu lösen. Es geschah durch ihren Tod; sie starb, ohne erfahren zu haben, daß der Geliebte sich längst von ihr gelöst hatte.

Die Flucht des Freundes Stankjewitsch ins Ausland wurde für Michel ein lockendes Vorbild; er hätte sich ihm am liebsten sofort angeschlossen, wenn er die Mittel dazu aufgebracht hätte, die sein Vater ihm nicht geben zu können erklärte. Mit Mühe wurde Warwara die Reise ermöglicht, während welcher sie sich besinnen sollte, ob sie die Ehe wieder aufnehmen oder endgültig lösen wollte. In Italien traf sie mit Stankjewitsch zusammen, der inzwischen erkrankt war, und pflegte ihn bis zu seinem Tode. Zwischen dem Sterbenden und ihr flammte eine Liebe auf, von der es ungewiß bleibt, ob sie sich schon früher vorbereitet und das Verhältnis mit Ljubow gestört hatte.

Für jeden Menschen gibt es viele Möglichkeiten, aber nur einen Weg, der zu dem ihm bestimmten Ziele führt. Bei Michel ist es auffallend, mit welcher Gewalt es ihn ins Ausland drängte, obwohl sein Ziel ihm noch ganz undeutlich war. Schon als Kind hatte er von Abenteuern in fernen Ländern geträumt, worin die Reisebeschreibungen, die der Vater den Kindern vorzulesen pflegte, ihn bestärkten. Wenn er sich Zukunftsbilder ausmalte, so spielten sie weit, weit von Rußland in unbekannter Fremde. Der nomadische Zug im Wesen der Russen mochte dabei mitwirken; aber außerdem noch ein anderes: Seine hochgezüchtete aristokratische Eigenart bedurfte der Begegnung mit einer fremden Welt. Trotz des Verschmolzenseins mit seinen Schwestern, trotz des innigen Zusammenhanges mit seinem Vater, trotz aller Widerstände hielt er unentwegt an dem Plane fest, nach Deutschland zu reisen. Anfänglich glaubte er, die Mittel dazu sich durch journalistische Tätigkeit verdienen zu können; aber er mußte bald einsehen, daß er bei seiner Unfähigkeit zu regelmäßiger, einträglicher Arbeit auf die Unterstützung seiner Eltern angewiesen war. Obwohl er sich mit seinem Vater wieder gut stand, mißtraute derselbe doch seinen Zukunftsplänen. Er glaubte fordern zu können, nachdem Michel sowohl die Soldaten- wie die Beamtenlaufbahn ausgeschlagen hatte, daß er, seinem Beispiel folgend, sich der Bewirtschaftung des Gutes widme, was um so wünschenswerter war, als er selbst durch seine Blindheit und sein Alter gehemmt war. Aber auch davon wollte Michel nichts wissen: Professor in Moskau zu werden, erklärte er für seinen Wunsch und seine Bestimmung. In langen, dringenden Briefen schilderte er dem Vater, wie die Leidenschaft nach Erkenntnis ihn ganz erfülle und beherrsche, wie es ihm unmöglich sei, mit diesem Drang in der Brust sich einer anderen Aufgabe hinzugeben. Den Gedanken, Professor zu werden, hatte zweifelsohne Fichtes Schrift über die Bestimmung des Gelehrten in ihm geweckt oder genährt; an einen zunftgerechten Professor dachte er nicht, ihm schwebte es vor, Führer einer strebenden Jugend zu werden und sie für den Dienst der Wahrheit zu begeistern, die er sie lehren würde. Zu dem Zweck müsse er sich selbst noch ausbilden, so sagte er, und dies konnte nach dem Gange seiner bisherigen Studien natürlich nur in Berlin geschehen. Dem zärtlich bittenden Ungestüm des Sohnes war nicht zu widerstehen: Grundsätzlich wenigstens gaben die Eltern nach, nur daß sie die zum Aufenthalt im Ausland erforderliche Summe nicht bereit zu haben erklärten und den Ungeduldigen zunächst auf die Zukunft vertrösteten. Vielleicht war dies nur ein Ausweg, nicht nein zu sagen und doch die Reise unmöglich zu machen; allein der Zufall fügte es, daß Michel einen neuen Freund gewann, der ihm für den Fall, daß die väterliche Unterstützung ausbliebe, seine Hilfe in Aussicht stellte.

3
Der Einfluß deutscher Romantik auf Bakunin

Dieser Freund, der eine Rolle in Michels Leben spielen sollte, hieß Alexander Herzen. Der reiche Fabrikbesitzer Jakowlew hatte auf seinen Reisen in Deutschland eine junge Schwäbin, Luise Haag, kennengelernt und nach Rußland entführt, wo sie ihm einen Sohn schenkte, den der Vater, weil es ein Kind seines Herzens sei, Alexander Herzen nannte. Jakowlew, der seine Abkunft auf den sagenhaften slawischen Fürsten Weidewut zurückführte, wies viele Züge auf, die für den russischen Adel charakteristisch sind, der einerseits durch die unbedingte Herrschaft über die leibeigenen Bauern zu maßloser Selbstüberhebung und Herrschsucht neigte, anderseits, dem Zaren gegenüber Sklave und zu einer freien, würdigen Tätigkeit nicht befugt, entweder kriechend und ängstlich am Hofe lebte oder sich in einer barbarischen Einsamkeit vergrub. Zu den letzteren gehörte Jakowlew. Er hatte sich dem deutschen Bürgermädchen gegenüber von seinem Gefühl hinreißen lassen, doch aber nicht so weit, daß er sie zu seiner rechtmäßigen Frau gemacht hätte. Schon dieser Umstand und die Kälte und Menschenverachtung des Mannes machten ein geselliges Leben im Hause unmöglich. Die Frau lebte ziemlich abseits in ihrer zweideutigen Stellung und litt oft unter der ungebändigten Heftigkeit und Launenhaftigkeit Jakowlews. Neben Alexander wuchs noch der Sohn einer anderen Frau auf, vermutlich einer Untergebenen, da er eine weit geringere Rolle spielte. Allerdings zog Alexander frühzeitig durch sein sympathisches Äußeres wie durch seinen Verstand und Witz die Aufmerksamkeit auf sich. Der Vater war stolz auf ihn und verhältnismäßig schwach gegen ihn. Seine Mutter war eine sanfte, liebe Frau, doch besaß sie offenbar weder die Bildung noch die Persönlichkeit, ihrer Umgebung zu imponieren; die Dienerschaft war ihr ergeben.

Die Welt, in der ein Kind aufwächst, die Familie und das Haus, bilden unvermerkt seine erste, unwillkürliche Weltanschauung. Dem jungen Alexander Herzen drängten sich früh Widersprüche, Unwahrhaftigkeit, Ungerechtigkeit auf; weder seinem Vater noch seiner Mutter brachte er unbedingte Wahrhaftigkeit entgegen. Er litt unsäglich durch die trübselige Öde, die in seinem Vaterhause herrschte, und die einzig unendliches Bücherlesen erträglich machte. Das erste schöne, wärmende Licht ging ihm durch die Freundschaft auf. Nikolaus Ogarjew war es, der Sohn eines entfernten Verwandten des Jakowlew, der, schwärmerisch und weich veranlagt, den stolzen, ehrgeizigen Alexander ergänzte. Sie entdeckten mit wachsendem Glücksgefühl die Ähnlichkeit ihrer Neigungen und wie sie sich von den anderen Knaben ihres Alters unterschieden. Sie lasen zusammen Schiller und berauschten sich an seinem edlen Pathos; sein ganzes Leben hindurch bewahrte Herzen diese Vorliebe und wußte viele Verse des deutschen Dichters auswendig. Ogarjew selbst machte weiche, angenehm fließende Gedichte von wehmütigem Charakter. Gesellig und versöhnlich, war er das verbindende Element zwischen verschiedengearteten Menschen, in allen Verhältnissen der Nachgiebige und der Leidende. Früh sich seines Willens bewußt, lehnte Alexander es von vornherein ab, die militärische Laufbahn einzuschlagen, auf der er es trotz seiner illegalen Geburt durch die Verbindungen des Vaters zu Ehren gebracht hätte, und setzte es durch, an der Universität studieren zu dürfen. Der Zwang, der auf den Universitäten lastete, brachte die Studenten in einen selbstverständlichen Gegensatz zur Regierung. In Herzen bestand dieser ohnehin; er war dreizehn Jahre alt, als die Dekabristen fielen, und hatte sich mit Ogarjew gelobt, ihnen nachzueifern und sie zu rächen. Durch Ogarjew wurde er mit den Schriften des Saint-Simon bekannt, des ersten Verkünders sozialistischer Ideale, und dieser neuen Lehre schloß er sich an. Der Polizei wurde es bald bekannt, daß eine Gruppe von jungen Leuten diese Schriften las, die für höchst verwerflich und gefährlich galten; da es aber nicht anging, ihnen wegen des Lesens von Büchern den Prozeß zu machen, wurde eine andere Gelegenheit ergriffen. Bei Ogarjew pflegten sich die Freunde zu fröhlichen Gelagen zu versammeln; bei einem solchen wurde ein Spottlied auf Kaiser Nikolaus gesungen, das den erwünschten Anlaß zum Einschreiten gab. Das Urteil lautete für Herzen und einige andere auf Todesstrafe und wurde in Verbannung und Beamtendienst unter behördlicher Überwachung gemildert. Er wurde zuerst nach Perm und dann nach Wjatka verschickt.

So bekam Herzen Gelegenheit, die russische Bürokratie gründlich kennenzulernen, die der Initiative des einzelnen keinen Spielraum ließ und aus jungen, dem Leben geöffneten Menschen bald schläfrige Pedanten, bald Betrüger machte. Die dumpfe Jämmerlichkeit des öffentlichen Lebens in einer kleinen Provinzstadt, der erzwungene Umgang mit Menschen, die er verabscheute, peinigten ihn so, daß er anfing zu trinken und ein Verhältnis mit einer verheirateten Frau einging, dessen Geschichte er später in dem überaus witzigen, scharfsinnigen Roman »Wer ist schuld?« geschrieben hat. Trotzdem stand er bereits in herzlicher Beziehung zu seiner Cousine Natalie, die er nach Auflösung jener Liebschaft heiratete, die die große Liebe seines Lebens blieb, wie Ogarjew der Freund seines Herzens.

Auch diese junge Jakowlew war ein illegitimes Kind; viel schlechter gestellt als Alexander, mußte sie froh sein, von einer alten fürstlichen Verwandten ins Haus genommen zu werden, wo sie ein eingeengtes, freudlos eintöniges Leben führte. Ihrer durch die Einsamkeit gesteigerten Einbildungskraft erschien der geistvolle Vetter mit den blitzenden Augen, den Gefängnis und Verbannung mit der Glorie des Märtyrers umgab, wie ein Held, ja sein Bild verschmolz ihr mit Christus selbst, und ihre Liebe wurde eins mit Religion. Zwar wies er die Vergötterung, die das weltfremde Mädchen ihm weihte, zurück als etwas, das ihm nicht zukomme und das ihn beängstige, und doch konnte nur eine solche Liebe die übermäßige Spannung seines Innern ausgleichen. Seiner Unternehmungslust und einer Reihe von Zufällen, wie sie dem Mutigen zu Hilfe kommen, glückte es, die Geliebte, deren Besitz ihm von den Angehörigen verwehrt wurde, zu entführen und zu heiraten. In Wladimir, nicht weit von Moskau, verlebten sie einige Jahre überschwenglichen Glückes, dem allerlei Einschränkungen und Entbehrungen nur um so mehr einen abenteuerlichen Glanz und den Charakter des Außergewöhnlichen verliehen. Als sie im Jahre 1840 nach Moskau übersiedeln konnten, fanden sie vieles verändert, am störendsten für Herzen, daß auch Ogarjew sich verheiratet hatte und daß seine Frau nicht in den Freundeskreis paßte. Der arme, weichherzige Ogarjew, dessen Herz von zwei Seiten bekämpft, bestürmt, zerrissen wurde, litt unsäglich; vergeblich bemühte er sich, alle, die er liebte, untereinander zu vereinigen, nach einer Reihe von Jahren endete seine Ehe durch Scheidung. Seine Freundschaft mit Herzen war trotz dieser Verwickelung nicht erschüttert worden, überhaupt schränkte die Ehe sein Talent zur Freundschaft nicht ein. Sein Haus war wie einst der Treffpunkt für verschiedene Freunde; auch Bakunin lernte Herzen durch ihn kennen.

In der Hauptsache waren es drei Kreise, die sich jetzt vereinigten: die um Stankjewitsch, zu denen Bjelinski und Bakunin gehörten, die um Herzen und die Slawophilen. Diesen letzteren standen jene als die Westler gegenüber, unter sich wieder unterschieden als Deutsche und Franzosen. Stankjewitsch und seine Freunde standen auf dem Boden der deutschen Philosophen, vertreten namentlich durch Fichte, Schelling und Hegel, Herzen und die Seinigen gingen von Saint-Simon und den Ideen der Französischen Revolution aus, so wie derselbe sie erfaßt und ausgebildet hatte; die Slawophilen lehnten die westliche Kultur überhaupt ab und wünschten das wesentlich Russische in Rußland zur Herrschaft zu bringen.

Ich möchte zusammenfassen, was es wesentlich war, das Bakunin aus den deutschen Einflüssen schöpfte. Fichtes Anweisung zum seligen Leben, das erste deutsche Buch, welches er studierte, ist auf die Bibel, vorzugsweise auf das Evangelium Johannes gegründet und enthält demgemäß als Grundgedanken den Gegensatz zwischen Gesetz und Liebe, daß nämlich der Liebende über das Gesetz erhoben ist. Dieser Gedanke ist es wohl auch, der Michael die Schriften der Bettina von Arnim so lieb machte. Der vom natürlichen Freiheitsgefühl Durchdrungene schwang sich beglückt in den göttlichen Äther der Liebe, der das Gesetz tief unter sich läßt. Er begriff dies ohne weiteres durch seine Natur, die den Menschen nur durch Liebe oder Haß verbunden war. Nicht einmal sein Verhältnis zu den Eltern machte er von Gesetz oder Überlieferung irgendwelcher Art abhängig; er liebte seinen Vater, ja er betete ihn an, er liebte seine Schwester, seine Freunde so, wie sie waren, sofort sie als Ganzes, Unteilbares erfassend; wo er nicht liebte, hemmte ihn keine gesellschaftliche oder sittliche Betrachtung. Sein Gefühl war so stark und hatte so bestimmte Richtungen, daß es ihm gemäß war, sich mit Bewußtsein dem Gefühl zu überlassen. Merkwürdig ist es, daß sein Verstand ebenso groß war wie sein

Gefühl, daß aber sein Verstand sich niemals hindernd zwischen sein Gefühl und dessen Betätigung drängte. Sein Gefühl war nie zerfasert und verzettelt: Es sprang gerade und unaufhaltsam wie das Licht aus seinem Herzen. Was übrigens aus Fichtes Werken in ihn einging, war die Entrüstung über den Zustand der Welt und der Wille, diesen Zustand gänzlich umzuwerfen und zu erneuern. Einen nicht ästhetischen, sondern ethischen Maßstab an die Welt anzulegen, das streitbare, unerschrockene Christentum, das, die Idee der menschlichen Brüderlichkeit im Herzen, unnachgiebig fordernd an die verteufelte Welt herantritt, diese Gesinnung Fichtes war es, die bei Michael Bakunin zündete, weil sie in ihm schlummerte. Das durchaus Fremde kann wohl auf den Kopf, nicht aber auf den ganzen Menschen wirken; das Wesentliche von dem, was Fichte sagte, war Michael nicht neu; aber es trat ihm hier, von einer abgeschlossenen Persönlichkeit getragen, übersichtlich entgegen und entrückte ihn mit einem Zauberschlage in eine hohe Geistergemeinschaft. Lange vorher schon hatte er an Natalie Beer geschrieben: »Meinem Herzen ist es eingegraben: dieser wird nicht für sich selbst leben.« Eben zum Bewußtsein erwacht, fühlte er sich schon berufen zu der Aufgabe eines jeden Helden, für die Schwächeren gegen die Übermacht, für die Freiheit gegen Ketten zu kämpfen.

Während Herzen und Ogarjew sich an Schiller begeisterten, vertiefte Bakunin sich in Goethe. Es war das Romantische, was ihn stets am meisten anzog. Faust hatte er ganz in sich aufgenommen; auf einem Jugendbilde, in Aquarell gemalt, das er seinen Freundinnen Beer schenkte, hält er einen Zettel in der Hand, auf den er selbst geschrieben hat: »Nur der verdient sich Liebe und das Leben, der täglich sie erobern muß.« Ob er absichtlich oder versehentlich Liebe statt Freiheit setzte, weiß ich nicht. Die germanische Idee der persönlichen Freiheit, welche sich im Mittelalter geltend machte, wo immer germanisches Wesen durchschlug, bezauberte ihn im jungen Goethe wie in Luther. Die unerschöpfliche Mannigfaltigkeit der Erscheinungen, welche darauf beruht, tat es ihm vielleicht um so mehr an, als er in Rußland eine trostlose Monotonie verwirklicht sah und solche noch mehr angestrebt wurde. Vergleicht man italienische und deutsche Ortschaften mittelalterlichen Ursprungs, so überrascht einen die Fülle phantasiereicher Formen, welche in Deutschland Plätze, Straßen und Häuser schmückt, während die lateinische einförmige horizontale Linie in Italien zwar zuweilen den Eindruck der Größe hervorbringt, aber doch auf die Dauer ermüdet. Noch öder, abstoßend fast muß die Einförmigkeit russischer Ortschaften sein; es wird ja auch in dem ungeheuren großen russischen Reiche nur eine Sprache gesprochen.

Man kann die Romantik die Empörung des Unbewußten gegen das Bewußte nennen, des Elementaren, Volkstümlichen, Bodenständigen, Urwüchsigen gegen die Herrschaft des Selbstbewußtseins und des Verstandes, des organisch Gewachsenen gegen das Gemachte, der persönlichen Freiheit gegen Zentralisation. Daß die deutsche Romantik auf politischem Gebiet in das Lager der Reaktion, des Gottesgnadentums und Absolutismus, auf religiösem zu einem beschränkten, ultramontanen Katholizismus überging, war ein schnöder Bruch mit ihrem eigenen Wesen, der diese in ihren Anfängen so herrliche Bewegung in den Augen späterer Geschlechter verdientermaßen erniedrigte. Die ursprüngliche Idee der Romantik ist zwar dem modernen Verfassungswesen, Parlamentarismus und Konstitutionalismus entgegen, nicht minder aber dem fürstlichen Absolutismus und der Beamtenregierung, und im Grunde hat die spätere Romantik mit der anfänglichen so wenig zu tun wie der ultramontane Katholizismus mit dem ursprünglichen Christentum.

Auch Hegel, dessen Philosophie für Michael und seinen Kreis ein heiliges Buch war, war ausgegangen von einem romantischen Idealbild griechischer Kultur, um als Verteidiger des in Deutschland herrschenden preußischen Absolutismus, der Regierungsmaschine, zu enden. Den ungeheuren Einfluß Hegels erkläre ich mir dadurch, daß er nicht vom einzelnen ausging, sondern vom Ganzen. Die Sehnsucht der Menschen des neunzehnten Jahrhunderts, welche an sich und um sich her die Folgen der äußersten Vereinzelung erlebten, ging auf das Ganze, sowohl auf die ganzen Menschen wie auf die Volks- und Völkergemeinschaft. Ein Geschlecht, welches sich gestimmt fühlte, große Umwälzungen herbeizuführen, wurde mächtig angezogen durch Hegels Auffassung von Geschichte und Entwicklung. Der seltsame Sprung in Hegels Lehre entstand dadurch, daß er trotzdem das Wissen an die Spitze seines Systems stellte und eben deshalb überhaupt systematisch verfuhr. Der Verstand, durch welchen wir wissen, verfährt teilend und hat es mit Teilen zu tun, während das Ganze geglaubt wird. Irrtümlicherweise pflegt man das Wissen als das Sichere, das Glauben als das Unsichere anzusehen, während doch das Geteilte, welches man weiß, immer ein Ganzes, an welches man glaubt, voraussetzt, weswegen es auch eine Wissenschaft ohne sogenannte Hypothesen gar nicht geben kann. Willkürliche Einbildungen von einzelnen haben allerdings keinen Bestand; aber die Natur steht mit dem menschlichen Geiste in ewiger Verbindung, so daß der Zauber des Glaubens die Ideale aus ihrem Schoße steigen läßt, der dem Ungläubigen verschlossen bleibt. Der Zwiespalt, der in Hegel selbst war, daß es ihn nach Lebendigkeit und Ganzheit verlangte, während in ihm selbst der Verstand vorherrschte, spiegelt sich in seinem System, das er anstatt eines Weltbildes gab. Die Ehrfurcht vor der Wissenschaft war jedoch in Deutschland so allgemein, daß gerade die Überschätzung des Wissens keinen Anstoß erregte, außer bei einem Teile der Jugend, die sich denn auch von Hegel, obwohl von ihm ausgehend, abtrennte.

Was Michael betrifft, so war es nicht zuletzt die dialektische Methode, die ihm damals Hegel wert machte, denn er besaß die Fähigkeit, vom Konkreten zum Abstrakten und vom Abstrakten zum Konkreten überzuspringen in einem Grade, der das Staunen aller erregte, die ihn kannten. Manchen von seinen Freunden fiel diese Gabe an ihm mehr auf als seine Herzlichkeit, seine Leidenschaftlichkeit, seine Naivität, seine Traumseligkeit. Trotz der Verwandtschaft im Verstande kann man sich nicht zwei mehr entgegengesetzte Menschen denken als den Kathedermann Hegel und Michael Bakunin, den Abenteurer und Rebellen: Was bei Hegel nur eine Sehnsucht war, die Lebendigkeit, war Kern des Wesens bei Michel, dessen Verstand ihm nur als Gegensatz zur Spannkraft diente. Jetzt und noch auf viele Jahre hinaus machte es ihm außerordentliches Vergnügen, Laien und Neulinge in die Hegelsche Philosophie einzuführen, von denen manche ihm mit Neid und Bewunderung, andere, z. B. Bjelinski, nicht ohne Ingrimm und Grauen zu folgen versuchten. Es mag Bakunin auch das an Hegel gefesselt haben, daß er von der Religion ausging, wenn er auch nicht eigentlich eine religiöse Natur war. Das aber war Michel; er wußte seine Freunde ebenso vom Dasein Gottes und der Unsterblichkeit der Seele zu überzeugen wie von der Hegelschen Algebra. Die mathematische Begabung war ihm angeboren; es war ihm offenbar ein Bedürfnis, diese Kraft zu üben, wie Buben sich raufen oder Sportsmänner ihren Sport treiben.

Hegel war von der Sehnsucht nach schöner, organisch sich entwickelnder Menschheit ausgegangen und versöhnte sich als Mann mit der zerstückelten, widernatürlichen, häßlichen Wirklichkeit, die ihn umgab, so vollkommen, daß er die Stütze der Reaktion zu werden sich herbeiließ. Er machte die fast unbegreifliche Schwenkung der Romantik mit, die sich anstellte, als finde sie in den Territorialfürsten der Gegenwart die Idee von Kaiser und Reich wieder, die jene ja vielmehr mitsamt der alle Gegensätze harmonisch zusammenfassenden Freiheit und Mannigfaltigkeit des Mittelalters untergraben und vernichtet hatten. Da sich in der Welt der Begriffe aus einer Katze ein Pudel machen läßt, gelang es Hegel, seine Idealwelt mit der Welt des Tages zusammenzukleistern, ohne daß die verblüfften Zuschauer die Taschenspielerei durchschauten; aber auf die Dauer ersetzte die Kunstfigur doch das lebendig Gewachsene nicht, und so begann das Flickwerk zu verschrumpfen. Die Idee jedoch, die den jungen Philosophen einst ergriffen hatte, daß die Menschheit als Ganzes ihre Geschichte schafft, ging nicht verloren, sondern wurde fortgeführt von einer neuen Generation, die kühnere Folgerungen daraus zu ziehen wußte.

Wenn Bakunin und Bjelinski, in das Hegelsche System vertieft, einige Schritte in seiner das Bestehende heilig erklärenden Richtung mitmachten, so brauchte doch Herzen sich nicht sehr anzustrengen, um zunächst Michel für die Opposition zu gewinnen. Herzen, obwohl ein ausgezeichneter Schriftsteller, was Bakunin nicht war, war viel weniger Dichter als dieser, und obwohl Sohn einer deutschen Mutter, vielleicht auch gerade deshalb, liefen seine Gedankengänge mehr in französischer Richtung als in germanischer. Verglich doch Bakunin ihn später gern mit Voltaire, während er in sich selbst Verwandtschaft mit Luther fühlte.

Schiller hatte die Französische Revolution begrüßt, Goethe sie abgelehnt. Herzen, der für Schiller schwärmte, war erfüllt von den Ideen der Französischen Revolution. Überhaupt ist Frankreich herkömmlicherweise russisches Ideal, obgleich der Russe im allgemeinen sich eher mit dem Deutschen als mit dem Franzosen versteht. Für Herzen war Paris mit den Erinnerungen an die große Revolution ein ebensolcher Magnet wie für Bakunin Berlin, von wo die Ideen Goethes und der Romantik ausstrahlten.

Die Französische Revolution, soweit sie offiziell war, hatte nur die herrschende Aristokratie verdrängt und das Bürgertum an ihre Stelle gesetzt; die Herrschaft des Grundbesitzes, die Stütze der alten Welt, war durch die Herrschaft des Geldes, die Stütze der neuen Welt, ersetzt worden. Inmitten der Bewegung aber tauchte etwas Neues, ganz anderes auf, die Idee des Gemeinbesitzes, verfochten von dem Träger eines uralten Adelsnamens: Saint-Simon. Wieder ging aus dem Adel ein Rächer des von ihm begangenen Unrechts hervor. Ein Grandseigneur, unternehmend, phantastisch, abenteuernd, wurde er nach vielen Schickungen und Würfen Prophet einer neuen Lehre, eines neuen Glaubens. Es war kein anderer als das Christentum, das nun endlich verwirklicht werden sollte. Wie Hegel empfand auch Saint-Simon die Sehnsucht nach organischem Leben, nachdem die kritische Periode, so nannte er sie, die im Zeitalter der Reformation begann, im Individualismus des achtzehnten Jahrhunderts ihren Höhepunkt erreicht hatte. Saint-Simon setzte ihr den Sozialismus, die Vereinigung aller menschlichen Interessen, entgegen. Den Nichtbesitzenden, den Arbeitern galt seine Sympathie, und um ihnen zu der ihnen gebührenden Stellung zu verhelfen, griff er namentlich die freie Konkurrenz und das Erbrecht an. Die Julirevolution, welche den Sieg der Bourgeoisie bedeutete, enthüllte zugleich den vollendeten Saint-Simonismus. Die Unbestimmtheit dieser Lehre, ihr Reichtum an neuen Ansichten, ihre Kühnheit, ihre Systemlosigkeit, der Schwung ihrer Gläubigkeit machten ihre Kraft aus und sicherten ihre Wirkung auf ideale Gemüter.

Namen bezeichnen oft geringere Gegensätze, als man meint. Was Herzen und Bakunin unterschied, waren nicht so sehr die Ideen, als daß Bakunin bis dahin sie in Beziehung auf den einzelnen gehegt hatte, während es Herzen um die Anwendung im öffentlichen Leben zu tun war. Sie verständigten sich bald, auch mit Bjelinski, und wurden engverbundene Kämpfer unter der gleichen Fahne.

Mit den russischen Romantikern, die sich später Slawophilen nannten, gab es mehr Gegensätze als Berührungspunkte; in der ersten Zeit aber erfreute man sich beider, da im Disput die Meinungen sich klärten und vertieften.

Die Slawophilen teilten den Abscheu der anderen gegen die in Rußland herrschenden Zustände, Leibeigenschaft und Beamtendespotie. In dem Zwiespalt zwischen der zwangsweise eingeführten Zivilisation Peters des Großen und dem barbarischen Volke stellten sie sich ganz auf die Seite des letzteren. Da nun Peter der Große die Zivilisation aus dem Westen geholt hatte, mußte der Westen Quell alles Bösen sein, woraus sie folgerten, daß im russischen Volke alles Gute daheim sei. Sie meinten, wenn man nur den deutschen und französischen Einfluß ausschalte und sich auf das Einheimische beschränke, so müsse Rußland ein harmonisches, glückliches und mächtiges Reich werden. Sie vergaßen, daß die Leibeigenschaft schon vor Peter dem Großen begründet und daß nicht er der erste Despot in Rußland war. Man kann vielmehr aus der Tatsache, daß in Preußen Zentralisation und Beamtenherrschaft weit stärker sind als im übrigen Deutschland und daß Preußen namhafte slawische Bestandteile hat, den Schluß ziehen, der Despotismus sei im Slawentum begründet, nicht im Deutschtum. Das väterlich wohlwollende Zarenregiment, von dem die Slawophilen träumten, hatte es tatsächlich in Rußland nie gegeben, außer in der Einbildung der russischen Bauern, die beharrlich daran festhielten. Wie die deutschen Romantiker vergnügten sich die russischen an dem erdichteten Bilde einer trauten Vergangenheit, die sie mit der widerwärtigsten und widersprechendsten Gegenwart zu verschmelzen wußten. Auch die starre byzantinisch-russische Kirche, die das in Rußland reichlich quellende religiöse Leben hart und verständnislos unterdrückte, verklärten sie und machten sich zu Helfershelfern Nikolaus' des Ersten, der die Sekten, welche bis dahin sich ziemlich ungestört hatten entwickeln können, zugunsten leichterer Beherrschbarkeit und Ordnung verfolgte. Die russischen Romantiker betätigten ihre Überzeugung durch die Beobachtung kirchlicher Zeremonien, Kreuzschlagen und Bücken vor Heiligenbildern sowie durch das Tragen verschollener altrussischer Trachten, in welcher Verkleidung das Volk sie für Perser hielt. Die bekanntesten unter ihnen waren die Brüder Aksakow, Söhne des Verfassers jener Familienchronik, in welcher allerdings das eigentümlich Russische in wundervollen Figuren und Bildern ausgeprägt ist.

Von allen denjenigen, die diesen Kreisen angehörten, ist im Westen keiner so bekannt geworden wie der Dichter Iwan Turgenjew. Er war eine beschauliche Natur, politische und soziale Probleme interessierten ihn nicht sehr; die Greuel der Leibeigenschaft aber drangen so sehr in das Leben aller ein, daß jeder sich damit auseinandersetzen mußte, und er verabscheute sie wie die übrigen. In seinem Leben spielte Frauenliebe die größte Rolle wie auch in seinen Romanen. Ein unbeschreiblicher Zauber geht von der Natur und von der Liebe aus, wie er sie darstellt, immer von Wehmut und Verzicht beschattet. Sein Schicksal wurde bestimmt durch die Sängerin Viardot-Garcia, die in glücklicher Ehe verheiratet war und deren Haushalt er sich anschloß. Aus einer früheren Verbindung mit einem russischen Mädchen in untergeordneten Verhältnissen hatte er eine Tochter, für die er auch pflichtgemäß sorgte; aber sein Herz gehörte den Kindern der Frau Viardot-Garcia. Wie Michel hatte er eine hohe, mächtige Gestalt, auf die seine Leibeigenen stolz waren, wenn sie ihn die Menge überragen sahen; aber er besaß nicht dieselbe strotzende Gesundheit, sondern litt frühzeitig an Podagra und hatte überhaupt trotz ängstlicher Pflege immer über irgend etwas zu klagen. Seine großen, dunklen, traurigen Augen waren von unwiderstehlicher Schönheit; in ihnen las man vielleicht, daß er nicht an das Glück glaubte, überhaupt nicht glaubte und eben darum nie glücklich war.

Worin die Westler und die Slawophilen, die Herzen »unsere Freunde, die Feinde« zu nennen pflegte, einander begegneten, das war die Verehrung der russischen Bauerngemeinde, des Mir. Und nun komme ich auf das zu sprechen, was Michael Bakunin aus seiner eigenen Heimat an bildenden Einflüssen zugeströmt war.

4
Russische Einflüsse auf Bakunin

In der ersten Hälfte des neunzehnten Jahrhunderts wurde Rußland, über das bis dahin nur legendarische Nachrichten im Westen verbreitet waren, verschiedentlich bereist und beschrieben. Am bekanntesten und wirkungsvollsten waren zwei Bücher: das eines Franzosen, des Marquis de Custine, und das eines westfälischen Edelmannes, August von Haxthausen. Custine beschränkte seine Kenntnis auf den Hof und die Beamtenkreise, die ihn umgaben; Haxthausen, ein Zögling der deutschen Romantik, interessierte sich hauptsächlich für das Volk und das Volkstümliche. Custine sah in den Russen hauptsächlich die Affen der westlichen Zivilisation, die sie äußerlich nachahmten, ohne von ihrem Wesen berührt zu werden. Er sprach ihnen originale schöpferische Begabung ab. Von seinem Standpunkt aus, der mehr der des Aristokraten des Ancien régime als der des Liberalen war, beleidigte ihn die doppelte Veranlagung der Russen zu Willkür und Grausamkeit auf der einen, zur Unterwürfigkeit auf der anderen Seite. Es ekelte ihn fast ebenso vor den Getretenen wie vor den übermütigen Herren, die er zu beklagen geneigt war, da sie ja in gewisser Hinsicht die Opfer würdeloser und markloser Demut wären. Die Vergötterung eines Menschen, des Zaren, war in seinen Augen ein Zeichen von Irreligiosität; mit Entrüstung sah er das Gebot, Gott mehr zu gehorchen als den Menschen, in Rußland vergessen. Diese überall hervorbrechende Gesinnung verleiht dem Buche von Custine Glanz und Schwung.

Haxthausen, eine beschaulichere Natur und Romantiker, berührte die Verhältnisse der Leibeigenschaft möglichst schonend und spürte dem innerhalb der Sklaverei erhaltenen eigentümlichen Volksleben nach. Auf die Begleitung und Führerschaft gebildeter Russen angewiesen, lernte er das Land wohl von der günstigsten Seite kennen; indessen auch unparteiische Russen bestätigten das Zutreffende seiner Schilderungen. Es war die Zeit, wo in Frankreich und Deutschland sich zum ersten Male kommunistische Ideale verbreiteten, im allgemeinen Abscheu und Entrüstung erregend; nun erfuhr Haxthausen zu seinem Erstaunen, daß in der russischen Bauerngemeinde ein kommunistisches Ideal verwirklicht war ohne den Beigeschmack des Verworfenen und Unsinnigen, den die Bourgeoisie damit zu verbinden pflegte. Haxthausen beobachtete und schilderte die russische Bauerngemeinde, Mir genannt, welche auf dem Gemeinbesitz von Grund und Boden beruht; er schilderte, wie das Land nach gemeinsamem Beschluß stets neu verteilt wird in der Weise, daß die Kopfzahl und die Beschaffenheit der Familie in Betracht gezogen wird. Es fiel ihm auf, wie willig sich die ganze Bauernschaft dem einmal gewählten Ältesten unterwarf und daß trotz der rechtlichen Hörigkeit der Bauern innerhalb des Mir weder der adlige Herr noch der Zar etwas zu sagen habe; es schien ihm sinnig und merkwürdig, daß das Wort Mir zugleich Welt bedeutet. Haxthausen unterließ nicht zu betonen, daß er die gedanklichen Schlußfolgerungen, durch welche die modernen Kommunisten zu ihren Grundsätzen kämen, Atheismus und Nihilismus, durchaus verdamme; aber er leugnete nicht, daß er in der russischen Bauerngemeinde etwas tief Menschliches, Schönes bewundere. Namentlich glaubte er, daß dadurch in Rußland die Entstehung eines Proletariats verhindert sei, indem es keinen Menschen gebe, der nicht eine Heimat und eine Gemeinschaft habe, wo er Arbeit und Brot finde. Blieben doch auch die Fabrikarbeiter, deren es damals noch nicht viele gab, Glieder des Mir, zu dem sie zurückkehrten, wenn die Feldarbeit die Anwesenheit aller erforderte. Daß dies möglich war, deutet auf eine andere Erscheinung, die Haxthausen in Rußland auffiel, nämlich das Fließende aller Daseinsformen.

Sowohl der Gemeinbesitz des Bodens wie das Fließende der Zustände sind Zeichen der Jugendlichkeit eines Volkes, die sich in Rußland neben der modernen Zivilisation erhalten hatten. Teilung und Spezialisierung der Arbeit bestanden erst in geringem Grade; Haxthausen staunte, wie die russischen Bauern Geschick zu allem zeigten und in kurzer Zeit ebensowohl zum Tapezierer oder Schreiner als zum Schauspieler auszubilden waren. Während der Deutsche ein Wechseln des Berufes beinah als ehrenrührig betrachtet und gewöhnlich zu jedem Beruf untauglich ist, auf den er sich nicht durch Jahre vorbereitet hat, den womöglich schon sein Vater ausübte, ergreift der Russe nach Bedarf dies und das und zeigt zu allem Talent. Die verhängnisvolle Trennung in körperliche und geistige Arbeit bestand zwar auch; indessen bei allgemeiner Trägheit und Arbeitsscheu galt doch die körperliche Arbeit nicht so wie bei uns als etwas Erniedrigendes. Die Neigung, sich zusammenzuschließen, bemerkte Haxthausen überall in Rußland; wo irgendein paar Russen zusammenkamen, bildeten sie ein sogenanntes Artel, eine Gesellschaft, welche Arbeit, Einnahme und Ausgabe als gemeinsame Angelegenheit behandelte. Auch diese Assoziationen hatten nach Haxthausens Beobachtung einen fließenden Charakter im Gegensatz zu den fest geschlossenen deutschen Korporationen. Eine Mitwirkung am staatlichen Leben hatten und beanspruchten sie natürlich nicht.

Besonders zeigte sich das Fließende in den Besitzverhältnissen. Nirgends sei, sagt Haxthausen, so großer Umschwung in jeder Art von Vermögen wie in Rußland. Selten komme ein großes Vermögen auf den dritten Erben, alles Eigentum hänge an losen Fäden und wechsle mit rasender Schnelle. Die Geldwirtschaft hatte in Rußland noch nicht denselben Grad erreicht wie im Westen, die Industrie war noch in den Anfängen. Sieht man von Petersburg ab, so waren die Lebensgewohnheiten im allgemeinen bescheiden, bis auf die Bequemlichkeit, die die Bedienung durch zahlreiche Leibeigene mit sich brachte. Die Russen waren außerordentlich freigebig. Mit dem Bettler und Vagabunden hatte jeder Mitleid sowie mit den Gefangenen, denen Gaben reichlich zuströmten. Haxthausen beobachtete, daß in den Höfen der Gefängnisse Wagen voller Geschenke für die Verschickten standen. Man nahm Partei für alle Unglücklichen, zu denen jeder unversehens gehören konnte, während im Westen zwischen den Glücklichen und den Unglücklichen, vollends zwischen den Verbrechern und den Unbestraften, eine grausame Scheidewand sich erhebt.

Ein Österreicher, der im Beginn unseres Jahrhunderts Rußland besuchte, schrieb einer russischen Dame ins Album: »Rußland ist ein Kerker, aber er wird von Menschen bewohnt. Der Westen ist frei, aber er kennt fast nur noch Geschäftsleute.«

Mit diesen Besonderheiten, die dem Beobachter des russischen Landes auffallen, ist aber die Eigenart des russischen Wesens nicht erschöpft.

Einmal, als Bakunin als alternder Mann in der Schweiz wohnte, besuchte ihn ein junger Russe, der nach Bakunins Lehre mit dem Volke wie das Volk, körperlich arbeitend, leben wollte. Mit einem Kameraden machte er sich nach dem Sankt Gotthard auf in der Hoffnung, beim Bau des Tunnels Beschäftigung zu finden. Da sie im Freien übernachten wollten und es abends kalt wurde, zündeten sie sich ein Feuer an, wurden aber bald durch einen Waldhüter gestört, der ihnen bedeutete, daß das verboten sei. Das enttäuschte sie sehr; leidenschaftliches Heimweh erwachte in ihnen nach den unermeßlichen Wäldern Rußlands, wo Stunden und Stunden kein Laut ertönt als der Schrei eines wilden Vogels, wo der Wanderer allein ist mit seinen Träumen und der Natur und keinem Menschen begegnet als etwa einem Flüchtling, einem Vagabunden, einem Bettler, die, wenn auch in Lumpen gehüllt und oft einen Bissen Brot entbehrend, doch hier königlicher Freiheit genießen. Es gibt viele tiefsinnige Bestimmungen des Begriffs Freiheit; aber es gibt eine Freiheit, die jedes Kind versteht: ein Leben außerhalb des Staates und der konventionellen Gesellschaft, nur durch die Natur beschränkt, darin inbegriffen die eigene Kraft und die der anderen. So wenig der Russe im allgemeinen davon Gebrauch machen kann, besonders der in Petersburg lebende, beständig überwachte: etwas davon ist doch in seinem Wesen und kann sich plötzlich geltend machen.

Der Hauch dieser Freiheit charakterisiert auch die Meisterwerke der russischen Literatur, die im Anfang des neunzehnten Jahrhunderts entstanden. In der Erzählung »Die Tochter des Hauptmanns« schildert Puschkin Pugatschew und die von ihm geführte Bauernrevolte, in »Taras Bulba« schildert Gogol das Leben der freien Kosaken. Beides sind Märchenromane, durch die der Takt ungebändigter Rosse sprengt, die das Aroma nie bebauter Erde würzt. Die ferne Vision des Kaukasus, der Wolga, des Ural, Sibiriens verleiht der russischen Dichtung den unnachahmlichen, unwiderstehlichen Reiz. Aus dem Dunkel der tiefen Wälder, aus dem Gräsergewoge der unermeßlichen Steppen raucht es schöpferisch; hier tief unterzutauchen, löst auf und verjüngt.

In der »Tochter des Hauptmanns« begegnet ein junger Aristokrat auf Reisen einem Bauern mit unwillkürlich wirkungsvoller Persönlichkeit, mit einem schlauen und zugleich gütigen Blick und Lächeln, den er sich zu Dank verpflichtet, indem er ihm seinen Pelz überläßt; als er ihn wieder trifft, erkennt er in ihm den gefürchteten Pugatschew, der, für den Zaren sich ausgebend, die leibeigenen Bauern zur Freiheit aufruft. Aus vielen Kämpfen mit den Regierungstruppen ist er als Sieger hervorgegangen und wirft vor sich alles nieder, was Widerstand leistet, schont aber den jungen Freund, der ihm einst gefällig war. Nachdem es endlich gelingt, der Aufständischen Herr zu werden, sieht der junge Adlige den Rebellen auf dem Schafott enden und empfängt seinen Abschiedsgruß, da er ihn in der Menge der Zuschauer entdeckt, in einem verstohlenen Zwinkern der Augen.

Welche Überlegenheit in diesem Blick! Wie heldenhaft wird der Tod dieses dunklen Befreiers durch die geringe Gebärde! Unsterblich hat der Dichter seinem Volke die Gestalt ans Herz gelegt, immer wieder begegnet uns in der russischen Dichtung der plumpe Heldenschatten, neben ihm sein Vorgänger Stenka Rasin, der ein Jahrhundert vorher die geknechteten Bauern zur Empörung anführte.

Ich zweifle nicht, daß Bakunin Puschkins »Tochter des Hauptmanns« kannte und liebte; sicher ist, daß »Taras Bulba« ein Lieblingsbuch von ihm war. Noch im neunzehnten Jahrhundert bildeten die Kosaken freie Räuberrepubliken, in denen sich die uralte Form des Zusammenlebens, die Ebenbürtigkeit aller erhalten hatte. Der Anführer, den sie wählten, blieb der Erste unter Gleichen; auf den Vorschlag eines Beliebigen mußte er zurücktreten, wenn die übrigen zustimmten. Einzig in Kriegsläuften wurde strenge Unterordnung unter den Befehl des Führers gefordert und geleistet. Ein solches Volk war wie ein Wald, in dem jeder Baum ein herrliches Gewächs ist, auf sich selbst ruhend, mit Wind und Wetter kämpfend, jeder ein König und doch im unzertrennlichen Zusammenhang der Gemeinde, wo jeder für alle einsteht und alle für einen. Gogols heroische Dichtung, wunderbar einem Geiste entsprungen, der in unfruchtbarer Mystik erlöschen sollte, hat sich Bakunin tief eingeprägt und sein Denken beeinflußt. Diese Männer, denen die Liebe zum Weibe nicht mehr bedeuten darf als eine kurze Frühlingsmondnacht, deren Leben ausgefüllt ist mit Gefahr, Wagnis und Kampf, Beutezügen und Zechgelagen, in denen mitleidlose Roheit, innigstes Gefühl und über den Tod triumphierende Freiheitsliebe gesellt sind, erschienen ihm als Vorbilder, und ein so verbrausendes Leben schien ihm lebenswert. Wie niederdrückend und beschämend mußte es ihm vorkommen, daß gerade die Kosaken nun ein Werkzeug der Despotie geworden waren, wenn auch immer noch unter sich als Männerrepublik geordnet. In diesem seltsam ungeheuren Reiche gab es nebeneinander unvereinbare Elemente: Neben der alles fesselnden und erstickenden Beamten- und Polizeiwirtschaft konnten in undurchdringlichen Wäldern von schweifenden Menschen fremdartige Abenteuer erlebt werden.

Von diesen Elementen hatte Michael nicht nur durch Lektüre etwas in sich aufgenommen, sondern es war etwas davon in seiner Natur. Er vereinigte alle die charakteristisch russischen Züge in sich: Liebenswürdigkeit, Humanität, Freigebigkeit, Kindlichkeit, Trägheit bei stoßweiser Energie, Hang zu ungeregeltem, vagabundierendem Leben. Dazu kam der Freiheitsdrang und der Stolz, der sich bei den freien Tscherkessen des Kaukasus erhalten hatte. Etwas Wildes und Primitives überraschte aber auch seine russischen Freunde, gerade in Verbindung mit der hohen Kultur, die ihn auszeichnete. Der dem Ausländer als typischer Großrusse erschien, befremdete alle Russen.

Was für Freunde waren diese jungen Russen! Das Einstehen aller für einen und eines für alle, das Michael später so oft als Lebensregel dem herrschenden Egoismus entgegenstellte, ward hier in hohem Grade verwirklicht. Herzens Noblesse ermöglichte Bakunin die ersehnte Reise nach Deutschland; ohne zu zögern, nahm er an, mit einfachen, herzlichen Worten dankend. Es war im Jahre 1840, als er sich von dem schönen Vaterhause, dem vergötterten Vater, den geliebten Schwestern losriß, die ihren Mittelpunkt in ihm verloren. Diese gesicherte Welt, die so viel für ihn bedeutet hatte, versank ganz hinter ihm; frei und vertrauend, magnetisch schicksalhaft angezogen, warf er sich in die verhüllte Zukunft.

5

Deutschland um 1840

Frühlingsstürme rauschten um das Jahr 1840 durch Deutschland, durch Europa. Welche Schmach, daß wir Deutschen diese Blüte des Jahrhunderts, mit ihr die edelsten Namen, verleugneten, daß wir nicht etwa nur die Besiegten und Untergegangenen noch bekämpften und verschütteten, sondern sie dem Gelächter oder der Verachtung preiszugeben suchten. Wir, die wir mit dem Jahre 1870 begannen, nannten die großen Gedanken der Freiheit und Brüderlichkeit entweder lächerlich oder verbrecherisch, und während wir uns um Erfolg oder Geld oder, wenn wir ideal waren, um eine literarische Richtung ereiferten, spotteten wir oder entrüsteten wir uns über jene, die auf den Barrikaden der Revolution verblutet waren. Wir besaßen einst eine heroische Jugend, die bereit war, für ihre Götter zu sterben, und starb; nicht nur, daß ihre Zeitgenossen sie einsperrten, marterten und töteten, wir entehrten auch ihr Gedächtnis und zogen ihre Schatten noch in den Staub. Es sollte keine andere Tugend gelten, als vom gesicherten Throne des Besitzes aus die bestehende Macht zu verehren.

Es gibt zwei Geschlechter von Göttern und hat sie immer gegeben: die Götter des Tages und die der Nacht. Die griechischen Götter, welche lachend an der goldenen Tafel des Glückes saßen, waren nicht die einzigen, nicht die wahren, die Griechen wußten das wohl; die echten waren namenlos verborgen im Gewölk, aus dem zuweilen Blitze zuckten und die allmächtige Kraft verrieten, die einst das herrschende Geschlecht stürzen würde. Im Namen der echten Götter wurde immer gekämpft und gelitten; aber es begibt sich mit ihnen wie mit den Göttern des Tages eine seltsame, unheimliche Wandlung. Wenn diese besiegt sind und sich in Rauch aufgelöst haben, darf man die Perücke, die den Würdenträger früher als apollinische Lockenfülle umgab, getrost in die Ecke werfen oder den Zopf abschneiden und mit Füßen darauftreten, man darf sogar das Heilige Römische Reich verspotten, man darf Napoleon fluchen, ja, ein anständiger Mann darf sozialistisch wählen – so wechseln die Ideale.

Wer wüßte nicht, daß Gott die Liebe ist? Der von der siegreichen Kirche auf den Thron gesetzte Herrscher veränderte seine Züge vollständig, aber allmählich und so im Zusammenhange mit den Menschen, daß sie es größtenteils gar nicht bemerkten. Aus dem großen Jehova, dem Allvater, in dessen Händen Segen und Fluch liegt, aus dem ewig aus unerschöpflicher Fülle Schaffenden und Zerstörenden wurde ein Portier im Hotel Europa, der die Aufgabe hatte, für Ordnung zu sorgen in dem Sinn, daß die zahlungsfähigen Gäste es möglichst bequem hatten. Es war ein Portier mit Embonpoint und reicher Livree und so majestätisch, daß man sich ihm ohne ein reichliches Trinkgeld gar nicht zu nähern wagte; seine Witterung für die gesellschaftliche Stellung eines jeden war untrüglich, vor seiner unnahbaren Miene, wenn der Habenichts seinen Nachtsack hereintrug, kam auch der Keckste zum Gefühl seiner Bettelhaftigkeit. Zu einem solchen Portier war allmählich Gott geworden. Dafür, daß er gut gefüttert wurde, mußte er das Bestehende erhalten. Mit ganzen Strahlenbündeln von Heiligkeit wurde das Bestehende überschüttet; es gab kein größeres Verbrechen, keine größere Dummheit, keinen schauerlicheren Irrwahn, als das Bestehende erschüttern zu wollen, ohne noch zu wissen, wie die Geschichtsschreiber hinzuzufügen pflegten, was und wie man wieder aufbauen wollte.

Diese Umwandlung des Herrn der Heerscharen in einen gewöhnlichen Portier erklärt viele Mißverständnisse. Man begreift, daß viele gerade ideal gesinnte Menschen sich lieber Atheisten als Anbeter dieses Gottes nannten. Menschen mit jenem Kinderblick, der erkennt, daß des Kaisers neue Kleider gar nicht vorhanden sind und das Opfer seiner Menschenfurcht im Hemde einhergeht, bemerkten, daß die Majestät am Schalter unmöglich Gott sein könne, der das Licht leuchten ließ und die Erde vom Himmel schied, empörten sich gegen ihn und sagten ihm laut ins Gesicht, sie seien ihm keine Achtung schuldig und könnten ihn sogar hinauswerfen. Je mehr die Anbetung des lebendigen Gottes sie erfüllte, durch dessen Reich die Hotelbewohner hindurchgingen, ohne ihn zu kennen, ohne ihn zu grüßen, ohne sich nach ihm zu sehnen, desto widerwärtiger war ihnen die Majestät an der Hoteltür, und da dieser nun einmal auf den Namen Gott hörte, wurde ihnen der Name verhaßt, und sie vermieden ihn auszusprechen, ja sie merzten ihn geradezu aus, um reine Bahn zu machen. So kam es, daß man von den russischen Nihilisten sagen konnte, ihre Logik sei gewesen: Der Mensch stammt von den Affen ab, darum liebe deinen Nächsten wie dich selbst. Sie fanden ein trotziges Vergnügen darin, jede Erkenntnis aufzusuchen, die der Kirche, der Bibel, dem Katechismus zu widersprechen schien, und schrieben Gottlosigkeit auf ihre Fahne, womit sie eigentlich Portierlosigkeit meinten.

Der Philosoph, der im Sinne dieser ungläubigen Gläubigen mit der Religion aufräumte, war Ludwig Feuerbach, einer von den hochbegabten Söhnen des berühmten Juristen Anselm Feuerbach. Der Sinn seiner Lehre in kürzester Zusammenfassung war der, daß das, was die Menschen Gott nennen, das Ideal ist, das die Menschheit sich selbst gesetzt hat. Dies wäre höchst wahr gewesen, wenn Feuerbach betont hätte, daß das Ideal nicht etwas ist, was die Menschen machen, was umgekehrt die Menschen macht, so daß die Menschen Objekt sind und das Ideal Subjekt ist, etwas, was im innersten Kern der Menschheit lebt und zur Entfaltung drängt; wenn er hinzugefügt hätte, daß der christliche Glaube darin besteht, daß das in der Menschheit verborgene Ideal in der Person Christi Fleisch wurde so wie andere Ideale von Familien und Völkern in anderen Personen. Der selbstbewußt gewordenen Menschheit entsprach die Verwechslung, die schaffende Idee, von der sie abhängt, für das Geschöpf zu halten. Hatten nun die Theologen recht, den Irrtum, die Menschheit sei selbst Gott, für eine Verirrung zu halten, so übersahen sie ganz, daß, wie fundamental auch der Irrtum war, doch mehr Wahrheit auf Seiten der Irrenden als auf Seiten der herrschenden Theologie war. Denn befreiend wirkte die Feuerbachsche Lehre auf diejenigen, auf welche es überhaupt ankam, durch die Wahrheit, die sie mitteilte, die als sogenannter Pantheismus oder Spinozismus so oft den deutschen Geist magnetisch berührte, daß Gott eine Kraft ist, die nicht von außen, außerhalb der Natur und Menschheit, sondern von innen heraus auf den Menschen wirkt, wenn sie auch den Menschen über sich selbst hinausreißt.

Feuerbach sehnte sich danach, Einfluß zu gewinnen, aber er hatte bei einer leidenschaftlichen Seele die Natur eines Gelehrten. Der allgemeine Beifall hätte ihm vielleicht Schwung gegeben, aber erkämpfen konnte er sich nichts; es war ihm nur wohl in der Einsamkeit, in der Natur, am Schreibtisch. Von den Regierungen hatte er nichts zu hoffen, die öffentliche Meinung war gegen ihn; es war nur ein machtloses Häuflein, das sich um ihn scharte und ihn verstand. Die dreißiger und vierziger Jahre gehörten durchaus der wohlhabenden Bourgeoisie an, die ihren Sieg mit Behagen genießen wollte. Sie war gebildet und duldsam nach oben und unten, nach allen Seiten; sie verstand sich auf den verfeinerten Genuß des Lebens und wollte darin nicht gestört sein. Es war die Blütezeit des Theaters; die Helden der Bühne und ihre Darsteller befriedigten den Drang der Menschen nach dem Außerordentlichen. Man ertrug auch in Preußen den alten König Friedrich Wilhelm III., der sich keinen Dank und keine Anhänglichkeit seines Volkes verdient hatte, mit Hinblick auf seinen bevorstehenden Tod und den verheißungsvollen Nachfolger. Diese gemütliche Stimmung konnte nicht schwer und erstickend werden, weil das unterirdische Klopfen der revolutionären Elemente sie lockerte. Solange es noch fernher tönte, wurde es von vielen gelitten, die es heftig bekämpft hätten, wenn sie es durchschaut hätten. Was für eine lösende Kraft damals von Deutschland ausging, zeigt der Einfluß, den es auf den jungen Jakob Burckhardt ausübte; auch den zu Skeptizismus und Pessimismus neigenden Basler riß eine edle Trunkenheit zu Schwärmerei und Begeisterung hin, so daß es ihm zurückblickend scheinen wollte, als habe er nur damals, unter jungen Menschen, deren Überzeugungen er nicht teilte, gelebt. Es ist merkwürdig, daß der Schweizer den berauschenden Anhauch der Freiheit nicht weniger stark empfand als der Russe.

Wenn liberal denkende Russen die deutsche Grenze überschritten hatten, pflegte sie alles, was sie wahrnahmen, zu entzücken, obwohl der Unterschied in Preußen zunächst noch nicht so augenfällig ist. Gewöhnlich hatte es unendliche Schwierigkeiten und Umschweife gekostet, den Paß zu erlangen, bis zum letzten Augenblicke fürchtete man irgendein Hindernis, nun atmete man endlich frei und leicht. Auch Michael Bakunin empfing von Berlin den angenehmsten Eindruck. Er litt nicht wie Jakob Burckhardt unter dem schlechten Essen und dem beschränkten Raum, in dergleichen Dingen war er leicht zufriedenzustellen: Er rühmte die Theater, die

Universität, die Cafés, das billige Leben. Es kam ihm zugute, daß er die deutsche Sprache schon ziemlich beherrschte, bald sprach er sie fließend, wenn auch mit fremdem Akzent. In der Gesellschaft wurde er gut aufgenommen; der alte Varnhagen, der jeden seiner Besuche in seinem Tagebuche vermerkte, verliebte sich fast in den eigenartigen Fremdling. Professor Werder jedoch, der Dozent der Philosophie, an den Bakunin durch Stankjewitsch empfohlen war, enttäuschte. Werder hatte gute Einfälle und konnte die Dinge von einer neuen Seite betrachten, auch in eine gewisse Tiefe gehen, so daß man sich durch seine Vorträge angenehm erregt und erhoben fühlte; aber das befriedigte Michel nicht, wie liebenswürdig und auszeichnend der Professor ihn auch behandelte. Überhaupt gewann er Deutschland gegenüber einen ganz anderen Standpunkt, als er in Rußland gehabt hatte.

Er kannte Goethe, Schiller, Fichte, Hegel, E. T. A. Hoffmann: Sie bedeuteten eine Welt von Schönheit und Freiheit für ihn, in die er sich aus der Welt der Alltäglichkeit und des Zwanges, die ihn umgab, gerettet hatte. Es schien ihm selbstverständlich, daß er den Gehalt dieser deutschen Dichtung im deutschen Leben finden würde; anstatt dessen sah er zahme, vorsichtige Menschen in sauber gepflegter, hübsch verzierter Umgebung, irgendwelchen vorgeschriebenen Beschäftigungen oder einem geordneten, unschädlichen Müßiggang ergeben; vor einer pedantischen, uniformierten, leicht gereizten und knurrenden Regierung sich duckend. Die Gebildeten schwärmten für Goethes Götz und Schillers Räuber, für griechische Freiheit und römische Republiken; aber wenn ihre Ideale ihnen im Leben begegnet wären, so hätten sie sie der Polizei angezeigt oder wären vor ihnen davongelaufen. »Die Deutschen«, schrieb Michel deshalb, »sind schreckliche Philister; wenn der zehnte Teil ihrer reichen geistigen Erkenntnis ins Leben übergegangen wäre, wären sie prächtige Leute; aber bis jetzt sind sie leider ein sehr lächerliches Volk.« Herzen äußerte sich später über die Deutschen, daß sie sich gewöhnt hätten, zu meinen, es sei mit der bloßen Erkenntnis schon etwas gewonnen. Diese Wut, die Dinge zu formulieren und dann befriedigt zu sein, als wären sie schon getan, hat seitdem noch zugenommen. Auch fand er, daß ihr Sybaritismus ihnen im Wege stehe, der nur wegen ihrer geringen Mittel weniger auffalle. In der Tat hängt der Deutsche sehr an seiner häuslichen Gewohnheit und Behaglichkeit, und wenn diese auch nicht in Sekt und Austern, sondern in Kaffee und Butterbrot gipfelt, so ist der Genuß dieser Mittelstands-Sybariten ebenso groß und ebenso einschläfernd als der des lukullischen Schlemmers, ja vielleicht folgenschwerer, weil er das tägliche Leben beherrscht. In keinem Volke ist die Klasse der Spießbürger so zahlreich wie in Deutschland und in keiner Stadt so ausgeprägt wie in Dresden. »Dresden, das Land der Kuchenfresser«, so schilderte es Robert Prutz, »die verwaschenste, farbloseste, butterweichste Generation, die es in Deutschland gibt; Volk wie nasser Schwamm, nicht Welf, nicht Gibelline, bloße träge Maulaufsperrer, die immer noch glauben, das alles geschehe bloß ›draußen‹ und bloß damit sie zu ihrem schlechten dünnen Kaffee alle Morgen eine interessante Zeitung zu lesen haben.« Dahin ging Bakunin, als er von Berlin genug hatte, ohne zu ahnen, wie verhängnisvoll die gemütliche Residenz ihm einst werden sollte.

6

Freundschaftliche Beziehungen und erste Berührung mit dem Kommunismus

In Dresden lebte ein junger Musiker namens Adolf Reichel. Er war der Sohn eines ostpreußischen Gutsbesitzers, den ausgesprochene musikalische Begabung früh auf eine bestimmte Laufbahn getrieben hatte, der er unentwegt treu blieb. Er war kein originelles, bahnbrechendes Genie, aber er hatte ein unbestechliches Gefühl für das Schöne und Große und war eine harmonische, sicher in sich ruhende Natur. Seine Persönlichkeit muß einen großen Reiz ausgeübt haben, denn er wurde, wohin er kam, sogleich beliebt. Heiter, witzig, liebenswürdig, auf alles eingehend, belebte er jede Geselligkeit, und seine Tüchtigkeit als Künstler wie als Mensch verlieh der Neigung das solide Fundament. Eines Tages überraschte diesen Reichel ein eigenartiger Besuch: Drei riesenhafte junge Männer, Russen, traten in sein Zimmer, um so überwältigender für ihn, als er selbst zierlich war; es waren Iwan Turgenjew, Michael Bakunin und sein jüngerer Bruder. Man kam schnell in eine lebhafte Unterhaltung und musizierte auch; das war für Michel, dem Musik über alles ging, eine starke Anziehung. Kurze Zeit darauf kam er allein und sagte zu Reichel: »Ich bin verwaist, Turgenjew und mein Bruder sind fort, nun müssen Sie mich aufnehmen.«

Dies war der Beginn einer Freundschaft, die ein schicksalvolles Leben durchdauerte bis zum Tode des einen und im Gedächtnis des anderen fortlebte, bis auch er starb. Sie schlug so blitzartig ein, wie die Liebe zuweilen tut; übrigens lag in Michels Freundschaftsgefühl immer etwas von der Zärtlichkeit der Liebe, und so wurde sie auch erwidert. Sucht man nach einer sachlichen Verbindung, so war wohl die Musik da; aber Michels politische und soziale Interessen teilte Reichel nicht. In bezug auf das Leben der Allgemeinheit hatte er keine bestimmten Überzeugungen und fühlte sich nicht berufen, in dasselbe einzugreifen. In jenem verbrüderten Menschenreiche ohne staatliche Grenzen, wo man keines Passes bedarf und nicht nach der Nationalität fragte, lebte er sowieso, Musik konnte er überall hören und überall ausüben.

In der ersten Zeit verkehrte Michel auch in Dresden in den offiziellen hohen Gesellschaftskreisen; er hatte durchaus noch die Allüren des adligen Artillerieoffiziers und wurde überall gern empfangen. Wie er aber allmählich mit Gesinnungsgenossen bekannt wurde, ließ er jene Beziehungen liegen. Die beiden bedeutsamsten Freunde, die er außer Reichel gewann, waren Arnold Ruge und Georg Herwegh. Beide waren jung, unternehmend, genußfähig. Der blonde Pommer Ruge, tatkräftig, eine saftige, sympathische Natur, war ein Jünger Hegels und Herausgeber der Halleschen Jahrbücher, in denen Hegel verherrlicht und ausgelegt wurde, natürlich vom Standpunkte der revolutionären Linken aus. Hier trat Bakunin als philosophisch-politischer Schriftsteller auf mit einem Artikel über die Reaktion in Deutschland, der mit den später oft angeführten Worten endete: »Laßt uns also dem ewigen Geiste vertrauen, der nur deshalb zerstört und vernichtet, weil er der unergründliche und ewig schaffende Quell alles Lebens ist. Die Lust der Zerstörung ist zugleich eine schaffende Lust.« Zum ersten Male erscheint hier die für ihn so charakteristische revolutionäre Trunkenheit und Todesberauschtheit, die mänadische Verschmelzung höchster Wonne und Vernichtung. Kein genialer Mensch ist ohne diese denkbar; denn was er Neues bringt, muß über überlebte Hindernisse hinweg sich Bahn brechen. Auch aus manchen Worten des Erlösers schlägt die Flamme, die wie eine Fahne des Triumphes über Trümmern weht, aus denen sie sich nährt; aber im damaligen Deutschland überhörte man diesen Geist in den offiziell heiligen oder klassischen Büchern und entsetzte sich vor ihm, wo er sich aufdrängte. Begeisternd wirkte der Artikel auf Herzen, der ihn in Moskau las, ohne zu ahnen, wie nah ihm der Verfasser stand; denn Bakunin hatte mit dem Namen Jules Elyzard unterzeichnet. Herzen war erstaunt, daß ein Franzose so viel Verständnis für deutsche Philosophie habe, und glaubte, aus dieser Verbindung Großes prophezeien zu können.

Arnold Ruge freute sich, in dem jungen Russen einen geübten Philosophen gefunden zu haben, der den Altmeister durch und durch begriffen hatte und erklären konnte; aber er hatte auch Verständnis für das menschlich Liebenswürdige, wie für das Unberechenbare, Wilde in

Michel. Nicht einmal, daß der stets Geldlose 2500 Taler entlehnte und nicht zurückgab, ent-
fremdete ihn Ruge dauernd, dem es doch damals ein erhebliches Opfer bedeutete, die Summe zu
missen. Noch ein Menschenalter später erinnerte sich Ruge, wie, wenn sie sich spät abends nach
lebhaften Gesprächen auf der Dresdener Promenade trennten, Bakunin da, wo Rußland anfing
und Deutschland aufhörte, wie er zu sagen pflegte, ihm mit seiner wohllautenden Stimme eine
Lieblingsstelle aus den Hugenotten vorsang:

> Er nahm den Säbel in die Rechte
> Und eilte mutig zum Gefechte:
> Es lebe der Vater Coligny!

Noch inniger als mit Ruge wurde das Verhältnis mit Herwegh, der heimlich nach Dresden kam
und in Bakunins geräumigen Zimmern untergebracht wurde. Herwegh hatte, wie Michel, nicht
nur revolutionäre Überzeugungen, sondern ein revolutionäres Temperament. Der Schwung in
seinen Gedichten ist echt und hinreißend. Dazu kam, daß es sich bequem mit ihm leben ließ
und daß er nichts Kleinliches hatte; es machte ihm Spaß, die Philister zu verblüffen, er war
frei von Vorurteilen und ging nicht mit der Säge der Theorien und Systeme an die lebendigen Erscheinungen. Seine Sinnlichkeit erhöhte die Fülle des Menschlichen; erst später, als die
Flamme des Geistes erlosch, setzte sie kaltes Fett an. Er war, als Michel ihn kennenlernte, ver-
lobt mit Emma Siegmund, der Tochter eines reichen, konservativen Berliners, die womöglich
noch revolutionärer war als er selbst. Sie sah in Herwegh nicht nur einen großen Dichter, sondern auch den Helden, der berufen war, Deutschland zu befreien, und hielt ihn von keinem
draufgängerischen Unternehmen zurück, trieb ihn vielmehr noch an. Beide, Herwegh und seine Braut, standen auf Seiten der Polen in ihren Bestrebungen, sich von Preußen loszureißen,
und das fiel für Bakunin ins Gewicht, der lebhafte Sympathie für die Polen hatte. Zu seinem
Ärger wurde sie nicht von allen deutschen Freiheitsfreunden und Revolutionären geteilt, worin
er eine unerhörte Unfolgerichtigkeit sah.

So war Michel nun das Glied eines Kreises von Menschen geworden, die auf ein Ziel hinarbei-
teten, das, so verschieden es sich auch jedem im einzelnen vorstellen mochte, mit dem einen
großen Namen der Freiheit benannt werden konnte. Was in Deutschland an hervorragenden
jugendlichen Kräften lebendig war, gehörte dieser Verbrüderung an, fühlte sich fähig zu jedem
Opfer, jeder Tat, und dies Gefühl war kaum von einem Zweifel, durchaus von zuversichtlicher
Hoffnung begleitet. Was ihm seit seiner frühen Jugend vorschwebte, eine religiöse Bruderschaft,
darin war er aufgenommen, und vor dieser beglückenden Tatsache schwanden die Zukunftsplä-
ne, die ihn nach Deutschland geführt hatten, ohne weiteres dahin. Vom Studium der Philosophie und der Professur in Moskau war nicht mehr die Rede: Der Augenblick regierte.

Da Herwegh, der aus Preußen ausgewiesen war, sich auch in Sachsen nicht sicher fühlte und
es vorzog, nach der Schweiz zu gehen, schloß sich Bakunin ihm an. Von Zürich aus schrieb er an
Emma Siegmund: »Es scheint mir jetzt, daß unsere Flucht aus Dresden, besonders die meinige,
etwas überstürzt war, aber ich bereue es gar nicht – ich mag immer gern meine Existenz erneuern ... ich betrachte diese Ruhe, nach der man sich so sehnt, als das größte Unglück, das einem
Menschen begegnen kann.« Er habe kein Vaterland mehr, fährt er fort, seit er das seinige aufgegeben habe, und gehe, dem Ewigen Juden ähnlich, folgsam dahin, wohin sein Schicksal und
sein Glaube ihn riefen. Einige Monate später, im März 1843, war er Brautführer bei Herweghs
Hochzeit in Baden, zusammen mit jenem Dr. Henle, dessen Liebes- und Heiratsgeschichte mit
einem schönen Dienstmädchen, das er im Hause eines Freundes kennengelernt hatte, Gottfried
Keller in einer Novelle der Sinngedichte verewigt hat.

Ungefähr um diese Zeit siedelte aus dem Waadtlande der merkwürdige Schneidergeselle Wilhelm Weitling nach Zürich über, dessen Bekanntschaft für Bakunin wichtig wurde. Weitling
war der uneheliche Sohn eines französischen Offiziers und eines deutschen Mädchens aus dem
Volke, wie so oft Kinder aus der Verbindung nationaler Gegensätze von genialer, aber hart am
Rande des Irrsinns sich bewegender Begabung. Von großem Wuchs, mit feingeschnittenem,
kühnem Gesicht, fiel er schon äußerlich auf; das Gefühl seines Wertes und seiner Abkunft

ließen ihn unter dem Elend seiner Kindheit und der Zurücksetzung, die sein Stand mit sich brachte, doppelt leiden. In Frankreich nahm er kommunistische Ideen auf und verarbeitete sie selbständig; im Dezember 1842, also ganz kurze Zeit ehe Herwegh und Bakunin nach Zürich kamen, erschien seine bedeutendste Schrift: »Garantien der Harmonie und Freiheit«. Sie enthält die Kritik der bestehenden Gesellschaft und den Plan einer neuen, auf Geistesgemeinschaft begründeten, welche auf französische Art wie eine wohlgemeinte Zuchtanstalt gedacht ist und lauter wohlmeinende Menschen voraussetzt. Sieht man von diesen utopischen Vorschlägen ab und hält sich nur an den Grundgedanken des Buches und seine Form, so packt einen der energische Gang, mit dem er auf sein Ziel losgeht, die in Galle und Blut getauchte Feder. Da ist nichts von der Behutsamkeit, der Umständlichkeit, dem Einerseits-Andrerseits des gebildeten Gelehrten; er schreibt weniger, als daß er spricht, sein Gegenüber im Auge, mit Leib und Seele bei der Sache. Wie Saint-Simon und Proudhon geht er von der Bibel aus, die er scharfsinnig auslegt und benutzt, das Gefühl, berufen zu sein, hebt ihn, erinnert aber noch nicht an Größenwahn.

Durch das Buch und die persönliche Bekanntschaft Weitlings trat Bakunin der Idee der Gütergemeinschaft zum ersten Male näher. Ein Artikel über Kommunismus im »Schweizerischen Republikaner« ist ihm mit ziemlicher Sicherheit zuzuschreiben. Er sagt darin, daß er kein Kommunist sei, daß er in einem Staate, wie Weitling ihn wünsche, nicht würde leben können; denn das sei keine Gesellschaft von freien Menschen, sondern von Tieren, die nur das Materielle im Auge hätten und durch unerträglichen Zwang zusammengehalten würden. Trotzdem sei der Kommunismus eine Weltfrage, eine gefährliche Frage, gefährlich gerade deshalb, weil er Wahrheit enthalte und in den Mängeln des bestehenden Staates seine Ursache habe. Er entkräftete dann den Vorwurf, den man Weitling machte, daß er die Bedeutung der Nationalität verkenne, Kosmopolit sei. Jede große geschichtliche Erscheinung müsse zunächst einseitig auftreten, weil das Alte zur Zeit ihres Erscheinens seinen Begriff nicht rein erfülle; so sei das Christentum im Anfang der Kunst feindlich gewesen. Der jetzige Nationalismus erfülle seinen Begriff nicht, da die Nationen sich nicht als organische Blüten am Baume der Menschheit betrachteten, sondern sich engherzig der Idee der Menschheit entgegenstellten. Die Idee der Menschheit über den Nationen sei gerade das, was das Christentum Neues, Großes, ewig Wahres gebracht habe. Der Kosmopolitismus der Kommunisten habe übrigens nichts gemein mit dem des 18. Jahrhunderts, der kalt, reflektiert, ohne Boden und Leidenschaft gewesen sei.

Die Verwirklichung der freien und brüderlichen Gemeinschaft sei das hohe Ziel der Philosophie, die Verwirklichung einer ursprünglicher Gleichheit entsprossenen Gemeinschaft freier Menschen, der wahre Kommunismus mache das Wesen des Christentums aus. Nicht im einzelnen, nur in der Gemeinschaft sei Gott gegenwärtig. Kommunismus in diesem Sinne könne nicht mehr mit Gewalt unterdrückt werden. Ein revolutionärer Kampf stehe bevor, der keinen politischen, sondern prinzipiellen, religiösen Charakter habe; es handle sich um eine neue Religion.

Dieser Kommunismus werde aus dem Volke hervorgehen, wie alles Große aus dem Volke komme; wer dem Volke fremd sei, dessen Tun sei mit dem Fluche der Impotenz behaftet; auch Christus und Luther seien aus dem Volke gewesen.

Diese Betrachtung tritt nun zum ersten Male bei Michel auf. Dachte er an sich selbst, so mußte ihm zum Bewußtsein kommen, daß er durch Geburt und Erziehung der höchsten Schicht der Gesellschaft angehörte, und er mußte nach Berührung mit dem Volke streben.

Michel war, obschon vom Scheitel bis zur Sohle Aristokrat, mit seinen schöngeformten, weißen, ungeschickten Händen, seiner Unfähigkeit zu arbeiten, eine volkstümliche Natur. Standesunterschiede gab es für ihn tatsächlich nicht. Fast alle Menschen verraten im Verkehr mit Hochgestellten Anerkennung ihrer hohen Stellung, sei es nun, daß sie sich als Bewunderung oder Verachtung, als Neigung oder Hohn und Ironie kundgibt, im Verkehr mit Niedrigeren das Bewußtsein des niedrigen Standes entweder durch Herablassung oder durch besondere Höflichkeit oder zarte Rücksicht; bei Michel nichts davon, weil er es wirklich nur mit dem Menschen zu tun hatte. Der andere fühlte wohl die Kluft, er nicht. Niemals wäre es ihm in den Sinn gekommen, irgendwie von seinem Adelstitel Gebrauch zu machen; vielleicht wäre er wirklich lieber Bauer gewesen. Turgenjew erzählt, um diese Eigenschaft zu beleuchten, wie sie einmal in

Paris zur Zeit der Revolution einem Arbeiter begegnet wären, der eigensinnig behauptet habe, das Gelingen der Revolution hänge davon ab, daß ein paar hundert Häuser demoliert würden. Michel habe sich mit diesem Manne, den jeder andere, jedenfalls Turgenjew selbst, als einen Narren hätte stehenlassen, auf einen Stein gesetzt und eine halbe Stunde lang auf ihn eingeredet, um ihn zu überzeugen, daß die Freiheit mit den fraglichen Häusern nichts zu tun habe.

Es genügte ihm nicht, daß er mit verschiedenen Arbeitern, Mitgliedern des Deutschen Arbeitervereins in Lausanne, in freundschaftliche Beziehung trat, er wünschte selbst ein Handwerk zu erlernen, und zwar wollte er Zimmermann werden. Ob ihn dabei die Erinnerung an Peter den Großen leitete, dem er äußerlich gleichen sollte, weiß ich nicht. Es wurde nichts daraus, und wir haben auch keine Ursache, zu bedauern, daß es keine Bakuninschen Schränke gibt, obwohl es sicherlich originelle Ungeheuer geworden wären.

Sonderbar berührt es zu denken, daß zu gleicher Zeit im Berner Oberlande der Pfarrer Bitzius lebte, der alles das, wonach Michel so leidenschaftlich strebte, mit derselben Leidenschaft bekämpfte, verwandte Naturen, die auch im Grunde ähnliches wollten, und dennoch Gegner auf Leben und Tod gewesen wären, wenn sie sich gekannt hätten. So können Menschen aneinander vorbeileben und vorbeisprechen; es wäre bitter zu denken, wenn man nicht an ein Geisterreich glaubte, wo die Hohen aller Zeit sich ohne Worte unmittelbar verstehen.

Inzwischen war Reichel auf dringende Rufe Bakunin in die Schweiz gefolgt, und die beiden Freunde unternahmen zusammen mit einem dritten, August Becker, eine Fußwanderung durch die Berge. Die Stationen waren Chamonix, Martigny, Rhônetal, Bad Leuk, Gemmi, Thuner See, Grindelwald, Meiringen, Haslital, Grimsel, Rhônegletscher, Furka, Bern, und wer je diese Gegend durchreiste, kann sich die Wanderer vorstellen und den Glanz ihrer Jugend und Hoffnung, widergestrahlt vom silbernen Spiegel grandioser Natur. August Becker, der Rotbart genannt, war mit Michel gleichaltrig, zum Kameraden sehr geeignet durch seine phantastische Munterkeit und Lust zu guten und schlechten Witzen. Es wurde verabredet, daß jeder einen Tag lang die Führung hätte; an Michels Tage lebte man en grand seigneur, an Reichels Tage en bon bourgeois, an Beckers als Kommunist, indem man Kartoffeln aß und auf Heuschobern übernachtete. Michels Tage verzehrten so viel, daß auf der Grimsel das Geld ausging, es konnte aber eine Anleihe von hundert Franken beim Führer gemacht werden, dessen Vertrauen sie augenscheinlich erworben hatten. In Bad Leuk war die Bekanntschaft einer schönen Dame gemacht worden, die Bakunin durch ein Ständchen auszuzeichnen wünschte. Auf seine Anregung schleppten sie ein Klavier unter ihr Fenster, auf welchem Reichel eine Verschmelzung von »Du, du liegst mir im Herzen« und der Marseillaise improvisierte. Die Fahrt endete in Bern, der schönen, stolzen Stadt, die für Michel und Reichel ein denkwürdiger Zufluchtsort wurde. Durch Follen, den Bakunin in Zürich kennengelernt hatte, waren sie an das gastliche Haus des Professors Karl Vogt empfohlen, das allen politischen Flüchtlingen, der schwarzrotgoldenen Fahne getreu, seine Türen öffnete. Die Seele des Hauses war die warmherzige, großgesinnte, humorvolle Frau Vogt, Follens Schwester, die die beiden Ankömmlinge, besonders Michel, bald als einen der ihren betrachtete. Ihre Gastfreiheit, die nie rechnete, ihre Unbekümmertheit, die nie an den Eindruck dachte, den sie selbst machte, wenn sie nur dem andern wohltun konnte, ihre Vorurteilslosigkeit, ihre Frische machten sie Michel vertraut und verehrungswürdig. Die Söhne, alle jünger als Michel, schlossen sich ihm an und blieben ihm und Reichel durch das ganze Leben befreundet, besonders der jüngste, Adolf.

Diesem frohen Winter wurde dadurch ein Ende bereitet, daß der russische Gesandte Bakunin im Namen des Kaisers aufforderte, nach Rußland zurückzukehren, wo er wegen seines Umgangs mit berüchtigten Übeltätern vor Gericht gestellt werden sollte. Damit waren Weitling und seine Anhänger gemeint. Die Kommunisten wurden nicht nur in den eigentlich reaktionären Staaten, Rußland und Deutschland, verfolgt, sondern auch in der Schweiz. Die Regierung geriet in ernstliche Aufregung wegen des unglücklichen Weitling, der auch seinerseits immer hitziger wurde, und lieferte ihn zuletzt an Preußen aus. Sein späteres Schicksal war trübselig; er warf sich ganz auf die Erfindung einer Weltsprache, die er für das notwendigste Mittel zur Herstellung des allgemeinen Völkerglücks erklärte. Im Jahre 1871 ist er in Amerika gestorben.

Da Michel, wie er sich selbst einmal ausdrückte, die Geschmacklosigkeit hatte, den freien Aufenthalt im Westen Sibirien vorzuziehen, lehnte er die Aufforderung des russischen Gesandten ab, wodurch er endgültig von seinem Vaterlande getrennt war. Rückkehr gab es nun für ihn nicht, solange Kaiser Nikolaus lebte. Im Grunde freilich hatte sich diese Tatsache schon vorher vollzogen: Michel hatte sein Geschick bereits mit dem Schicksal des Westens, mit der europäischen Revolution, verflochten, in der Rußland keine unmittelbare Rolle spielen konnte. Deswegen hörte er doch nicht auf, das Schicksal seines Volkes im Herzen zu tragen. Sein nächstes Bestreben war, die polnische Revolution zu schüren und sich mit den russischen Revolutionären in Verbindung zu setzen. Da für beide die russische Regierung der gemeinsame Feind war, schien ihm ein Zusammenwirken natürlich, und keine Enttäuschung, die die Engherzigkeit der Polen ihm bereitete, konnte ihn von seiner Einbildung heilen. Gab der polnische Adel doch lieber die ersehnte Freiheit preis, als auf seine Vorrechte zu verzichten und die leibeigenen Bauern freizugeben, womit ihm dann die russische Regierung, um die Revolution zu lähmen, zuvorkam.

Es wurde Michel um so leichter, die Schweiz zu verlassen, als Reichel sich ihm anschloß. Sie begaben sich nach Brüssel, von wo es Michel, da es ihm dort nicht gefiel, nach dem nahen Paris zog. Auch dorthin mitzugehen, ließ Reichel sich bewegen, wenigstens für ein paar Wochen; anstatt dessen blieb er vierzehn Jahre dort, während Bakunin, der an einen dauernden Aufenthalt dachte, nach drei Jahren ausgewiesen wurde.

Aus der ersten Pariser Zeit gibt es einige charakteristische Briefe Michels, die ich anführe.

An August Becker

»Die Handlungsweise der Züricher Regierung mit Weitling ist infam, sie hat mich ganz traurig und wütend gemacht; das sind ganz eigentümliche Früchte der schweizerischen Eigentümlichkeit ... Aber die Schweiz ist doch ein lumpiges Land, sie handelt ungastlich gegen Schwache und Waffenlose und respektiert die Gesetze da, wo es heilige Pflicht ist, das Gesetz zu brechen. Wo ist jetzt Weitling? Ist er wirklich Preußen ausgeliefert worden? Dann ist er verloren, und nur eine allgemeine Erschütterung Deutschlands kann ihn retten. Es ist schade um ihn – schade für ihn und die Sache! Schreibe mir alles, was Du von ihm weißt.

Was Dich betrifft, so wird mich kein Zeitungsartikel, von wem er auch geschrieben sei, und noch sonst was anderes, irremachen können. Wen ich kenne, den kenne ich, und wen ich liebe, den liebe ich, ohne mich nach anderen zu kehren. Meine Liebe zu einem Menschen ist mir der beste Beweis seiner edlen menschlichen Natur, andere Beweise brauche ich nicht. Dennoch freue ich mich, daß Du Dich entschlossen hast, die alten Klatschweiber, welche an der Spitze der deutschen Zeitungen stehen, zum Schweigen zu bringen; Gott segne Dich und gebe Dir die Kunst, ohne Schimpfereien energisch zu sein. Grüße Schmidt von mir – sage ihm, daß ich an meinem unsterblichen Werke immerfort arbeite ...

Das weiß ich nur, daß einer der deutschen Kommunisten – ich glaube der Pariser Korrespondent – die sonderbare Mission zu haben glaubt, allen und besonders den deutschen Radikalen bis in den kleinsten Punkten ihres Lebens und Wirkens aufzupassen. Dies wäre noch nichts; aber was das Lächerliche ist, daß er das Ruge und andern feierlich erklärt hat; Ruge hat ihn beinahe zur Tür hinausgeworfen und hatte dazu nach meiner Meinung vollständiges Recht; daß die Leute noch so wenig Sinn für die ersten Forderungen der menschlichen Würde und der menschlichen Freiheit haben. Die französischen Kommunisten sind in dieser Hinsicht viel weiter, viel humaner, viel stolzer und freier. Sie sind voll Würde und Selbstgefühl, und darum haben sie auch Sinn für Würde und Freiheit anderer.«

An Reinhold Solger

»Ein gewisser Herr Börnstein, dessen Bruder Redakteur des ›Vorwärts‹ ist, und der mir hier ein Zimmer gemietet, schickt seine Frau, welche Theatersängerin ist, nach Bern, wo sie den Winter zu bleiben die Absicht hat, um sich recht viel Geld zu ersingen. Als er hörte, daß ich mit Dir bekannt und befreundet bin, ließ er mich nicht eher ruhig, bis ich ihm einen Empfehlungsbrief zu Dir versprochen hatte. Er selbst ist kein besonders interessanter Mensch – seine Frau scheint das Edle der Weiblichkeit noch nicht recht begriffen zu haben – vielleicht aber hat sie eine schöne Seele, ich kenne sie nicht und überlasse Dir das weitere Studium dieses Frauenzimmers. Sieh sie einmal an. Wenn sie Dir gefällt oder interessant erscheint, beschäftige Dich mit ihr, im entgegengesetzten Falle aber laß sie laufen. Das ist die einzige Empfehlung, die ich ihr nach meinem Gewissen geben kann. Sie singt wie eine Katze auf dem Dache, für das Theater in Bern ist sie aber gut genug.

…Du weißt, daß ich verurteilt, meiner Adelstitel unwürdig erklärt und als Gemeiner nach Sibirien geschickt worden bin. Nun habe ich die Geschmacklosigkeit, die Pariser Luft der sibirischen vorzuziehen …

Der Kleine [damit ist Reichel gemeint] hat große Fortschritte gemacht; ich habe auch viel gelernt, bin Franzose geworden und arbeite sehr fleißig an einem Exposé et développement des idées de Feuerbach. Studiere viel politische Ökonomie und bin Kommunist von ganzem Herzen. Der Kleine hat schon Stunden zu zehn und zwölf Franken; mir sind auch Stunden in russischer Sprache bei russischen Familien auch zu zehn und siebeneinhalb Franken versprochen worden. Außerdem hat man mir von Rußland aus etwas Geld geschickt mit dem friedlichen Versprechen, meiner trübseligen Lage ein entscheidendes Ende zu setzen. O Gott, o Gott! da werde ich meine Schulden bezahlen und ein freier Mensch werden! Es geht gut mit uns, wir arbeiten viel, hoffen und erwarten viel und sind fröhlich und mutig. Willst Du uns nicht Gedichte von Dir für den ›Vorwärts‹ schicken? Der ›Vorwärts‹ ist noch ein lumpiges Blatt, aber es wird bald gut werden.«

7

Paris und Bekanntschaft mit Proudhon und Marx

Die große Revolution Deutschlands hat im Beginn des sechzehnten Jahrhunderts stattgefunden; wir haben uns gewöhnt, sie als eine kirchliche Bewegung zu betrachten, während wir die große Französische Revolution von 1789 eine politische nennen. Alfieri macht gelegentlich darauf aufmerksam, daß die Heiligen und Märtyrer die Freiheitshelden ihrer Zeit und als solche verehrungswürdig waren, und das ist richtiger, als er selbst annahm. Die Empörer gegen Druck und Gewaltherrschaft nennen sich mit verschiedenen Namen; aber sie wenden sich immer zugleich gegen Knechtschaft des Geistes und Knechtschaft des Leibes, da Geist und Leib nun einmal zusammenhängen. Luther stürzte die damalige geistige Autorität, die katholische Kirche, und war zugleich der Ausdruck der emporstrebenden Bürgerschaft, obgleich er persönlich ein Gegner der mit der Herrschaft des Bürgerstandes sich entwickelnden Geldherrschaft war. So seltsam ist die Verflechtung von Zeit und Menschen, daß Luther der neuen Zeit den Boden bereiten mußte, während er zu den Anfängen zurückkehren wollte, und daß er, obwohl arm und jedem Bittenden mitteilend, was er besaß, für seine Person ein Kommunist, die kommunistischen Prinzipien, die mit der Versenkung in die Bibel und der Erinnerung an die erste Zeit des Christentums auftauchten, durchaus bekämpfte. Mit dem Jahre 1500 etwa war das Selbstbewußtsein der europäischen Menschheit voll entwickelt, drang wie ein Keil in die kollektiv gegliederten Völker, löste sie auf und entband eine Masse von einzelnen. Aus dieser Masse von einzelnen schieden einzelne aus, welche die Führung, Regierung und Verwaltung übernahmen, und es wurden aus der Masse allmählich mehr oder weniger gut regierte, passive Untertanen. Erst die Geldwirtschaft machte den reinen Individualismus mit dem Privateigentum möglich. Als in Frankreich am Ende des achtzehnten Jahrhunderts der Dritte Stand zum herrschenden wurde, tauchten auch hier gleichzeitig kommunistische, auf die Bibel gegründete Ideen auf; allein die siegreiche Bourgeoisie unterdrückte sie blutig. Kein Land war so wie Frankreich erstarrt in der Idee des Individualismus und der Zentralisation; bei allen Reden von Freiheit und Gleichheit kam es tatsächlich doch nur auf straffere Zentralisation heraus, und gerade der Umstand, daß die großen Ideale der Revolution nur Schlagwörter waren und auch nur sein konnten, solange nicht die ganze Gesellschaftsordnung und Wirtschaft geändert wurde, machte die Revolution einem Deutschen wie Goethe widerwärtig.

Der Saint-Simonismus ging jedoch nicht spurlos unter, sondern hatte verschiedene Nachfolger, und in den dreißiger Jahren wurde inmitten einer reichen, wohllebenden Bevölkerung doch das Erblühen verschiedener sozialistischer Systeme nicht verhindert. Alle diese Systeme gingen von dem Elend der untersten Klasse, der Arbeiter, aus und suchten dies zu beseitigen und die Ausgestoßenen wieder in lebendige Verbindung und Wechselwirkung mit der besitzenden Gesellschaft zu bringen.

Im Sommer 1843, ein Jahr also bevor Michel Bakunin nach Paris kam, schrieb Heinrich Heine: »Die Kommunisten sind die einzige Partei in Frankreich, die eine entschlossene Beachtung verdient. Ich würde für die Trümmer des Saint-Simonismus, dessen Bekenner unter seltsamen Aushängeschildern noch immer am Leben sind, sowie auch für die Fourieristen, die noch frisch und rüstig wirken, dieselbe Aufmerksamkeit beanspruchen; aber diese ehrenwerten Männer bewegt doch nur das Wort, die soziale Frage als Frage, der überlieferte Begriff, und sie werden nicht getrieben von dämonischer Notwendigkeit, sie sind nicht die prädestinierten Knechte, womit der höchste Weltwille seine ungeheuren Beschlüsse durchsetzt. Früh oder spät wird die zerstreute Familie Saint-Simons und der ganze Generalstab der Fourieristen zu dem wachsenden Heere der Kommunisten übergehen und, dem rohen Bedürfnis das gestaltende Wort verleihend, gleichsam die Rolle der Kirchenväter übernehmen.«

Was in Deutschland nur unterirdisch glimmen, in Katakomben ein verstecktes, gefährdetes Leben führen durfte, äußerte sich in Frankreich frei unter Teilnahme angesehener, einflußreicher Menschen; es ist kein Wunder, daß es den revolutionären Deutschen als das Paradies der Freiheit erschien. Heine und gleichzeitig auch andere bemerkten, daß die europäische Menschheit sich jetzt weniger in Nationen scheide als in zwei große Parteien, die den Christen und Heiden, den Protestanten und Katholiken von einst entsprächen. Auch die deutschen Protestanten waren »vaterlandslose Gesellen« und fühlten sich enger den protestantischen Franzosen oder Engländern verbunden als ihren katholischen Landsleuten, die ihrerseits keinen Anstand nahmen, die katholischen Spanier oder Polen auf die deutschen Protestanten zu hetzen. So fühlten sich in der ersten Hälfte des neunzehnten Jahrhunderts diejenigen zueinandergehörig, die auf der Menschheit großer Linken standen, wie Gottfried Keller die Freisinnige Partei nannte, ob sie nun Polen, Italiener, Ungarn oder Deutsche waren, eins im Kampfe gegen die herrschende Gewalt. Diese war nun nicht mehr an die Kirche gebunden, deren Macht durch Luthers große Revolution gebrochen war, sondern war auf den Staat und die ihm dienenden Kräfte der Bourgeoisie übergegangen. Das Bewußtsein, daß in ihnen das Christentum neu erstehe, war in den Sozialisten sehr stark. Sowohl Saint-Simon wie Proudhon gingen ja von der Bibel aus, und Heine nannte Christus den himmlischen Kommunisten.

Bakunin wurde in Paris bald mit den freiheitlichen Elementen der Gesellschaft bekannt: George Sand, Victor Hugo, Lammenais; aber tiefen Eindruck machte ihm nur ein einziger Franzose, das war Proudhon.

Im Jahre 1839 stellte die Akademie von Besançon eine Preisfrage über die Sonntagsfeier, welche der ehemalige Buchdrucker Proudhon in denkwürdiger Weise beantwortete. Als Ausgangspunkt nahm er dabei die Bibel und die Einheit, welche zur Zeit des Moses im Volk Israel herrschte und welche seitdem aus der Welt verschwunden zu sein scheine. Die Sonntagsfeier sei von Moses eingesetzt, so sagte er, damit die Gemeinsamkeit in einer ewig heiligen Feier wieder verwirklicht und allen zum Bewußtsein gebracht werde. Er führte dann das schöne Gleichnis Christi an von dem Hausvater, welcher zu verschiedener Zeit Arbeiter in seinen Weinberg berief und, nachdem er sie alle gleich bezahlt hatte, zu dem Tadler die göttlichen Worte sprach: »Siehest du scheel, weil ich so gütig bin?« Hier findet Proudhon die Gleichheit als Forderung trotz der Verschiedenheit der Kräfte und Leistungen, welche bei gemeinsamer Arbeit und gemeinsamem Lohn zur Harmonie gebracht werden. Als Bedürfnis der Zeit erschien es ihm, einen Zustand zu finden, der weder Gütergemeinschaft, noch Freiheitsdespotismus noch Anarchie sei, sondern Freiheit in der Ordnung und Unabhängigkeit in der Einheit.

Diese Auffassung war es, die Michel anzog.

Die französischen Sozialisten, welche nach Saint-Simon auftraten, Fourier, Cabet und andere, arbeiteten Systeme aus, nach welchen das Leben bis in alle einzelnen Akte: Heirat, Wiederverheiratung, Spiel, Erholung, Schlaf, vorgeschrieben und ein Soldaten- oder Jesuitenhimmel eingerichtet war, in welchem man bald nach einem Tröpfchen des einstigen freien Elends geschmachtet haben würde. Diese Propheten waren Tyrannen, welche ihren Tugendstaat glücklicherweise nur auf dem Papier verhängen konnten. Proudhon wollte die persönliche Freiheit innerhalb der Harmonie des Ganzen gewahrt wissen. Dem Deutschen Karl Grün, der im Anfang der vierziger Jahre Proudhon in Paris besuchte, fiel es auf, wie sehr dieser Mann aus Hochburgund sich von den Franzosen unterschied, wie leicht es war, sich mit ihm zu verständigen, wie deutsch er wirkte; stammte er ja doch auch aus altem deutschen Reichsland.

In der Regel waren alle die Deutschen, die, angezogen vom Schall der französischen Freiheit und Humanität, nach Frankreich kamen, von den Franzosen bitter enttäuscht. Bei aller Geneigtheit, sich in französisches Wesen zu vertiefen, die Franzosen zu studieren und zu bewundern, konnten sie doch in kein Verhältnis kommen, da die Franzosen nicht ein Fünkchen Interesse für die Deutschen hatten, nur sich kannten und auch nichts anderes kennen wollten. Von der hochmütigsten Beschränktheit, hielten sie ihre kluge Gewandtheit innerhalb der Wirklichkeit für den Gipfel der Kultur, wie das nur dem Phantasielosen möglich ist. Auch Heine, obwohl er gut mit den Franzosen auszukommen wußte, empfand das und litt sehr darunter. Karl Grün nennt Proudhon den ersten vollkommen vorurteilsfreien Franzosen, der auch Sinn für die Deutschen besessen habe; er habe die Bildsamkeit und Entwicklungsfähigkeit der unteren Klassen besessen, denen er entstammte, habe nie an sich gedacht, nur mit Leidenschaft an die Sache, der er diente. Sein Äußeres war einnehmend, sein Gesicht offen, besonders auffallend die prachtvolle Wölbung der Stirn und die wunderbar schönen Augenbrauen. Der untere Teil des Gesichtes war energisch, massiv, der Wuchs groß und kräftig, der Eindruck im ganzen schön, heiter und sicher.

Welche Freude für Bakunin: Proudhon ließ sich von ihm in die Hegelsche Philosophie einführen. Sie wurden Freunde, und Proudhon besuchte ihn oft in der höchst bescheidenen Wohnung, die Michel mit Reichel teilte, und war unermüdlich, den einen Beethoven und den andern Hegel vortragen zu hören. Eines Abends wurde Karl Vogt, der damals auch in Paris war, der Phänomenologie überdrüssig und verabschiedete sich. Am anderen Morgen früh, er wohnte ebenfalls in der Rue de Bourgogne, kam er wieder, um mit Reichel, wie verabredet, in den Jardin des Plantes zu gehen; er hörte in Bakunins Zimmer sprechen, öffnete und sah zu seinem Erstaunen Bakunin und Proudhon wie am vergangenen Abend an dem nun erloschenen Kamin sitzen. Sie hatten die ganze Nacht dort gesessen und waren eben im Begriff, ihren Disput zu beenden.

Von allen Bekanntschaften, die Michel außerdem in Paris machte, war keine so wichtig für ihn wie die von Karl Marx. Marx ist 1818 in Trier geboren, also um vier Jahre jünger als Bakunin. Derselben Zeit angehörig, ist es nicht zu verwundern, daß er ähnliche Einflüsse erfuhr: Hegel und Feuerbach; merkwürdig ist, daß sie vielfach zu gleichen Ergebnissen kamen und daß doch die Essenz ihrer Ideen so entgegengesetzt war wie ihr Wesen. Marx, der Sprößling von Rabbinern, verfügte über den scharfen, zerteilenden, durchdringenden Verstand seiner Rasse. Alles, was er vornahm, unterwarf er seinem Verstande und machte es dadurch zum Leichnam; was er bearbeitete, wurde Vergangenheit, wenn es auch die Zukunft war. Seine Eltern, wohlhabend und gebildet, wünschten für ihren Sohn wieder Bildung und eine ansehnliche Laufbahn. Wie Michel betrübte und enttäuschte auch er seine Eltern dadurch, daß er seine außergewöhnliche Begabung nicht zur Erreichung der üblichen Ziele anwendete, sondern eigenwillig und scheinbar sinnlos damit wirtschaftete; gelegentlich warf ihm sein Vater Herzlosigkeit vor, gerade wie auch der alte Bakunin seinem Sohne gegenüber getan hatte. Die vernichtende Kritik, mit der Karl Marx sich als Jüngling gegen die Gesellschaft wendete, erwuchs nicht aus seiner Familie, es sei denn, daß sich der jüdische Geist seiner Vorfahren in ihm erhob, um die christliche Welt, die sie verachtet hatte, mit der gezähnten Säge ihres Verstandes zu zerfeilen, ihre innersten Eingeweide bloßzulegen und ihre Fäulnis nachzuweisen.

Seine mächtige Intelligenz stützte sich auf eine ebenso starke Willenskraft. Ein Russe aus Bakunins Kreise, der ihn in den vierziger Jahren in Paris kannte, schildert ihn folgendermaßen: »Marx stellte den Typus eines Mannes vor, der aus Energie, festem Willen und unerschütterlichen Überzeugungen zusammengesetzt ist, ein Typus, auch in seinem Äußeren höchst merkwürdig. Mit einer dichten, schwarzen Haarkappe auf dem Kopfe, haarbewachsenen Händen, schief zugeknöpftem Überzieher, hatte er dennoch das Äußere eines Mannes, der das Recht und die Macht besitzt, Achtung zu fordern, wie er auch auftreten und was er auch tun mag. Alle seine Bewegungen waren eckig, doch kühn und selbstbewußt. Alle seine Manieren widersprachen schroff den althergebrachten Sitten in gesellschaftlicher Beziehung. Sie waren jedoch stolz, gewissermaßen verächtlich, und seine grelle Stimme, die wie Metall klang, paßte merkwürdig zu seinen radikalen Urteilen über Personen und Dinge.«

Dieser unbeugsame, unnachgiebige Charakter war über die Möglichkeit jeder Bestechung irgendwelcher Art erhaben. Nachdem er die Überzeugung gewonnen hatte, die abendländische Welt könne nur durch das Proletariat erneuert werden, trat er dafür ein und hielt daran fest, ohne je zu schwanken. Er hatte ein Rechenexempel gelöst und demonstrierte es, wie man einen Befehl erteilt. Ein Zufall führte ihn zu gleicher Zeit wie Bakunin nach Paris. Die »Rheinische Zeitung«, deren Redakteur er gewesen war, wurde unterdrückt; dadurch brotlos geworden, begab er sich mit Arnold Ruge nach Paris, um gemeinsam mit diesem die »Deutsch-französischen Jahrbücher« als Fortsetzung der Halleschen herauszugeben. Durch Ruge, mit dem er seit Dresden befreundet war, wurde Bakunin mit Marx bekannt. Michel erfaßte die Bedeutung des Mannes für die gemeinsame Sache sofort, suchte seinen Umgang, hörte ihm zu und lernte von ihm. Schon die Gleichheit gewisser Überzeugungen war ein Band zwischen ihnen, der

Scharfsinn, die Gelehrsamkeit, die Furchtlosigkeit, womit Marx sie vertreten hatte, imponierten Michel. Trotzdem wurden sie nicht eigentlich intim; beiden machte es sich fühlbar, daß sie nicht nur ganz verschieden waren, sondern im Grunde auch etwas ganz Verschiedenes wollten. Marx strebte Zentralisation an, noch mehr als schon da war, Bakunin Dezentralisation. Marx war ganz bewußt, Bakunin, eine religiös-romantische Natur, verehrte die unbewußten und unwillkürlichen Strömungen, die aus verborgenen Quellen im Menschen aufsteigen, auch wenn sie zerstören. »Er nannte mich«, so sagte Bakunin später, »einen sentimentalen Idealisten und hatte recht; ich nannte ihn einen finstern, treulosen und eitlen Menschen und hatte ebenfalls recht.« Bakunin war demokratisch, gesellig, Menschen waren seine größte, fast kann man sagen seine einzige Leidenschaft; Marx hatte außer Friedrich Engels, der sich ihm in allem anschloß und auch seine materielle Stütze wurde, keinen Freund. Der wissenschaftliche Begründer des internationalen Sozialismus war ein unvolkstümlicher, unwohlwollender Mensch; die breite, umfassende, chaotische Natur Michels war ihm unverständlich und stieß ihn eher ab.

Es kam dazu, daß sie in ihrem Verhältnis zur slawischen Frage sehr voneinander abwichen. Michel war zugleich wahrer Russe und wahrer Kosmopolit; Marx, obwohl Jude, war deutsch, wenigstens im Sinne des damaligen legitimen Deutschland, gefühlsmäßig nicht kosmopolitisch. Es hängt mit der Zentralisation zusammen: Marx schwebte ein straffer, mächtiger Einheitsstaat vor, nur daß die Arbeiter am Steuer stehen sollten, während es Bakunin darauf ankam, daß die kleinen Einheiten frei würden, um sich nach Belieben und Bedürfnis zu entwickeln. Er wünschte für alle slawischen Stämme, ob sie nun unter russischer, preußischer, türkischer oder österreichischer Herrschaft standen, die Freiheit, einerlei, ob sie groß oder klein, bildungsfähig oder nicht erschienen. Marx dagegen gestand nur den Russen und Polen und allenfalls noch den türkischen Slawen die Möglichkeit einer Zukunft zu. »Jetzt aber«, so schreibt er, »ist die politische Zentralisation infolge der gewaltigen Fortschritte der Industrie, des Handels, der Kommunikation noch ein viel dringenderes Bedürfnis geworden als damals im 15. und 16. Jahrhundert. Was sich noch zu zentralisieren hat, zentralisiert sich. Und jetzt kommen die Panslawisten und verlangen, wir sollen diese halbgermanisierten Slawen ›freilassen‹ wir sollen eine Zentralisation aufgeben, die diesen Slawen durch alle ihre materiellen Interessen aufgedrängt wird.« Man sieht, daß sich da zwei Menschen gegenüberstanden wie etwa der moderne Westen und der Orient: dem einen kam es auf Organisation, Ordnung, Gütererzeugung, Betrieb an, dem andern auf natürliches Menschenleben. Marx konnte sich das Leben nur in mächtigen, reichen, wohlgeordneten Staaten denken, die Bakunin überflüssig, ja dem wahren Leben schädlich fand. Im Grunde mochte Marx die Russen überhaupt nicht, vielleicht gerade weil er für sie an die Möglichkeit einer Zukunft glaubte.

Das Mißtrauen gegen die Russen machte sich auch bei anderen zum Schaden Bakunins geltend, sei es, daß man sie für Anhänger des herrschenden Despotismus, sei es, daß man sie für Nihilisten oder Barbaren hielt.

Mit Ruge entzweite sich Marx auch bald; aber zwischen Ruge und Bakunin kam es gleichfalls zu störenden Auseinandersetzungen. Sie betrafen namentlich Georg Herwegh, an dessen Liederlichkeit Ruge Anstoß nahm. Er fühlte zwar das Schöne in Bakunins Entgegnung: »Freunde kritisiert man nicht, man liebt sie«; aber er war Herwegh nicht Freund genug, um ihm gegenüber danach zu handeln. Was Bakunin außer der persönlichen Zuneigung an Herwegh fesselte, war, daß er sowohl wie seine Frau die Bestrebung zur Befreiung Polens mit ihm teilten, die viele Deutsche von ihm trennte. Die Zerstörung Rußlands und Österreichs als Staaten bezeichnete er jederzeit laut als ein Ziel seines Lebens. Wenn er sich daran erinnerte, daß die Slawen im Mittelalter überall von den Deutschen waren unterworfen worden und daß das zum Teil deshalb geschehen konnte, weil die Slawen friedliche Naturen und nicht machtsüchtig waren; wenn er an die Verachtung dachte, mit der die Deutschen die Slawen gerade wegen ihrer Unterwürfigkeit betrachteten und behandelten, so stieg ein unbändiger Haß gegen Deutschland in ihm auf, dasselbe Deutschland, das ihn wie ein Heiligtum zu sich gezogen hatte. Daran sollte sich kein Deutscher ärgern; es ist ebenso natürlich wie der Haß der Italiener gegen die Österreicher war. Man sollte es als ein wunderbares Beispiel betrachten, wie das Entgegengesetzte aus einer

Brust quellen kann, ohne sie zu zerreißen. Das dem Verstande Unbegreifliche löst der lebendige Mensch lebend. Man kann und soll sein Vaterland lieben und zugleich die Menschheit; es bleibt ein Widerspruch, der Raum hat im handelnden Menschen. Haßten doch auch die Christen der Urzeit das heidnische Rom und sehnten sich, es in Trümmer zu schlagen, obwohl sie den Verkünder der Menschenliebe anbeteten.

Eine andere Frage ist die, ob die Russen wirklich das friedliche, zu Eroberungen gar nicht geneigte Volk sind, als welches Bakunin sie betrachtete. Custine sah in Rußland einen scheinbar schlummernden Koloß, welcher sich, sobald er genug Kraft gesammelt hätte, auf das westliche Europa werfen würde, um es zu beherrschen. Unterworfene Völker glauben immer friedfertig oder edel zu sein; auch die Italiener behaupteten, solange sie unter Österreichs Herrschaft waren, daß sie nie so verbrecherisch sein würden, andere Nationen zu vergewaltigen. Dem sei, wie ihm wolle: Michel glaubte an die Friedfertigkeit der slawischen Völker im allgemeinen, und daß er sie überall in gedrückter Lage sah, schien ein Beweis dafür zu sein. Sein Herz war aber so beschaffen, daß er ohne weiteres für die Gedrückten und Leidenden Partei nahm, so für das russische Volk gegen die herrschende Klasse, obwohl er selbst zu dieser gehörte, so für die Polen gegen die Russen, obwohl er selbst Russe war.

Die Anwesenheit polnischer Emigranten in Paris ermöglichte Michel die Anknüpfung vieler Beziehungen. Ebenso verkehrte er, wie sich von selbst versteht, im Kreise der Russen, die sich für kürzere oder längere Zeit in Paris aufhielten. Im Jahre 1847, Michel ging gerade dozierend neben einem Freunde auf der Straße, die Zigarre in der schönen weißen Hand, begegnete ihm Alexander Herzen, der eben angekommen war. Durch den Tod seines Vaters war er unabhängig und reich geworden und hatte unter Überwindung vieler Schwierigkeiten erreicht, einen Paß ins Ausland zu bekommen. Ihn begleiteten seine Mutter, seine Frau und seine Kinder und als Gesellschafterin eine junge, befreundete Russin, Maria Kasparowna Ern, die später Reichels zweite Frau werden sollte. Auch mit Bjelinski fand ein Wiedersehen statt, der im Sommer 1847 nach Paris kam. Die ehemaligen Streitigkeiten waren vergessen, die alte Liebe war unversehrt, und Michel faßte sofort den Plan, Bjelinski müsse im Auslande bleiben. Bjelinski indessen wollte nicht; er sei kein Kosmopolit wie Michel, trotz aller Hemmungen und Gefahren, die dort drohten, könne er nur in Rußland leben. So war der Freundeskreis von Moskau noch einmal versammelt; denn auch Turgenjew und Botkin waren in Paris, der glatzköpfige Botkin, dessen gebildete Gemütlichkeit Bjelinski so sympathisch fand, der Michels jüngste Schwester Alexandra liebte, aber nicht die Energie hatte, sie trotz des Widerstandes der Eltern, die den unebenbürtigen Kaufmannssohn ablehnten, zu erkämpfen. Bjelinski reiste zuerst wieder ab, den Tod schon sichtbar in der Brust, der ihn vor dem Ende im Kerker oder in Sibirien bewahrte, das die Regierung ihm schon bereitete. Wie einst in Moskau, wird Michel ihm den Kopf gestreichelt und gesagt haben: »Uns allen wird es schwer, sehr schwer, Wissarion, mein Täubchen, uns von dir zu trennen«, und wird ihm mit zärtlicher Traurigkeit nachgesehen haben, mit dem Taschentuch winkend, den er diesmal wirklich zum letztenmal gesehen hatte.

Bakunin war in Paris zu dem Schlusse gekommen, daß es nicht nur in Deutschland Philister gäbe; Frankreich schwärme davon wie von Maikäfern. Trotzdem aber, trotz der Phrasenhaftigkeit der Franzosen, die die Russen ebenso abstieß wie die Deutschen, trotz der nüchternen Behaglichkeit der Bourgeoisie verdichtete sich die Stimmung immer mehr zur Revolution. Am 6. September schrieb Michel an Herweghs, man fühle l'approche de l'orage. »Glaubt mir's, bald wird es gutgehen, unser Leben fängt bald an, und wir werden doch noch einmal so zusammen leben und wirken, breit und heiß, wie wir es alle drei nötig haben. Reichel ist verheiratet, zudem nicht gesetzlich, aber desto menschlicher. Ich aber warte auf meine oder, wenn ihr wollt, auf unsere gemeinschaftliche Frau, die Revolution. Nur dann werden wir wirklich glücklich, das heißt wir selbst sein, wenn der ganze Erdboden im Brande steht.«

Am 18. Oktober, nachdem die Russen ein Abschiedsfest für den abreisenden Botkin gefeiert hatten, schrieb er an Frau Herwegh: »Soll ich Ihnen auch diesen Abend beschreiben? Müssen die Russen Sie noch aus Paris bis nach Berlin verfolgen, selbst bis in diese traurige Stadt, wo die rohe russische Luft so herbstlich und unmenschlich weht? Sind Sie nicht der Russen müde und haben Sie nicht genug von der fruchtlosen Begeisterung, der platonischen Freiheitsliebe, dem schönen Grübeln ins Blaue hinein und allen den Sympathien und Bestrebungen, welche nur da weit in der Türkei und nach zwei oder drei Jahrhunderten ihre Realisierung finden, haben Sie nicht genug diese alte, abgenutzte Musik genossen, und soll ich Ihnen wieder das widerwärtige Lied vorsingen?«

So echt russisch Michel selbst in unendlichen Gesprächen war, verabscheute er doch das tatenlose Reden an seinen Landsleuten, und sein Hang zur Tat war vielleicht eigentümlich gefärbt durch das Bewußtsein der angeborenen Neigung, sich an Worten genügen zu lassen.

Bald darauf ergab sich ihm zum ersten Male die Gelegenheit eines öffentlichen Auftretens: am Jahrestage der polnischen Revolution, den die Polen feierten, hielt er eine Rede, in welcher er die Polen aufforderte, denjenigen Russen vertrauensvoll die Hand zu reichen, welche, wie sie selbst, den russischen Zaren, die gegenwärtige russische Regierung, als Feind der Freiheit bekämpfen.

Herwegh berichtet seiner Frau, die damals in Berlin war, Bakunin habe eine gute Rede leidlich abgelesen und großen Sukzeß gehabt. »Im Lager der liberalen Russen ist große Freude, sie haben wieder für einige Tage ein neues Steckenpferd und einen neuen Gegenstand der Unterhaltung. Denn au fond spielen sie doch nur, wenn sie auch die ernsthaftesten Gesichter schneiden, und die wirkliche Energie und Tatkräftigkeit geht im Schlampampen unter.«

Die Polenrede, eine durchaus vergebliche Aktion, da es Michel niemals gelang, die Abneigung der Polen gegen die Russen zu überwinden, wurde der Anlaß, daß Michel Paris verlassen mußte. Der russische Gesandte nahm Bakunins öffentlich ausgesprochene Kriegserklärung gegen die russische Regierung zum Vorwande, um seine Ausweisung aus Frankreich zu verlangen, und die französische Regierung war nicht weniger nachgiebig als die schweizerische. Er begab sich nach Brüssel, wo es ihm auch diesmal nicht gefiel und von wo aus er an einem der letzten Tage des Jahres einen langen, schönen, sehr charakteristischen Brief an den russischen Freund Annenkow schrieb, aus dem ich einige Stellen anführe.

»Brüssel ist nicht das, was Paris ist; bis jetzt ist es mir hier immer etwas leer und kalt, ungeachtet der sehr freundlichen Aufnahme. – Das Leben ist ein ganz anderes, eng, privat, von Begeisterung gar nicht zu reden. Hier gibt es kein Hingerissenwerden und kann es auch nicht geben, weil es nicht dies unsichtbare Milieu, diese unsichtbaren Kräfte gibt, welche in Paris jeden durchdringen und aufrechterhalten, ihn mit allen vereinigen, wie isoliert er auch leben möge. Schade um Paris, schade um Euch alle, ich erkannte erst hier, wie ich Euch alle lieb habe. Gott weiß, wann und wie ich Euch wiedersehen werde, aber wir wollen einer den andern nicht aus dem Gesicht verlieren, wollen nicht aufhören, voneinander zu hören – nicht wahr, Annenkow? Wir werden die alten bleiben, unser Kreis wird sich nicht so leicht ausbreiten wie in der Jugend, und Vereinsamung ist furchtbar.

...Beinahe mein ganzes Leben wurde bis jetzt nur durch unfreie Wendungen bestimmt, unabhängig von meinen eigenen Voraussetzungen; wohin es mich führen wird, weiß ich nicht. Ich fühle nur, daß ich nicht umkehren kann und daß ich meine Überzeugungen nie ändern werde. Darin liegt meine ganze Kraft und mein ganzer Wert, darin auch die ganze Wirklichkeit und die ganze Wahrheit meines Lebens, darin mein Glaube und meine Pflicht, das übrige bekümmert mich nicht, es soll werden, wie es will. Das ist meine Beichte. Sie werden wohl sagen, in all dem stecke viel Mystizismus – wer ist denn kein Mystiker? Gibt es denn eine Spur von Leben ohne Mystizismus? Nur dort ist Leben, wo es einen unbegrenzten und daher etwas mystischen Horizont gibt. Wahrlich, wir alle wissen fast nichts, wir leben in einer lebendigen Sphäre, von Wundern und Lebenskräften umgeben, und jeder unserer Schritte kann sie ohne unser Wissen und oft sogar unabhängig von unserem Willen zutage fördern ...Sie sind Skeptiker, ich bin gläubig ...

Marx treibt hier dieselbe eitle Wirtschaft wie vorher, er verdirbt die Arbeiter, indem er Räsoneurs aus ihnen macht, derselbe theoretische Wahnsinn und die unbefriedigte, mit sich selbst unzufriedene Selbstzufriedenheit. Sie können sich kaum vorstellen, wie ich mich nach Reichel sehne ...«

Auf der Schwelle des verhängnisvollen Jahres, den Hauch des tragischen Schicksals spürend, das sich dunkelwolkig ansammelte, blickte er, obwohl entschlossen, dem Wink zu folgen, noch einmal liebevoll zurück auf die von Freundschaft und Hoffnung geschmückten Jahre.

Ich will aus jener Zeit noch eine charakteristische Anekdote erzählen, die der Naturforscher Karl Vogt uns aufbewahrt hat. Dieser brachte im Jahre 1847 einige Herbstwochen in St. Malo zu, um die Meerfauna zu beobachten, und die Herweghs und Bakunin hatten sich zu ihm gesellt. Zum Frühstück, das die Freunde zusammen einzunehmen pflegten, wurden Garnelen, eine Krabbenart, verzehrt, wobei Bakunin großen Appetit zu entfalten pflegte. Eines Tages kam Bakunin in sehr aufgeregter Stimmung vom Baden zurück und erzählte, er habe ein Tier entdeckt, wie er noch nie eins gesehen habe, ein höchst wunderbares, krokodilartig, aber mit Hörnern versehen. Da Karl Vogt begierig wurde, diese Ausgeburt kennenzulernen, holte Bakunin seinen Fund herbei, den er in seiner Wohnung in einem Glase aufbewahrt hatte. Zur allgemeinen Heiterkeit wurde in dem Fabeltier dieselbe Krevette erkannt, die Bakunin beim Frühstück so gut schmeckte, wovon dieser sich aber erst überzeugen ließ, als er es gekocht und zum Speisen hergerichtet vor sich sah.

Fühlt man, welche tiefe Wesenseigentümlichkeit sich in dieser kleinen Geschichte offenbart? Ein kindliches Hingegebensein an die lebendige Erscheinung und zugleich ein Fernsein von der Wirklichkeit, das man Blindheit nennen könnte. Er geht, in eine Wolke eingehüllt, mit seinem Traum; aber er bleibt nicht allein, sondern greift mit Leidenschaft nach diesem und jenem, was ihn umgibt, und erkennt es überraschend klar und genau, aber im Zauberlichte seines Traumes.

8

Bakunins Anteil an der deutschen Revolution

Beim Ausbruch der Februarrevolution eilte Michel sofort nach Paris zurück und dort zu den Montagnards, den für die Revolution organisierten Arbeitern, um mit ihnen auf Stroh zu schlafen und auf den Barrikaden zu kämpfen. Sie bereiteten ihm einen Empfang, an den er sich bis an sein Lebensende mit Rührung gern erinnerte. Nicht so zufrieden mit ihm waren die Leiter der Bewegung, Flocon, Caussidière, Arago, die nach dem erkämpften Siege möglichst schnell Ruhe und Ordnung wiederherstellen wollten, was gar nicht nach Bakunins Sinn war. Bakunin sei unschätzbar am ersten Tage der Revolution, sagte Caussidière, am zweiten müßte man ihn erschießen. »Später, im Exil«, so erzählt Herzen, »schlug sich Caussidière mit seiner ungeheuren Faust an die mächtige Brust, mit einem Schwunge, mit dem man Pfähle in die Erde hineinzutreiben pflegt, und rief aus: ›Hier trage ich Bakunin, hier!‹« Noch aber glaubten die Arbeiterführer die Früchte der Revolution in Frieden mit der Bourgeoisie teilen zu können und suchten den Friedenstörer mit guter Manier loszuwerden. Sie forderten ihn auf, durch Deutschland an die polnische Grenze zu gehen und die Verbindung mit der polnischen Revolution herzustellen, was er als eine Angelegenheit, für die er sich besonders interessierte, gern übernahm. Den Abreisenden begleiteten Etienne Arago und Reichel zur Post. Die Freunde ahnten nicht, daß zwanzig Jahre vergehen sollten, bis sie sich wiedersähen.

So zogen ihn die überall verbreiteten Lebenskräfte, an die er glaubte, in das Gewoge der deutschen Revolution hinein. Bevor ich von der Rolle spreche, die er darin spielte, will ich versuchen, einen Begriff davon zu geben, was man in seinem Kreise eigentlich mit der Revolution bezweckte. Bekannt ist, daß die deutsche revolutionäre Bewegung im Anfang des Jahrhunderts auf eine Verfassung hinzielte, gesetzmäßigen Anteil des Volkes an der Regierung.

Es gibt ein Märchen von einem bei Nacht herumirrenden Manne, dem plötzlich ein Unhold auf den Rücken springt, um sich an ihn festzuklammern und von ihm fortschleppen zu lassen. Die unheimliche Last wird mit jedem seiner Schritte schwerer, der Schweiß rinnt dem Geängstigten von der Stirne; aber vergebens versucht er den ungebetenen Gast abzuwerfen, das Ungetüm ist wie angewachsen, es reitet und spornt ihn wie ein Tier, keuchend muß er es weitertragen, bis er zusammenbricht. So ähnlich waren die sogenannten Territorialfürsten über die Völker des Abendlandes gekommen. Während die Herzöge und Könige der germanischen Stämme Erste unter Gleichen waren, die von allen gewählt, ursprünglich nur auf die Dauer eines Krieges, später auf Lebenszeit, und das Reichsland, das freie Männer besaßen und bebauten, nur dem Namen nach innehatten, in späterer Zeit es als Lehen austeilten, maßten sich die Territorialfürsten das Gebiet, in welchem sie ursprünglich als verwaltende oder richtende Beamte gesessen hatten, als Eigentum an und betrachteten seine Bewohner als Untertanen. Es bildete sich der Begriff des Gottesgnadentums aus, der hier durchaus falsch angewendet wurde; denn von Gottes Gnade ist der Vertreter des Ganzen, der aus dem Ganzen herausgewachsen ist als seine natürliche Spitze und eben deshalb nicht erblich sein kann. Das neue Fürstentum beruhte nicht auf der Gnade Gottes, sondern auf Usurpation, und es zeigt sich hier, daß Gott damals anfing, das menschliche bewußte Selbst zu bedeuten; denn die Fürsten hatten sich ihre Würde aus eigener Machtvollkommenheit zugeschrieben. Da sie einer irdischen Stütze bedurften, gewannen sie einen Teil des Volkes für sich, den Adel, indem sie ihm die Herrschaft über die Bauern überließen, welche nun vorzugsweise »das Volk« genannt wurden. Das Wort Volk erhielt dadurch eine andere Bedeutung, und ein Volk im Sinne von Gesamtheit aller gab es nicht mehr. Der Adel war den Fürsten ebenso zum Gehorsam verpflichtet wie die Bauern dem Adel; allein der Adel hatte noch eine Schicht unter sich, welche für ihn arbeitete und die er aussaugen konnte, so daß seine Lage bequem und glänzend, die des Bauern elend war. Eine andere Stütze der Fürsten war die Kirche, welche sich dazu hergab, die verdrehte Lage durch eine ebenso verdrehte Lehre zu begründen, so daß das Christentum allmählich mit dem Willen seines Stifters nichts mehr gemein hatte. Das wichtigste Werkzeug, das die Macht der Fürsten unerschütterlich machte, war das stehende Heer, welches vom Adel beherrscht und dem Volke entfremdet wurde, dem es entstammte. Zwischen der herrschenden Kaste und den arbeitenden und zahlenden Bauern stand die Bürgerschaft, der es mehr und mehr gelang, den Adel zu verdrängen, von der sich aber gleichzeitig eine neue untere Schicht, die Arbeiterschaft, absonderte.

Der Kampf gegen den Absolutismus und die Vorrechte des Adels stand natürlich auf dem Programm aller Revolutionäre; die Tieferdenkenden glaubten aber nicht, mit einem Parlament und mehr oder weniger ausgedehntem Stimmrecht die Lage wesentlich gebessert zu haben. Die Demokraten wollten weit mehr: einen neuen Himmel und eine neue Erde. Sie wollten wieder ein ganzes Volk und innerhalb des Volkes ganze Menschen; sie wollten organisches, von innen wachsendes Leben an Stelle des mechanischen, von außen geregelten. Sie wendeten sich also gleichzeitig gegen den Absolutismus und gegen den Deismus, in den das Christentum ausgeartet war, gegen diejenige irdische und himmlische Regierung, welche das Leben von außen wie ein Uhrwerk regiert. Die Wurzel des Übels sahen sie darin, daß es überhaupt eine Regierung neben dem Volke gab; denn eine solche regiert ja von außen; sie forderten Selbstverwaltung im weitesten Sinne. Wollten sie im Volke den Gegensatz von Regierenden und Regierten abschaffen, so dachten sie die Spaltung im einzelnen Menschen zu überwinden, durch Aufhebung der verhängnisvollen Trennung in geistige und körperliche Arbeit, die die eine Hälfte des Volkes zu Stumpfsinn und Roheit, die andere zu intellektueller Verblasenheit führt. Überhaupt sei die Arbeitsteilung im modernen Leben zu weit getrieben und löse die Ganzheit des einzelnen sowie des Volkes auf.

»Erst wenn der wirkliche individuelle Mensch den abstrakten Staatsbürger in sich zurücknimmt und als individueller Mensch in seinem empirischen Leben, in seiner individuellen Arbeit, in seinen individuellen Verhältnissen Gattungswesen geworden ist, erst wenn der Mensch seine eigenen Kräfte als gesellschaftliche Kräfte erkannt und organisiert hat und daher die gesellschaftliche Kraft nicht mehr in der Gestalt der politischen Kraft von sich trennt, erst dann ist die menschliche Emanzipation vollbracht.« So drückte sich Marx aus.

Allgemein war der Widerwille gegen die moderne Zivilisation und die sie bedienenden Mächte: Individualismus, Geldwirtschaft, Industrie, Kaufmannsgesinnung, Papierverehrung.

»Nicht unsere klimatische Natur«, schrieb Richard Wagner in »Kunst und Klima«, »hat aus den frohen, lebenslustigen, selbstvertrauenden Heldengeschlechtern unsere hypochondrische, feige und kriechende Staatsbürgerschaft gemacht, nicht sie hat aus dem gesundheitstrahlenden Germanen unsere skrofulösen, aus Haut und Knochen gewebten Leineweber, aus jenem Siegfried einen Gottlieb, aus Speerschwingern Tütendreher, Hofräte und Herrjesusmänner hervorgebracht – sondern der Ruhm dieses glorreichen Werkes gehört unserer pfäffischen Pandektenzivilisation mit all den herrlichen Resultaten, unter denen neben unserer Industrie auch unsere Herz und Gemüt verkümmernde Kunst ihren Ehrenplatz einnimmt.«

Die Einsicht, daß der einzelne Mensch nichts ist, nur als Teil des Ganzen seine Bestimmung findet, daß also gerade der vereinzelte Mensch halb, der mit andern verbundene erst ganz ist, war unter einer ganzen Anzahl von Männern allgemein. Man sprach geradezu von Universalismus in diesem Sinne. Ein Vorbild dessen, was man erstrebte, sah man in der Urverfassung der germanischen Stämme, ähnlich wie die Russen die bäuerliche Gemeindeverfassung in Rußland als Ideal verkündeten. Diese Revolutionäre, obwohl der gebildeten Bourgeoisie entstammend, waren ohne Hintergedanken gegenüber dem Volke, mit dem sie vielmehr Verbindung suchten. Schrieb doch zum Beispiel Ludwig Feuerbach, der Philosoph, im Jahre 1844 an Friedrich Kapp: »Im würdigsten Gegensatz zu diesen und ähnlichen widerlichen Erscheinungen unserer verwesenden Staaten fällt mir eben erfreulicher- und trostreicherweise der Schneidergeselle Weitling ein. Ich lernte nämlich erst diesen Sommer den Kommunismus etwas näher kennen, unter anderen auch die Schrift Weitlings: ›Garantien der Harmonie und Freiheit‹. Wie war ich überrascht von der Gesinnung und dem Geiste dieses Schneidergesellen! Wahrlich, er ist ein Prophet seines Standes. Ich verdankte seine Bekanntschaft einem jungen, theoretisch in den Kommunismus eingeweihten Handwerker. Wie frappierte mich auch der Ernst, die Haltung, der Bildungstrieb dieses Handwerksburschen! Was ist der Troß unserer akademischen Burschen gegen diesen Burschen! Wahrlich, bald – bald im Sinne der Menschheit, nicht der Individuen –, bald wird sich das Blatt wenden, das Oberste zuunterst, das Unterste zuoberst kehren, die da herrschen, dienen, die da dienen, herrschen. Das wird das Resultat des Kommunismus sein, nicht das von ihm beabsichtigte. Neue Geschlechter, neue Geister werden erstehen, und sie werden entstehen wie einst aus den rohen Germanenstämmen, aus der unkultivierten, aber bildungsdurstigen Menschenmasse ...

Und jetzt schon haben wir die religiösen und theoretischen Anfänge dieser unvermeidlichen Metamorphose vor Augen. Während die Könige sich zu Betbrüdern, zu Pietisten erniedrigen, erheben sich die Handwerker zu Atheisten, und zwar Atheisten nicht im Sinne des alten, nichtssagenden, leeren, skeptischen, sondern des modernen, positiven, tatkräftigen, religiösen Atheismus.«

Was allgemein ersehnt wurde und worauf man glaubte, daß die Entwickelung hinziele, war ein Zusammenleben, in welchem die Idee der Gemeinschaft stärker sei als die Einzelbestrebungen, also das, was man Gottesreich nennen darf. Wie diese Art der Verfassung, in welcher die brüderliche Gemeinsamkeit der Grundpfeiler ist, worauf sich alles aufbaut und dem sich alles unterordnet, die erste Stufe der Völkergeschichte bildet, so glaubte man, daß sie unsere über alles gedeihliche Maß gesteigerte Zivilisation ablösen müsse. Bedeutet das Erscheinen Christi in wissenschaftlicher Sprache das sich selbst aufhebende Selbstbewußtsein der Menschheit, so deutet jene geheimnisvolle Stelle in den Korinthern, wo es heißt, daß am Ende Christus das Reich dem Vater überantworten werde, wo alle Herrschaft und alle Obrigkeit und Gewalt aufhören werde, damit Gott sei alles in allem, auf eine Zeit, wo der Individualismus überwunden sein und das Bewußtsein des Gemeinsamen wieder vorherrschen werde. Dem stürmischen Geschlecht von Achtundvierzig schien diese Zeit uralter Verheißung nahe zu sein.

Ein großer Teil der deutschen Revolutionäre von 1848 waren Dichter – Freiligrath, Kinkel, Gottfried Keller, Alfred Meißner, Heinrich Heine –, und von den Dichtern sagt ja Gottfried Keller, sie seien die eigentlichen Menschen. Kein Wunder, daß sie gerade nach Humanität, nach Universalismus strebten und daß sie bereit waren, Leben und Eigentum für ihre Idee zu opfern. Sie waren aber doch nur einzelne gegenüber den Unzähligen, die nur an ihren persönlichen Vorteil oder an das Interesse ihrer Partei dachten, und sie besaßen nicht die Zielsicherheit, die Schonungslosigkeit, die gesammelte Kraft, womit sie die größere Menge und die reicheren Mittel ihrer Gegner hätten aufwiegen können. Vor allen Dingen stellten sie sich den Sieg viel zu leicht vor und bildeten sich ein, Gegner ließen sich durch Worte überzeugen. Viele von ihnen teilten den tragikomischen deutschen Aberglauben, daß die Fürsten biedere Leute wären, die es gut mit dem Volke meinten und, wenn sie einmal gesehen hätten, was das Volk wolle, sich ihm anschließen würden; vor allen Dingen glaubten sie, sich auf die Versprechungen der Fürsten, mit denen sie in gefährlicher Stunde bei der Hand waren, verlassen zu dürfen. Die napoleonische Zeit und die der Freiheitskriege hatte die kleinliche, feige Gesinnung der Fürsten, ihre Aufgeblasenheit und ihre skrupellose Unzuverlässigkeit, ihre Verlogenheit zur Genüge offenbart; trotzdem konnte der Deutsche, auch darin dem Russen ähnlich, von dem Trugbilde des treuherzigen Landesvaters nicht lassen, eine Gemütlichkeit, die auch Bequemlichkeit war. Obwohl die durchaus republikanische Bibel immer einschärft, man solle sich nicht auf Fürsten, sondern auf Gott verlassen, galt die unbedingte Anhänglichkeit an die Fürsten sogar als ein Erfordernis der Frömmigkeit. Da man es versäumt hatte, die Volksmassen vorzubereiten und zu organisieren, hatte man nichts der furchtbaren Waffe der stehenden Heere entgegenzusetzen und war ganz auf die Einsicht und Gutartigkeit der Fürsten und des sie stützenden Adels angewiesen, zu denen sich auch die besitzenden Klassen im allgemeinen hielten.

Noch verhängnisvoller war der Umstand, daß das Streben nach Freiheit fast überall mit dem nach Einheit verbunden war. Eine Einheit, die auf dem Gefühl der Zusammengehörigkeit beruhte, wie es gemeinsame Abstammung und gemeinsamer Glaube an gemeinsame Ideale gibt, hatte das mittelalterliche Europa und innerhalb desselben die einzelnen Völker verbunden. An die Stelle dieser natürlichen, organischen Einheit, die sich aufgelöst hatte, war die getreten, die man gewöhnlich Zentralisation nennt, die ebenso lebentötend ist wie jene andere schöpferisch, zuletzt in den Ländern, die im Mittelalter die Träger der Einheit gewesen waren: in Deutschland und Italien. Immer verbunden mit dem Streben nach Macht, ist die Zentralisation der modernen Staaten eine sehr bedrohliche Erscheinung geworden; trotzdem glaubten an sie nicht nur die, denen es um Macht und Beherrschung zu tun war, sondern auch die, welche ehrlich für die Freiheit kämpften. Man muß den Zug nach Zentralisation als eine Entwicklungserscheinung auffassen, welche im Leben der einzelnen und der Völker mit Notwendigkeit auftritt, wenn sie auch, davon abgesehen, mehr der römischen als der germanischen Art entspricht. Schlimm war das, daß die Regierungen überall die Einheitssehnsucht aufgriffen und durchführten und damit einen großen Teil der Revolutionäre so blendeten, daß sie das Ausbleiben der Freiheit nicht beachteten.

Bakunin, entschiedener Föderalist, nahm an den vielen Reden, die über die deutsche Einheit gehalten wurden, Anstoß; ihrerseits meinten manche Deutsche, der Russe verstehe den deutschen Patriotismus nicht, sei wohl gar vom Standpunkte russischer Machtpolitik aus einer gedeihlichen Entwicklung Deutschlands entgegen. Doch traf er sofort, als er aus Frankreich in Deutschland ankam, alte und neue Gesinnungsgenossen. In Frankfurt lernte er, nach eigener Aussage, fünfzig lebendige, energische, einflußreiche Demokraten kennen und befreundete sich mit diesen: dem Königsberger Jakobi, dem Grafen Reichenbach aus Schlesien und dem Artilleriehauptmann Willich, der wegen Verbreitung kommunistischer Ideen aus dem preußischen Dienste gejagt worden war. In Leipzig sah er Arnold Ruge wieder, der eben in einer Versammlung war, wo er gewählt werden sollte. Bakunin ließ ihn herausrufen; es fand eine herzliche Begrüßung statt, und Ruge ließ sich mit fortziehen zu Wein und Gespräch und Lachen, das ersprießlicher sei als die öde Wahlangelegenheit. »Bis in die Nacht blieben wir beisammen, und immer von neuem wurde ich von meinem liebenswürdigen Russen zurückgehalten: Ruge, du weißt, was du vom Augenblick ausgeschlagen, bringt keine Ewigkeit zurück.« Allerdings wurde Ruge nun wirklich nicht gewählt; aber Bakunins Rat, er möge ihn nach Breslau begleiten, wo er sicherlich gewählt werden würde, erwies sich als gut. Von dort eilte Michel nach Prag, wo ein slawischer Kongreß stattfand, der am 1. Mai auf den letzten einberufen worden war, von der österreichischen Regierung zugelassen. Auf der Tagesordnung stand das Verhältnis der österreichischen Slawen zu den übrigen Slawen und anderseits zu den nichtslawischen Völkern Österreichs und Europas; harmlose Titel, unter denen sich allerlei revolutionäre Strömungen verbargen. Bakunin hoffte bei dieser Gelegenheit, an der Verbrüderung der deutschen und der slawischen, insbesondere tschechischen Demokratie arbeiten zu können; aber es stellte sich heraus, daß das viel schwieriger war, als er gemeint hatte. Sein Feuer, seine Unermüdlichkeit erregten Staunen; er war bei allen Sitzungen und in allen Kommissionen das belebende Element. Am Pfingstsonntage machte er mit einem neugewonnenen böhmischen Freunde einen Ausflug, auf welchem er sich dortige Volkslieder vorsingen ließ und selbst russische sang; seine liebenswürdige Gesellschaft, sein Humor, seine Bildung, sein offenes Wesen machten ihn schnell beliebt. Am folgenden Tage brach der Aufstand aus, der der Regierung, wenn sie ihn nicht selbst herausgefordert hatte, jedenfalls sehr gelegen kam, da sie nun den ganzen Kongreß gewaltsam unterdrücken konnte. Michel nahm als einer der Führenden lebhaften Anteil am Kampfe, der bei der geringen Zahl, der Uneinigkeit und Ratlosigkeit der slawischen Verschworenen unglücklich ausfallen mußte. Die österreichische Regierung hatte sich nicht getäuscht, indem sie darauf gerechnet hatte, daß sie die Abneigung und das Mißtrauen zwischen Deutschen, Tschechen und Magyaren würde ausnützen können. Mitte Juni verließ Bakunin Prag und ging wieder nach Breslau; im Juli, zur Zeit der sommerlichen Blüte der siegreichen Revolution, kam er nach Berlin. Er wohnte bei Hermann Müller-Strübing, einem alten Burschenschafter, der sieben Jahre lang, bis 1840, in Preußen eingekerkert und der Bakunins und seiner russischen Freunde Führer in Berlin gewesen war, als er dort studierte. Er nahm den Verkehr bei Varnhagen und Bettina wieder auf und wurde natürlicherweise mit den namhaften Demokraten der Nationalversammlung bekannt: Carl d'Ester, Waldeck, Lothar Bucher, Elsner und anderen. Eines Abends, als sie in einem Kaffeehause zusammensaßen, braute Bakunin der Gesellschaft einen russischen Punsch, den er Hohenstaufen nannte und der ein Gemisch von Rum, Weißwein und Zucker war. Wie der riesige Russe, nachdem er die Lichter gelöscht hatte, in den bläulichen Flammen rührte, die ihn selbst unheimlich beleuchteten, das edle Geschäft mit Zitaten aus dem Faust würzend, blieb den Teilnehmern lange im Gedächtnis.

Im Herbst fing die Revolution an abzublühen; der Winter der Reaktion begann seine Ketten über ganz Deutschland zu schlagen. Die Fürsten hatten sich nach der Überrumpelung wieder gefaßt und wagten es, ihre eigentliche Gesinnung zu zeigen. Friedrich Wilhelm IV. hatte mit einer verworrenen mittelalterlich-romantischen Volkstümlichkeit gespielt; in Wahrheit war er überzeugt von seiner unbeschränkten Hoheit und gestand höchstens dem Adel und den Offizieren eine gewisse Stellung neben sich zu; vom Volke fühlte er sich durch eine unüberbrückbare Kluft getrennt und sah in der revolutionären Bewegung nichts als strafbaren Aufruhr. So unsinnig auch die Vorstellung ist, daß Millionen von Menschen, die überwiegende Zahl der Bevölkerung, einem Fürsten, der nicht Eroberer ist, willenlos sollten unterworfen sein, so lebte er doch wie die damaligen Fürsten in dieser Einbildung und hielt sich für befugt, als Feind nicht nur gegen diejenigen vorzugehen, welche eine Republik der Monarchie vorzogen, sondern auch gegen die, welche nur auf der längst verheißenen Verfassung bestanden, ja sogar gegen diejenigen, welche ihm die Kaiserkrone zuwenden wollten. Die vorher gegebenen Versprechungen hinderten weder das blutig-grausame Vorgehen noch das salbungsvolle Pathos.

Anfang Oktober aus Preußen ausgewiesen, fand Bakunin Aufnahme in dem kleinen Anhalt, das unter dem Ministerium des Dr. August Habicht ein Zufluchtsort für die anderwärts verjagten Freiheitsfreunde war. Etwa anderthalb Stunden von Köthen entfernt, an der Straße nach Bernburg, lag das Pachtgut der Eltern des Dr. Enno Sanders, der radikaler Deputierter im Dessauer Konvent und später in Dresden Bakunins Mitkämpfer war; im Kreise dieser Menschen brachte Bakunin den Winter zu. Trotz der sympathischen Umgebung litt er unter der erzwungenen Untätigkeit; er glaubte nicht mehr an das Gelingen der Revolution und machte zum Teil die Führer dafür verantwortlich. Ein Sekretär der Berliner Nationalversammlung, der nach Köthen kam, erzählte, wie das Militär in sein Haus eingedrungen sei und ihm alle seine Papiere nebst fünfzigtausend Talern weggenommen habe. Die Entrüstung, die der letztere Umstand hervorrief, die Ausrufe: Auch das Geld! Das Geld wird man Ihnen doch zurückgeben! belustigten und ärgerten Bakunin. Daß man, wo es um die ernstesten Überzeugungen, um die ganze Entwicklung Deutschlands ging, sich wegen des heiligen Eigentums aufregte, zeigte ihm den Unterschied zwischen seiner Auffassung und der der meisten anderen. »Mit einem Worte, Freund«, schrieb er an Georg Herwegh, »das ist mein letztes und wahrlich sehr begründetes Urteil: Wenn die deutsche Nation bloß aus der großen, leider zu großen Masse der Spießbürger, der Bourgeoisie, bestände, aus dem, was man heute das sichtbare, offizielle Deutschland nennen könnte – wenn unter dieser offiziellen deutschen Nation es nicht Stadtproletarier, besonders aber eine große Bauernmasse gäbe, dann würde ich sagen müssen: Es gibt keine deutsche Nation mehr, Deutschland wird erobert und zugrunde gerichtet werden. Nur ein anarchischer Bauernkrieg einerseits und die Verbesserung der Bourgeoisie durch die Bankrotte anderseits können Deutschland retten. Für das zweite werden die Verhältnisse selbst und eine eiserne Notwendigkeit sorgen. Ich finde keinen Ausdruck, um die Stupidität und abstrakte Prinzipienreiterei der sogenannten demokratischen Führer in Deutschland zu bezeichnen.«

Was den Anlaß gab, daß Michel, nachdem er noch Weihnachten mit den Kameraden in Anhalt gefeiert hatte, das Asyl verließ, ist nicht bekannt. Aus dem Dunkel der stürmischen Zeit blitzen hie und da Ereignisse auf, deren Entstehen und Zusammenhang man nur ahnt. Vielleicht war es Ruge, der ihn bewog, nach Leipzig zu kommen, vielleicht waren es die Brüder Straka, zwei Söhne eines böhmischen evangelischen Pfarrers, die in Leipzig studierten und bei denen er wohnte. Er hatte diese beiden, kühne, energische junge Leute, die in hussitischen Traditionen erzogen waren, in Prag kennengelernt und ganz an sich gefesselt. Sie waren, wie er, geneigt, das, was sie wünschten, als möglich zu sehen, auch gegen den Augenschein. Nachdem die Stadt Prag Michel enttäuscht hatte, setzte er seine Hoffnung auf die Landbevölkerung und versuchte sogleich, sie für seine Zwecke zu gewinnen. Die Beziehungen, die es ihm gelang anzuknüpfen, bildeten ihm eine hohe Meinung von den böhmischen Bauern, das heißt bei ihm von ihrer Wildheit, ihrer Entschlossenheit. Auch jetzt, von Leipzig aus, begab er sich heimlich nach Böhmen, trotz der Gefahr, die damit für ihn verknüpft war. Damals mag es vorgekommen sein, was erzählt wird, daß er unterwegs auf aufrührerische Bauern stieß, welche sich vergeblich bemühten, ein Schloß in Brand zu stecken. Michel sprang aus dem Wagen, zeigte den Bauern, wie sie es machen müßten, und als er weiterfuhr, schlugen schon die Flammen gen Himmel. Noch während er lebte, entstand eine Menge von Anekdoten und Legenden über Bakunin; dieser Sagenkreis ist in jedem Falle für den Helden, und wie er wirkte, charakteristisch. Sein Herz, da er doch nun einmal Slawe war, hing besonders an dem Aufstand in Prag und der Verbindung der dortigen Bewegung mit der deutschen, insbesondere der sächsischen. Von Leipzig aus schrieb er an Herwegh: »In Deutschland gehen die Sachen gut. Das schönselige und dumme Vielreden, das vergangene Unheil, ist fast gänzlich verschwunden und hat einer ernsten, schwülen, entschlossenen Stimmung Platz gemacht.« Das klang anders als der niedergeschlagene Brief aus Köthen. Der feurigste unter den Revolutionären Sachsens, der vielleicht, der Michel diese Zuversicht einflößte, war August Roeckel, ein Österreicher aus Graz. Der Zufall will, daß August Roeckel im selben Jahre wie Bakunin geboren und im selben Jahre gestorben ist. Er hatte bei einem längeren Aufenthalt in England und Frankreich arbeiterfreundliche, sozialistische Ideen aufgenommen. Gleichzeitig mit Richard Wagner, im Jahre 1843, wurde er am selben Theater wie jener als Musikdirektor angestellt; Bakunin hatte Dresden kurz vorher verlassen. Roeckel und Wagner befreundeten sich sehr; man sah sie oft zusammen spazierengehen und nannte sie scherzweise Faust und Mephisto. Wenn man damit sagen wollte, Roeckel habe Wagner zu revolutionären Ansichten verführt, so irrte man vielleicht nicht ganz; jedenfalls aber war der Boden gut vorbereitet. Schon sein Mitleid für alle Leidenden, Entbehrenden machte Wagner den sozialen Ideen geneigt. Ein anderer Ausgangspunkt für revolutionäre Gedankengänge war die trostlose Lage der Kunst in der Gegenwart. Wie Weber als Kapellmeister in Dresden mit dem Ungeschmack der höheren Stände hatte kämpfen müssen, so Richard Wagner gegen die unübertreffliche Ignoranz seines Vorgesetzten, des Generalintendanten v. Lüttichau, und der zahlreichen, die seinesgleichen waren. Dazu machte es böses Blut, daß er für die Rechte der elend besoldeten Musiker warmherzig eintrat. Die Aufführung von Beethovens Neunter Symphonie mußte er gegen Intrigen, Anfeindungen, Verleumdungen und Bosheiten durchsetzen, als begehe er damit ein Verbrechen oder eine Narrheit. Er fand, daß die Kunst, wie jede Lebenserscheinung, an dem industriell-kaufmännischen Charakter der Zeit teilnehme und dadurch verdorben sei, und kam zu dem Schluß, daß wahre Kunst nur in einer gänzlich umgestalteten Welt erstehen könne. »... das ist die Kunst, wie sie jetzt die ganze zivilisierte Welt erfüllt. Ihr wirkliches Wesen ist die Industrie, ihr moralischer Zweck der Gelderwerb, ihr ästhetisches Vorgeben die Unterhaltung der Gelangweilten. Aus dem Herzen unserer modernen Gesellschaft, aus dem Mittelpunkt ihrer kreisförmigen Bewegung, der Geldspekulation im großen, saugt unsere Kunst ihren Lebenssaft, erborgt sich eine herzlose Anmut aus den leblosen Überresten mittelalterlich-ritterlicher Konvention.«

Ebenso charakterisiert er die moderne Religion:

»Mit Entsetzen sehen wir in einer heutigen Baumwollenfabrik den Geist des Christentums ganz aufrichtig verkörpert: Zugunsten der Reichen ist Gott Industrie geworden, die den armen christlichen Arbeiter nur so lange am Leben erhält, bis himmlische Handelskonstellationen die gnadenvolle Notwendigkeit herbeiführen, ihn in eine bessere Welt zu entlassen.«

Der Zukunftsstaat, den er erhofft, muß antikapitalistisch sein, es muß anstatt einer bürokratischen Staatsverwaltung »von oben« eine soziale Gliederung »von unten« sich heranbilden. Damit ist schon gesagt, daß nicht ein einzelner, sondern nur das Volk in der Gesamtheit hier handelnd auftreten kann. »Aber eben dieses Band, diese Religion der Zukunft, vermögen wir Unseligen nicht zu knüpfen, weil wir, so viele wie dieser auch sein mögen, die den Drang nach dem Kunstwerk der Zukunft in sich fühlen, doch nur Einzelne, Einsame sind. Das Kunstwerk ist lebendig dargestellte Religion, Religionen aber erfindet nicht der Künstler, die entstehen nur aus dem Volke.« Volk sind Richard Wagner alle die, »welche eine gemeinschaftliche Not empfinden«, diejenigen, »die unwillkürlich und nach Notwendigkeit handeln«.

Das deutet auf Revolution, und zwar hatte Wagner die äußersten, radikalsten Ziele derselben im Sinn. »Es wäre denkbar«, schreibt er, »daß die Konsequenzen unserer Zivilisation sich abstumpfen, nämlich im Untergange unserer Zivilisation; was ungefähr anzunehmen wäre, wenn alle Geschichte über den Haufen geworfen würde, wie dies etwa in den Konsequenzen des sozialen Kommunismus liegen müßte, wenn dieser sich der modernen Welt im Sinne einer praktischen Religion bemächtigen sollte.«

Revolutionen erklärte der Leipziger Schriftsteller Oelkers in den Erinnerungen an seine Gefängniszeit als naturwüchsige Ereignisse, bei denen die einzelnen nur Werkzeuge des Geistes wären, der die Gesamtheit beseele. Wirklich waren gleichartige Ideen in ganz Sachsen verbreitet, oder sie wurden doch mit Verständnis aufgenommen. Die Wühler, wie sie von den Gegnern genannt wurden, sprachen sich im Vaterlands-Verein über ihre Ziele aus und gaben Blätter heraus, die Roeckel mit ingrimmiger Leidenschaft redigierte, weshalb er Ende 1848 aus seiner Stellung entlassen wurde. An der Leipziger Universität scharten sich viele Studenten um das schwarzrotgoldene Banner und bildeten, nachdem Herweghs »Gedichte eines Lebendigen« erschienen waren, ein Herwegh-Kränzchen. Zu ihnen gehörten der Mediziner Hermann Schauenburg, der Freund Jakob Burckhardts, und der Philologe Hermann Semmig, der sympathische, noble und getreue Mann, der, aus dem Volke hervorgegangen, eines Sattlers Sohn, die ganze Ehrenhaftigkeit, die Tapferkeit im Leiden, die Kraft des Entsagens, den stolzen Idealismus, die Echtheit des Gefühls dieser im Dunkeln sich mühenden Schicht verkörperte.

Aus dem Verlage Otto Wigands gingen die Ideen der Revolution in die Welt; neben ihm wirkte Arnold Ruge, der das von Fröbel in Zürich gegründete »Literarische Comptoir«, das Herwegh berühmt gemacht hatte, zuerst aus seinen eigenen Mitteln unterstützte und dann, da es sich nicht halten konnte, nach Leipzig übernahm. Echtermeyer und Ruge hatten im Sinn, in Dresden eine freie Akademie der Wissenschaft zu gründen, welche die Vertreter der neuen Ideen sammeln sollte: Feuerbach, Kapp, Strauß. Bei Semmig und Roeckel fand Bakunin volles Verständnis. Hermann Semmig war einer der ersten, der sich durch das Studium der Schriften Karl Grüns für die soziale Idee begeisterte, deren Berechtigung ihm seine eigene Erfahrung, seine Beziehung zum Handwerk bestätigte. Er wurde dadurch zum Gegner Robert Blums, des politischen Volkstribuns Sachsens, der zur Zeit, als Bakunin nach Sachsen kam, schon ein Opfer der österreichischen gewalttätigen Reaktion geworden war. Manche Aussprüche Richard Wagners hören sich an, als kämen sie von Bakunin:

»Kein Einzelner kann glücklich sein, ehe wir es nicht alle sind, wie kein Einzelner frei sein kann, ehe nicht alle frei sind.«

»Die Natur, die menschliche Natur, wird den beiden Schwestern Kultur und Zivilisation das Gesetz verkündigen: ›Soweit ich in euch enthalten bin, sollt ihr leben und blühen; soweit ich nicht in euch bin, sollt ihr aber sterben und verdorren.‹«

Und vollends: »Wenn mir die Erde übergeben würde, um auf ihr die menschliche Gesellschaft zu ihrem Glücke zu organisieren, so könnte ich nichts anderes tun, als ihr vollste Freiheit geben, sich selbst zu organisieren; diese Freiheit entstünde von selbst aus der Zerstörung alles dessen, was ihr entgegensteht.«

Begriff Wagner, so wie er damals war, ein gegen das Bestehende anstürmendes Genie, das Letzte, Eigenste in Bakunins Seele, das so wenige verstanden, seine Sehnsucht nach Sturm und Leben, seinen Haß unserer registrierten, statistisch untersuchten, abgezählten, eingeteilten Welt? Man meint, bei der Gestaltung des Siegfried habe ihm Bakunin vorgeschwebt, der Riese mit dem löwenhaften Kopfe, dem kindlichen Lachen, dem großmütigen Herzen und der vulkanischen Wildheit. Die Liebe zur Musik verband sie noch enger; Michel dachte daran, Musiker zu werden, wie vor ein paar Jahren Zimmermann. Er hauste eine Zeitlang unter dem Namen Dr. Schwarz im Kgl. Menageriegarten in der Friedrichstadt, wo auch Wagner wohnte. Abends, im Schutze der Dunkelheit, gingen sie spazieren, und Wagner führte oft den Verfolgten, der unbekümmert war, unter irgendeinem Vorwande im Wagen zurück, damit er nicht gesehen würde.

Als Wagner am Palmsonntag, es war der 1. April, im alten Opernhause Beethovens Neunte Symphonie aufführte, trotzte Bakunin der Gefahr und ging hin. Das Unsterbliche des deutschen Volkes, gefaßt in die vulkanisch herausgeschleuderten Töne Beethovens, die mit Schillers Glaubensbekenntnis verschmolzen sind, wird hier eins mit dem Unsterblichen der Menschheit. Die Liebe Gottes und der Menschheit, mit ihrer Glut die eherne Welt überwindend, aus dem Zusammensturz alles Irdischen in dämonischer Seligkeit auflodernd, das Herz und die Himmel sprengend mit ihrem Siegesmarsche – wie mußte dieser Glaube das Gemüt dessen erschüttern, der bereit war, im Namen desselben sich in die ungleiche Schlacht zu stürzen! »Alles, alles wird zugrunde gehen, nichts mehr wird bleiben«, sagte er zu Wagner, »nicht nur die Musik, auch die anderen Künste, auch Ihr Cornelius, nur eins wird nicht vergehen und ewig bleiben: die Neunte Symphonie!« Wie schwächlich mochten ihm vor diesen Posaunenstößen die Mauern erscheinen, die die Heiligtümer der Bourgeoisie umschlossen!

Indessen, wie wenn ein kaum spürbarer Atemzug genügt, ein herbstgelbes Blatt vom Aste zu lösen, das Tage vorher noch dem ärgsten Sturme widerstand, so bricht wohl auch eine herrschende Macht in sich selber zusammen, wenn ihre Stunde gekommen ist; zuvor aber fließt in Strömen das Blut derer, die vergeblich gegen sie anstürmen. Damals war die Zeit dieser vergeblichen Kämpfe. Kaum hatte sich das preußische Königtum von seiner Niederlage erholt, so bot es sich den anderen deutschen Fürsten als militärische Polizei zur Unterwerfung der Revolution an, eine Hilfe, die diese nicht hätten zurückweisen dürfen, selbst wenn sie gewollt hätten. Allein sie wollten es auch nicht; daß diese hinter dem Rücken des Volkes und der Zentralregierung geschlossene Abmachung ungesetzlich war, erregte keine Bedenken. Bei der Totenfeier zu Ehren Robert Blums in der Frauenkirche konnte sich die Regierung überzeugen, welchen Anhang die neuen Ideen hatten; sogar Angehörige der königlichen Garde wurden im Zuge gesehen. Das deutliche Zurückweichen des Königs vor den abgedrungenen Zugeständnissen verschärfte die revolutionäre Stimmung; auf beiden Seiten drängte es zum Zusammenstoße. Den Anlaß gab die Anerkennung der von der Nationalversammlung ausgearbeiteten Grundrechte des deutschen Volkes, welche die Vertreter des Volkes verlangten und die der König mit Beziehung auf Preußen ablehnte. Der Ausbruch von Unruhen in Dresden gab dem Könige Gelegenheit, mitsamt der Familie und den Ministern zu flüchten, ohne die Behörde davon in Kenntnis zu setzen. Da infolgedessen keine Regierung mehr da war, bildeten drei angesehene Männer eine provisorische, nämlich der Kreisamtmann Otto Leonhard Heubner, der Advokat Samuel Erdmann Tzschirner und der Bürgermeister von Adorf, Regierungsrat Karl Todt. Die beiden zuerst genannten waren 1812 geboren, also damals siebenunddreißig Jahre alt, Todt war neun Jahre älter. Alle drei hatten nur den Fehler, daß sie zu gut, zu gerechtigkeits- und ordnungsliebend, zu vornehm waren; keiner von ihnen hatte den Teufel im Leibe, wie Bakunin es vom Revolutionär verlangt. Roeckel war beim Ausbruch der Kämpfe mit einem Brief Bakunins, der ihm verhängnisvoll werden sollte, nach Prag gereist. Bakunin stellte sich sofort der provisorischen Regierung zur Verfügung und war Tag und Nacht im Rathause, wo sie ihren Sitz aufschlug. Als es bekannt wurde, daß die preußischen Truppen zur Exekution heranrückten, konnte auf Sieg nicht mehr ernstlich gehofft werden und es sich nur noch darum handeln, sich solange wie möglich gegen die feindliche Übermacht zu verteidigen. Bakunin verlor weder seine unerschütterliche Ruhe noch seinen unerschöpflichen Humor. Seine eindrucksvolle Persönlichkeit war vielleicht die Ursache, daß eine Überlieferung sich bildete, als sei er der eigentliche Leiter der Revolution gewesen. Er soll den Vorschlag gemacht haben, die Sixtinische Madonna aus der Galerie zu holen und auf der Mauer aufzustellen; das würde die preußischen Soldaten abhalten zu schießen, welche zu gebildete Leute wären, um einen Raffael zu zerstören.

Der Brand des Opernhauses wurde ihm zur Last gelegt, andere schieben ihn Richard Wagner zu. Auch dieser erschien häufig im Rathause und stieg auch auf den Kreuzturm, um nach Zuzügen auszuschauen, die man erwartete. Bevor das preußische Militär einrückte, verteilte er eigenhändig Zettel unter die sächsischen Schützen, die in Dresden lagen, auf denen die Worte standen: »Seid ihr mit uns, wenn die Preußen kommen?« Ferner hatte er den von liebenswürdiger Unschuld zeugenden Plan, die Offiziere flehentlich zu bitten, sie möchten aufhören, auf das Volk zu schießen. Einmal, als er gerade im Begriff war, über eine Barrikade zu klettern, rief ihm ein Herr zu: »Herr Kapellmeister, der Freude schöner Götterfunken hat gezündet!« Es war ein Einfall, der ihn und die Neunte und die Flammen, die aus dem alten Opernhause schlugen, unwillkürlich verband; die musikalische Glut und die Revolution schienen zu einem elementarischen Ereignis zusammenzuschlagen. Dieser Brand und der einiger anderer Häuser wurde mit Erfolg gegen die Revolutionäre ausgebeutet, als wäre ihnen dadurch das Brandmal der Verbrecher aufgedrückt. Diejenigen, die sich so nachdrücklich Christen nannten und sich mit allen erdenklichen Emblemen des Christentums schmückten, dachten nicht daran, daß die ersten Christen soviel sie konnten von der heidnischen Herrlichkeit zertrümmerten und sich des Schuttes edler Bauwerke rühmten. In den Untersuchungen und Verhören, die später folgten, spielte der Brand des Opernhauses und wer schuld daran sei eine große Rolle. Bakunin hat sich später darüber einfach so geäußert: »Einmal in diesen Kampf verwickelt, hatte ich ihn ernst genommen und fand es natürlich, daß man ein Theater und einige Häuser verbrannte, deren Opfer für unsere Verteidigung notwendig war. Der Krieg ist kein Kinderspiel, und man muß sehr naiv sein, um darüber Erstaunen zu empfinden.«

Am 9. Mai mußte der Kampf aufgegeben werden, und die Führer verließen inmitten eines Haufens bewaffneter Insurgenten im Wagen Dresden. In Tharandt stieg zu Heubner und Bakunin, durch letzteren aufgefordert, Hermann Semmig ein, etwas später Richard Wagner. Während Heubner und Bakunin schweigsam waren, strömten Wagner in höchster Erregung Worte von den Lippen, die Semmig unvergeßlich blieben. Er trennte sich in Freiberg von den andern und entkam nach Frankreich. Die Absicht der Fliehenden war zuerst, mit Hilfe der Landschaft den Kampf fortzusetzen; als sich zeigte, daß dazu keine Aussicht war, drängte Bakunin darauf, man solle sich durch das Erzgebirge nach Böhmen durchschlagen und gemeinsam mit den Slawen weiterkämpfen. Dieser Vorschlag fand den Beifall der übrigen nicht, die den Böhmen nicht trauten. Tatsächlich blieb Prag still; es ist sehr zweifelhaft, ob es Bakunin gelungen wäre, das erloschene Feuer der Revolution anzuschüren. In Freiberg wurde haltgemacht, weil Heubner einige Anordnungen in seiner Wohnung zu treffen hatte, dann ging es auf Wagners Rat weiter nach Chemnitz. Während Wagner seinen Schwager Wolfram aufsuchte, der ihn in seinem Wagen glücklich nach Weimar brachte, stiegen Heubner, Bakunin und der Postsekretär Martin im Blauen Engel ab, trotz Wagners Warnung vor Wirtshäusern. Bakunin war so müde, daß er auch im Rachen eines Löwen eingeschlafen wäre. Nach der unbeschreiblichen Aufregung der letzten Tage, nach mehreren ganz durchwachten Nächten und nachdem ihre Nerven durch die Verantwortung und das Bewußtsein des unabwendbaren Schicksals aufs äußerste angespannt gewesen waren, schien ihnen nun nichts mehr wichtig außer zu schlafen. Bisher hatten sie sich im allgemeinen von der Sympathie der sächsischen Bevölkerung getragen gefühlt; nun, da sie Besiegte waren, wandte sich das Blatt. Nach der Überlieferung soll der Verräter, welcher auf das Verdächtige der Reisenden aufmerksam machte, ein Studiengenosse oder gar Verwandter Heubners gewesen sein, Dr. med. Becker. Als sie des Morgens um zehn aufwachten, fanden sie sich umringt und festgenommen, ohne daß sie sich hätten zur Wehr setzen können; sie waren verloren. Man brachte sie nach Altenburg, um sie dem Kommandanten eines preußischen Bataillons zu übergeben, der sie noch am selben Tage nach Dresden transportieren ließ.

9

Die Gefangenschaft

Nach qualvoller Haft von Jahren schrieb Roeckel: »Doch stets wiederholt sich dasselbe: die Vertreter des Fortschritts haben vom Augenblick des errungenen Sieges an, ja, leider nur zu oft auch während des Entscheidungskampfes schon bereits alles vergessen, was an ihnen und ihrer Sache gefrevelt worden; die Vertreter des Rückschritts dagegen, sie verfolgen auch nachträglich noch bis auf den Gedanken, der sich gegen sie aufzulehnen wagte. Versöhnung ist der Wahlspruch dort, auf dieser Seite nur Rache.«

Ja, die Macht macht böse. Verbrechen an Frauen werden mit Gelindigkeit bestraft, an Kindern überhaupt kaum, obwohl sie die entmenschtesten sind; vergreift sich die Frau am Manne, so gilt es fast als Gotteslästerung. Immer wieder wird die Erfahrung gemacht, daß der rote Schrecken harmlos und gutartig ist gegen den weißen; aber jenen zeichnen die Geschichtsbücher durch Jahrhunderte auf, über diesen gleiten sie mit verlegenen Redensarten hinweg. Die Preußen schalteten in Dresden wie im eroberten Lande. Die Soldaten waren, auch vom Könige schon, durch ungewöhnlich freundliche Behandlung und namentlich durch reichlich gewährten Weingenuß zu nachsichtslosem Vorgehen aufgemuntert worden; die Offiziere hetzten sie zu Grausamkeiten, die selbst auszuüben es sie grauste. Doch scheuten sie sich nicht, die Gefangenen mit Füßen zu treten, sie anzuspeien und sie mit den schnödesten Beleidigungen zu überhäufen; das wäre unbeachtet hingegangen, wenn sie nicht zum großen Teil den gebildeten Ständen angehört und, soweit sie mit dem Leben davonkamen, aufgeschrieben hätten, wie man mit ihnen umgegangen war. Man bestrich sie nicht mit Pech und zündete sie nicht an wie zur Zeit des Nero; aber was mit Bajonetten, Fäusten und Worten an körperlicher und seelischer Marter ausgeübt werden kann, davon wurde Gebrauch gemacht.

Der wichtigste Fang, Bakunin und Heubner, wurde mit größerer Feierlichkeit und Förmlichkeit behandelt als die Masse und entging diesen Quälereien. Bakunin hatte eine gute Fee das Zauberhorn in die Wiege gelegt, das die Herzen bezwingt; fast immer dämpfte er den Grimm auch der erbittertsten Feinde, er wußte selbst nicht wie. Auf den Offizier, der ihn von Altenburg nach Dresden führte, machte sein unerschütterliches Wesen Eindruck; er sagte zu diesem, in politischen Dingen entscheide der Erfolg, was eine große Tat und was ein Verbrechen sei. Die Unschuld desjenigen, der stets so handelt, wie er muß, ganz ohne Nebengedanken, der darum nichts bereut und ohne Verstellung und Winkelzüge zu seinen Handlungen steht, wirkt immer, wiewohl man meinen könnte, daß das Einfache das Selbstverständliche wäre. Als Fremdem wurde es vielleicht Bakunin auch leichter, sich von seinen Richtern, deren Feind er war, sich als Feind behandelt zu sehen. Er gestand ohne weiteres alles zu, was ihn betraf, sein Benehmen war frei und furchtlos. Auf die Frage, ob er sich an die Gnade des Königs wenden wolle, antwortete er, er ziehe es vor, erschossen zu werden. Von dem Gefängnis in Dresden wurde er im Sommer nach der Festung Königstein gebracht, unter Vorsichtsmaßregeln, als ob er der starke Hans aus dem Märchen wäre. Der Umstand, daß einige Fluchtversuche aus dem Dresdener Gefängnis geglückt waren, ließ vermutlich ein sichereres Gewahrsam wünschbar erscheinen.

Lange, lang zog sich die Untersuchung hin, obwohl die Urteile von Anfang an feststanden. Wie mag auf Michel, dem Redeseligen, das Schweigen der bösen Einsamkeit gelastet haben! Ob unter den Gestalten, mit denen seine Träumereien sie belebten, das ferne Vaterhaus war mit dem schönen Strom, der neben seinen Kinderspielen hinfloß, die zarte, früh gestorbene Schwester Ljubow, der Freund Bjelinski und der vielgeliebte Stankjewitsch, drei ewig junge Schatten, und ob sie ihm winkten? Es war nicht seine Art, untätig in Unmut oder Schmerzen zu versinken; soviel wie möglich las er und studierte Mathematik, dies lange vernachlässigte Talent nun wieder ausnützend. Durch die Liebenswürdigkeit seines Advokaten, er hieß Otto, war er mit allem, was er brauchte und wünschte, versehen, auch mit Geld. Der liebste Trost waren ihm die seltenen Briefe von Reichel, der eben damals seine Frau verloren hatte, und vielleicht noch mehr, daß er selbst ihm schreiben konnte, so wie er sonst mit ihm zu sprechen gewohnt war. Aus diesen Briefen führe ich einige Stellen an. Der erste beginnt mit Ausdrücken der Teilnahme am Verluste der geliebten Frau.

15. X. 1849

»Armer Freund, Du bist nicht lange glücklich gewesen! – Keinen Augenblick habe ich an Deiner Liebe und Treue gezweifelt, unsere Freundschaft gehört zu denen, welche durch Zeit und Verhältnisse weder vermindert noch vergrößert werden können, und die keiner Probe bedürfen. – Was mich betrifft, so bin ich gesund und ruhig und beschäftige mich viel mit Mathematik, lese jetzt Shakespeare und studiere Englisch. – Man behandelt mich hier mit außerordentlicher Humanität. – Wenn es mir schlecht geht, so erinnere ich mich eines Lieblingsspruches: ›Vor der Ewigkeit ist alles nichts.‹

Hast Du nichts Neues komponiert? Wie steht es mit der mir versprochenen Symphonie?

Was sind unsere individuellen Leiden verglichen mit dem großen Wiedergeburtsschmerz, der sich gegenwärtig der ganzen Welt bemächtigt hat? Wir sind meistenteils noch alle sehr klein, aber die Zeit ist groß, unendlich groß, groß genug, um auch dem Schwächsten Glaube und Mut einzuflößen.

Weißt Du, ich erinnere mich oft daran, wie Du einmal abends in Dresden unter meinem Fenster das spanische Lied sangest – – –«

9. XII. 1849

»Ich habe hier fast alles, was man vernünftigerweise wünschen kann, ein wohnliches Zimmer, Bücher, Zigarren, und doch würde ich mich anheischig machen, jahrelang nichts als schwarzes Brot zu essen und in einem Walde zu wohnen, nur um frei zu sein. –

Mich dürstet jetzt auch nach nichts anderem als nach einem positiven Wissen, nach einem solchen, welches mir hilft, die Wirklichkeit zu verstehen und ein wirklicher Mensch zu sein. Abstraktionen und Gehirngespenste, mit denen sich von jeher die Metaphysiker und die Theologen beschäftigt haben, ekeln mich an. Ich glaube, ich könnte jetzt kein philosophisches Werk öffnen, ohne mich zu übergeben. Was sagst Du dazu, mein lieber Schleiermachianer?«

[Es folgt eine Bitte um Geld.] »Herr Otto, mein Advokat, versorgt mich mit Geld, ich kann das nicht annehmen.« [Er erzählt, daß die Freunde in Köthen ihm zu Hilfe gekommen sind.] »Von Polen habe ich nichts zu erwarten – ich könnte manches über die polnische Dankbarkeit und Zuverlässigkeit sagen; meine sichersten Freunde bleiben doch Deutsche; ist es nicht sonderbar, ein Slawe, ein Russe, findet seine letzten Freunde in Deutschland.

Die Musik allein hat einen Platz in der gegenwärtigen Welt, gerade weil sie nichts Bestimmtes zu sagen den Anspruch hat und nur die allgemeine Stimmung, die große schmerzliche Sehnsucht ausführt, welche in der Gegenwart herrscht, und deshalb muß sie auch eine große, tragische Kunst sein ... Ich wundere mich gar nicht, daß Du Dich auf die religiöse Musik geworfen hast. Du kennst meine Vorliebe zu dieser Art, und wahrlich kannst Du mir nicht vorwerfen, daß ich von irgendeiner der bestehenden Religionen was halte. Nichts hasse ich so sehr als die Heuchelei einer aufgewärmten Lüge. Aber Religion brauchen wir alle, in allen Parteien fühlt man den Mangel an derselben; sehr wenige Menschen glauben an das, was sie tun, die meisten handeln entweder nach einem abstrakten System, so als ob das lebendige Leben nichts als eine Anwendung von armseligen Abstraktionen wäre – und darum sind sie auch impotent, oder nach ihren materiellen Interessen; diese sind noch am besten dran, denn sie scheinen wenigstens für diesen Augenblick einen ziemlich festen Boden unter den Füßen zu haben; aber dieser Boden ist längst unterminiert, und bald wird er die Realisten samt den Rittern der Abstraktion verschlingen ...

Wie die jetzigen Christen, welche nur für die Zukunft, nur im abstrakten Verstand glaubend sind, in der Gegenwart aber von der Macht ihres Gottes nicht viel halten, so versetzen die meisten Politiker die Wunder, die Erschütterungen der wirklichen Welt bloß in die Vergangenheit und sind ganz erstaunt, daß so etwas in unseren Zeiten vorkommen konnte.«

»Der Tod, wenn er kommen sollte, hat für mich nichts Abschreckendes. Er wäre mir lieber als eine lange Gefangenschaft, d. h. ein lebendiges Grab. Nur hat es nicht den Anschein, daß ich bald sterben sollte. Meine Gemütsstimmung ist im ganzen genommen ziemlich gut. Ich suche mich durch Arbeit und durch innere Anstrengung im Gleichgewicht zu erhalten, obgleich ich Dir sagen muß, daß das Pennsylvanische System die abscheulichste moralische Tortur ist und nur von Protestanten erfunden werden konnte ...Mathildens Briefe [das war Reichels Schwester] und Freundschaft sind mir ein wahres Labsal in meiner Gefangenschaft. Johanna ist eine schöne Seele wie immer, damit ist alles Gute und Schlechte gesagt. Sie theologisiert noch und beschäftigt sich viel zu sehr mit ihrem inneren Heil, das beste Mittel wie Du weißt, es nie zu erreichen. Sie macht noch Glaubensbekenntnisse: also noch die alte Krankheit, welche die edle Natur spaltet und ohnmächtig macht.«

11. V. 1850

[Die Antwort auf einen Brief Reichels, in welchem dieser sein langes Schweigen augenscheinlich damit entschuldigt, daß er nicht Zeit oder Sammlung habe, um etwas Rechtes zu schreiben.]

»Was ich brauche, ist ein Lebenszeichen: Wenn man einen Menschen liebt, so liebt man nicht den abstrakten allgemeinen Abzug von ihm, nicht seine Gedanken als einen richtigen Ausdruck einer allgemeinen Wahrheit, sondern sein Leben, wie es auch beschaffen sein mag, und seine Gedanken, nur insofern sie mit seiner Individualität behaftet und ein wirklicher Ausdruck seiner gegenwärtigen Stimmung sind. Räsonnements, geistreiche Bemerkungen usw. schenke ich Dir, aber Dich selbst kann und will ich nicht aufgeben.

...wie sehr die Gemeinschaft mit Menschen zum Glück, zum Gedeihen, zur Sittlichkeit eines jeden erforderlich ist. Denn was ist der größte Zweck des Menschenlebens? Die Humanität. Und die kann man ebensowenig außer der Gesellschaft in sich ausbilden, als man außer dem Wasser schwimmen lernen kann. Die Gemeinschaft selbst mit den schlechtesten Menschen ist besser, versittlichender als die Einsamkeit. Natürlich denken die Christen, besonders die Protestanten, ganz anders, aber sie sind auch die großen Feinde und Zerstörer der Humanität ... selten sind die anderen viel schlechter als wir selbst, und da wir uns ohnehin ertragen müssen, was, wie Du weißt, eine sehr beschwerliche Pflicht ist, so müssen wir auch die andern ertragen lernen ...Du studierst jetzt die Physik, um die Natur kennenzulernen, wo ist aber die Natur reicher, vollkommener konzentriert und entfaltet als in der Mannigfaltigkeit der menschlichen Gesellschaft, wo ist sie uns näher? Aber um sie in dieser höchsten Potenz kennenzulernen, muß man in der Gesellschaft leben, mit den Menschen verkehren. Ich weiß, daß dies eben darum schwerer ist, da die Menschen uns näher sind – und was die Hauptsache ist, wir werden uns mitten in ihrer Gesellschaft von uns selbst befreien.«

Was ihm besonders am Herzen lag, war, daß er seinem Anwalt das Geld zurückgeben könne, und daß ihm ein alter, in Paris lebender Pole verzeihe, dessen Enkel er augenscheinlich in die revolutionäre Bewegung hineingezogen hatte.

Bald nach diesem Briefe, im Mai 1850, wurde er an Österreich ausgeliefert, das ihn als Rädelsführer bei dem Prager Pfingstaufstand vor sein Gericht forderte, und dann verstummte er. Kein Wort von ihm drang unmittelbar mehr aus den Kerkern, in die er nun geschleppt wurde. Durch das sächsische Kriegsgericht war er zum Tode verurteilt, aber zu lebenslänglicher Gefangenschaft begnadigt, wie alle in Sachsen. In Preußen konnte man sich in Todesurteilen nicht genug tun; es lag in der Natur der Sache, daß die Betroffenen dem sächsischen Könige diese Milde nicht dankten. Varnhagen schrieb am 24. Januar in sein Tagebuch: »Ich sah mir heute Bakunins Bildnis an, diese edlen, starken und doch wehmütigen Züge, diese guten, milden Augen! Dieses Gesicht sollte von Kugeln zerrissen werden?!« Das Publikum wurde über den Verlauf des Prozesses so im unklaren gelassen, daß viele von seinen nächsten Freunden Bakunin für tot hielten. Es wird berichtet, daß er bleich geworden sei, als man ihn abholte, um ihn nach Österreich zu bringen. Diese Transporte wurden gewöhnlich des Nachts ausgeführt, die Gefangenen wurden aus dem Schlafe geschreckt und mußten ihren bewaffneten Führern folgen, ohne zu wissen, was man mit ihnen vorhatte. Er mochte ahnen, wie sehr seine Lage sich fortwährend verschlechterte. Von Österreich, dessen Zerstörung er als das Ziel seines Lebens verkündet hatte, mußte er das Ärgste gewärtig sein. Die Gefängnisse des Silvio Pellico waren ihm bekannt, und er hatte sich vielleicht danach eine Vorstellung des ihm bevorstehenden Leidens gebildet; aber sie wurden weit übertroffen. Er wurde zuerst in Prag im Kloster des heiligen Georg eingeschlossen und dann, wahrscheinlich weil Gerüchte von einem Befreiungsversuch umgingen, in die Kasematten von Olmütz gebracht. In Prag hatte er offenbar den Hauptmann und Auditor beim k. k. Kriegsgericht Franz bezaubert, der sich öfters an Herwegh mit der Bitte um Geld wandte, damit der Gefangene sich Zigarren und einen Schlafrock anschaffen könne. In Olmütz war er im Grabe, aus dem keine Stimme drang. Sechs Monate soll er dort mit Ketten an die Wand geschmiedet zugebracht haben.

Das österreichische Kriegsgericht verurteilte ihn zum zweitenmal zum Tode, lieferte ihn aber, was er zu allermeist gefürchtet hatte, an die russische Regierung aus. Es war Oktober im Jahre 1851, als er von österreichischen Soldaten an die russische Grenze gebracht wurde, wo ihn russische in Empfang nahmen. Vor zehn Jahren hatte er sie, von unbestimmter Hoffnung erfüllt, überschritten mit dem Gefühl, aus einem Kerker in die Freiheit einzutreten. Wenn er daran dachte, so war doch die unwillkürliche Lust an der Heimat in diesem Augenblick stärker. »In der Heimat ist auch das Sterben angenehm«, sagte er zu den Russen, die ihm die russischen Ketten anlegten, nachdem die österreichischen, leichteren, abgenommen waren. »Das Sprechen ist verboten«, sagte der Gendarmerieoffizier; denn die rechtgläubigen Russen waren nicht weniger grausam als die deutschen Protestanten, obwohl vielleicht nicht aus Pedanterie, sondern aus Roheit; das Ergebnis war dasselbe. Durch die russische Ebene sauste der Schlitten mit dem Mann in Ketten nach Petersburg, wo wiederum ein Kerker ihn verschlang; die gefürchtete Peter-Pauls-Festung, deren undurchdringliche Mauern schon so mancher Fremde, von Grauen erfaßt, betrachtet hat. Kaiser Nikolaus hatte gesiegt. Er soll stolz gewesen sein, daß sein Untertan, ein russischer Offizier, eine bedeutende Rolle bei der sächsischen Revolution gespielt habe; aber er wollte ihn hindern, eine solche Rolle irgendwo in der Welt zu wiederholen. Man unterschätzte Bakunin in Petersburg nicht, bei allen Attentaten auf die Regierung glaubte man, er habe die Hand im Spiele. Der Fürst, welcher die geheime Polizei leitete und Bakunin vernahm, empfing einen bedeutenden Eindruck von ihm. »Schade um den Menschen!« sagte er zu dem sächsischen Gesandten, dem Grafen Vitzthum v. Eckstädt; »ich glaube nicht, daß die russische Armee einen Artillerieoffizier in ihren Reihen zählt, der an Wissen und Talent es mit ihm aufnehmen könnte.«

Für den Westen, der seine wahre Heimat geworden war, erlosch sein Licht; seine Freunde dachten nicht, ihn jemals wiederzusehen. Ein Toter hätte ihnen nicht weiter entrückt sein können. Das einzige, was ihn etwa retten, wenigstens aus der Festung befreien konnte, war der Tod des Zaren. Wer mag sagen, wie die Tage in solcher Abgeschlossenheit beginnen und hingehn? Wie munter und abwechslungsreich muß ihm das Leben auf dem Spielberg erschienen sein, wo je zwei Freunde zusammengesperrt waren. Wäre es auch lästig geworden, ja hätte man sich sogar gehaßt! Der Gedanke quälte ihn zuweilen, er könne mit der Zeit so werden wie Silvio Pellico, eine frömmelnde, allverzeihende, weinerliche Gebetsleier, und er bemühte sich, den Geist der Revolte in sich wachzuhalten. Das Protestieren, die Empörung war in seinen Augen das, was den Menschen erst zum ganzen Menschen macht, etwas wie der Tupfen Scharlachrot, den manche Maler gern auf ihren Bildern anbringen, der Funken Höllenglut, der zündend in die himmlische Sonntagslangeweile springt. Ob er auch hier zuweilen an das spanische Lied dachte, das Reichel einst unter seinem Fenster sang? Es war vielleicht in den ersten Tagen ihrer Freundschaft, die der Liebe verwandt war, und jenes Lied mochte vollgesogen sein von dem heimlichen Reiz der mit Wehmut verwandten Fröhlichkeit der Frühlingshoffnung. Er hatte ein Klavier und konnte sich vorspielen, was ihn einst entzückt hatte. In die Mauern seines vom Meer umbrandeten Kerkers gefesselt, weil er für die Freiheit der Völker gekämpft hatte, fühlte er sich eins mit dem Prometheus der Sage, der den Menschen das Feuer vom Himmel holte und von den herrschenden Göttern zur Strafe an den Kaukasus geschmiedet und dem zerfleischenden Biß des Adlers preisgegeben wurde. Diesen Stoff wollte er musikalisch gestalten, und es tut wohl, zu denken, daß die tragischen Figuren ihn tröstend umgaben und ihm Anteil an ihrer verklärten Herrlichkeit gewährten. Noch in seinen letzten Lebensjahren pflegte er zuweilen den damals von ihm komponierten Gesang der Okeaniden leise vor sich hin zu singen, die aus dem Meere steigen und um den Heros trauern: eine süße, klagende Melodie, zu deren Takte er in kindlicher Weise das löwenhafte Haupt wiegte.

Über dem Begrabenen, dem die Zeit stillsteht, gehen die Stunden dahin, bald schleppenden Schritts unter schmerzenden Lasten, bald rauschend im Tanze, stürmend im Kampfe. Für die Gefährten Bakunins war das Jahrzehnt, das der Revolution folgte, mühselig und freudlos. Die Zeit änderte mit einem Schlage vollständig ihr Antlitz: alles Jugendliche, Mutwillige, Tolle verschwand in geschäftsmäßigen, korrekten oder grämlichen Falten. Der Enthusiasmus und die Kampflust verstummten; es war, als ob es nie etwas gegeben hätte als Zufriedenheit mit dem Bestehenden und Bewunderung der ordnunghaltenden Mächte. Von den letzten Fluchtgenossen Bakunins fiel Richard Wagner das glücklichste Los. Kurz vor der Katastrophe hatte sein »Tannhäuser« in Weimar solchen Beifall gefunden, daß der Großherzog den Komponisten einlud, der nächsten Aufführung beizuwohnen. Trotzdem aus dem Kapellmeister inzwischen ein steckbrieflich verfolgter Hochverräter geworden war, wurde er in Weimar gut aufgenommen, doch gab man ihm zu verstehen, daß er auf die Dauer nicht sicher sei. Er begab sich in die Schweiz und fand dort einen Wirkungskreis. Dort lernte er auch durch die Empfehlung Georg Herweghs die Schriften Schopenhauers kennen und wurde dessen Anhänger, der im September 1848 in Frankfurt die Aufständischen Schurken und souveräne Kanaille genannt hatte. Die Widmung an Ludwig Feuerbach auf dem »Kunstwerk der Zukunft« verschwand; auch bei anderen verdrängte der Philosoph des Pessimismus den gläubigen Atheisten Feuerbach. Allgemach vergaß Richard Wagner die alten Ideale; er redete sich ein oder redete andern es vor, daß die öffentlichen Angelegenheiten ihm immer gleichgültig gewesen wären, daß ihm nur seine Kunst am Herzen gelegen hätte. Von Gottfried Semper, dem Architekten, der den Aufständischen in Dresden gezeigt hatte, wie man Barrikaden baut, wurde verbreitet, er habe es nur aus Interesse an der Technik des Barrikadenbaus getan, nicht aus Sympathie für die Revolution. Je mehr Preußens Ansehen stieg, desto mehr vergaß man, was für eine Bewandtnis es eigentlich mit der Revolution gehabt hatte.

Entsetzlich war das Schicksal derer, die den Siegern in die Hände fielen. Roeckel wurde gefangen, als er einem von den Revolutionären erwarteten Zuzug entgegenging, um ihnen den Weg zu zeigen; er mußte die Roheit der von den Offizieren aufgehetzten und betrunken gemachten Soldaten erfahren und mit ansehen. Nach langer Untersuchungshaft wurde er zu lebenslänglichem Zuchthaus verurteilt, ebenso wie Heubner, Oelkers und andere, und in Preußen Gottfried Kinkel. Die Zuchthausgefangenen selbst mißbilligten es, daß hochgebildete Menschen wegen ihres politischen Verhaltens ihnen zugesellt wurden, und versuchten oft, ihnen Achtung und Mitleid zu erzeigen. Wenn die Reaktion geglaubt hatte, die besiegten Feinde durch die Zuchthausstrafe zu entehren, so hatte sie sich verrechnet; die Niedrigkeit der Rache erregte nur Abscheu gegen die, die sie verhängten. Wenn sie martern wollte, hatte sie es freilich erreicht. Fast noch schlimmer als das eigene Leiden war der Anblick der Unglücklichen, die, als gemeine Verbrecher außerhalb der menschlichen Gesellschaft gestellt, unter einer sinnlos unmenschlichen Behandlung recht- und schutzlos nur noch tiefer in ihr blindes Unwesen versinken konnten. Roeckel erlebte es, daß ein geisteskranker Gefängnisdirektor, dessen Zustand bekannt war, im Amte blieb, solange er die Gefangenen mißhandelte, und erst entfernt wurde, als er in einer Gefühlsaufwallung sie freilassen wollte. Der Geist der Revolte nahm in ihm eher an Kraft zu als ab. Er sah alles, was um ihn her vorging, und bekämpfte unerschrocken die selbstgefällige Gewalt zugunsten der Zertretenen. Mehrmals wurde ihm zum Trost gesagt, ganz Deutschland sei ein Zuchthaus geworden, er habe es nicht schlechter als alle andern. Die Soldaten, die zur Bewachung der Gefangenen verwendet wurden, hatten längst bereut, daß sie sich zur Unterwerfung der Revolution hatten gebrauchen lassen. Manche verhalfen den Politischen, trotz der Gefahr, die sie selbst dabei liefen, zur Flucht; Roeckel glückte es nicht.

Von den Flüchtlingen wandten sich die meisten nach der Schweiz. Semmig erwarb sich in Frankreich Achtung und Liebe, ein zweites Vaterland. Karl Marx, Arnold Ruge, Freiligrath fanden Zuflucht in England. Dorthin kam auch, wie ein Schiffbrüchiger ans Ufer geworfen, Alexander Herzen.

Er war nach kurzem Aufenthalt in Paris im Winter 1848 nach Italien gegangen und erlebte dort den Höhepunkt seines Aufenthalts in Europa, hingerissen den ersten Aufschwung der italienischen Revolution mitgenießend, den die menschlich offene, schön sich darstellende Art der Italiener besonders ergreifend gestaltete. Trotzdem eilte er nach Frankreich, als die Februarrevolution ausgebrochen war. Wieder war es Frankreich, das Volk der Oriflamme, das gewagt hatte, die zündende Fackel in die Burg des gesättigten Egoismus zu werfen! Wie hätte er sich nicht mit Leib und Seele in diesem Augenblick der Heimat seiner Wahl hingeben sollen. Aber es kam ganz, ganz anders. Die Revolution war gelungen durch die Verbindung der beiden Klassen, die an die Stelle der mittelalterlichen Stände getreten waren, der Bourgeoisie und des Proletariats, den Besitzenden, die sich auf ihr Kapital stützen, und den Besitzlosen, die von der Hand in den Mund leben, dem Zufall preisgegeben, den Kampf um das bloße Leben jeden Tag aufs neue beginnen müssen. Zur Bekräftigung des Bundes waren in der ersten Freudezeit der Revolution die Nationalwerkstätten gegründet, die zum erstenmal eine soziale Idee, das Prinzip des staatlichen Eigentums im Gegensatz zum Privateigentum verwirklichen sollten. Nachdem der Sieg gesichert war, anderseits die Kosten der neuen Einrichtung sich fühlbar machten, besann sich die Bourgeoisie auf die Tragweite ihrer Zugeständnisse und nahm sie zurück: Die Nationalwerkstätten wurden geschlossen. Dies wurde der Anlaß zum Juniaufstand, bei dem Herzen ganz auf Seiten der Arbeiter stand. Die Erbitterung, mit welcher auf beiden Seiten gekämpft wurde, die Grausamkeit, mit welcher die Sieger ihre Macht ausnützten, offenbarte die unheilvolle, hoffnungslose Spaltung im Volke; über dieses Blut gab es keine Versöhnung. Frankreich hatte das Zeichen zur Revolution, aber auch zur bösartigen Reaktion gegeben. Herzen wurde wegen seiner Teilnahme an einem demonstrativen Zuge der Arbeiter verdächtig und ausgewiesen; er hätte ohnehin nicht in Paris bleiben können, nachdem er die Schüsse gehört hatte, mit welcher die siegreiche Bourgeoisie im Frühling ihre Verbündeten vom Winter wie Verbrecher niederschoß. Dieses Erlebnis verwand Herzen nie, weil sein Glaube an Frankreich ihm an Stelle einer Religion gewesen war. So rächt sich immer der Glaube an Irdisches; aber die Erfahrung seiner Gebrechlichkeit erregt auch verborgene Kräfte in dem Verwundeten, der unwillkürlich trachtet, das Verlorene auf höheren Stufen ersetzt zu finden. Aus seiner tiefen Entmutigung entstand das schöne, von melancholischer Entrüstung zitternde Buch »Vom andern Ufer«. Er flucht diesem Frankreich, das er angebetet hatte. »Paris – du riefest die Horden der verwilderten Afrikaner gegen deine Brüder, um nicht dein Gut mit ihnen zu teilen, und ließest sie von der kalten Hand der Mörder par métier niedermetzeln.« Frankreich, sagt er, sei zu einem okzidentalen Österreich geworden, gehe unter in Schmach und Schmutz. Die Nationalversammlung nennt er einen polyzephalen Caligula, einen in kupferne Scheidemünze gewechselten Bourbon. Indem er sich klarzuwerden sucht über die Lage Europas, sieht er nichts als Ohnmacht und Erstarrung und weissagt den bevorstehenden Untergang des Abendlandes. Die Ähnlichkeit der europäischen Zustände mit denen des untergehenden römischen Reiches drängt sich ihm auf, die Ähnlichkeit der sozialistischen und kommunistischen Bestrebungen mit dem frühen Christentum, der Völkerwanderung mit dem Drang der Slawen nach dem Westen. »Jeder Mensch beginnt diese dumpfe Schwere des Lebens zu fühlen, alle sind müde, für alle wird die Existenz schlechter. Das ist ein großes Symptom. Unsere Zivilisation hat die Periode ihrer Glorie überlebt. Schillers und Goethes Zeit ist ebenso dahingeschwunden wie die Zeit Raffaels und Buonarrotis. Unsere Zeit erinnert mich immer an das dritte und vierte Jahrhundert nach Christus, wo selbst die Laster Roms schon untergegangen waren, wo die Kaiser schläfrig und apathisch wurden, wo ein innerer Gram die energischen Menschen so tief quälte, daß sie in die Wüsteneien der Thebaide liefen, um nur dem Anblick der sterbenden Welt zu entgehen.«

Wohin sollte er sich wenden, um von der gespenstischen Krankheit der Langeweile frei zu werden? Nach Amerika zu gehen, fand er töricht, da dort ja nur die letzte Entwicklung der europäischen Verhältnisse zu finden wäre. Er hätte nicht die kraftvolle Natur gehabt, um, wie Karl Schurz, siegreicher Vorkämpfer in einem fremden Volke zu werden; auch nicht den Glauben an seine Ideale. Die Ideale, an die er glaubte, waren die des Sozialismus; aber er sah nirgends die Möglichkeit, sie zu verwirklichen, und wartete deshalb für die nächste Zeit nur auf Untergang, Untergang als Erlösung, da nur über den Trümmern das Neue wachsen könnte. »Was für einen Anteil konnten in den römischen Kämpfen die Christen an den Prätendenten des Kaisertums nehmen? Man hat sie der Feigheit beschuldigt; sie lächelten und trieben ihre Sachen, beteten zu Gott und predigten. Ja, sie predigten, weil sie mächtig waren durch den Glauben, verbunden durch eine Lehre. Wo ist unser Evangelium, wo das neue Leben, zu welchem wir die andern rufen; wie lautet die frohe Botschaft, wovon wir der Welt Zeugnis geben sollen? Predigt die Botschaft vom Tode ... Predigt den Tod als die frohe Botschaft der herannahenden Erlösung ...« Vielleicht klangen ihm, als er dies schrieb, die viel beredeten Worte Bakunins im Gedächtnis: »Laßt uns also dem ewigen Geiste vertrauen, der nur deshalb zerstört und vernichtet, weil er der unergründliche und ewig schaffende Quell alles Lebens ist. Die Lust der Zerstörung ist zugleich eine schaffende Lust.«

Dem in Europa herrschenden Geiste, dem nichts heilig ist als der Besitz, nichts wichtig als die Erhaltung und Vermehrung des Besitzes, galt ein solcher Ausspruch als frevelhaft bis zum Wahnsinn. Herzen machte die ausgezeichnet richtige Bemerkung, daß diese kaufmännische Atmosphäre Europas dort am spürbarsten sei, wo der europäische Zustand in seinen Prinzipien am höchsten ausgebildet, wo also die Industrie in höchster Blüte stehe, wo der größte Reichtum, die größte Bildung sei. Deshalb mußte ein Mensch wie er das Leben in Italien weit dem Leben in England und Frankreich vorziehen, am wohlsten aber sich in der damals noch ganz ländlichen Schweiz fühlen. Er genoß die landschaftliche Schönheit der Schweiz, mit fast niemandem verkehrend als mit einem gleichgesinnten Freunde, Georg Herwegh. Er ahnte nicht, daß das Bitterste ihn noch erwartete. Wie Frankreich ihn betrogen hatte, so verriet ihn nun die Freundschaft und die Liebe. Georg Herwegh verführte und entführte ihm die geliebte Frau, die vielleicht insgeheim schon lange jene hochgesteigerte Leidenschaft vermißt hatte, die nur außergewöhnliche Umstände für Augenblicke erzeugen. Auch hielt die neue Leidenschaft nicht stand vor der alten Liebe, den gemeinsamen Erinnerungen und den gemeinsam geliebten Kindern: Natalie kehrte zu dem Verlassenen zurück, der sie ohne Vorwurf, als sei es selbstverständlich, liebevoll aufnahm. Ein neues, höheres Glück schien aus dieser Prüfung hervorzugehen, trotz des kalten Zweifels, der sie zuweilen anfiel, ob ein solcher Riß denn heilbar sei. Das Schicksal schnitt die Frage erbarmungslos ab. Herzens Mutter, die mit dem erstgeborenen, taubstummen Kinde und dessen Erzieher, einem jungen Deutschen namens Spielmann, in Paris war, wurde in dem neubegründeten Heim in Nizza erwartet; der Dampfer, der sie bringen sollte, stieß mit einem anderen zusammen, ging unter, und alle drei ertranken. Herzen, der an die Landungsbrücke gegangen war, brachte statt der Erwarteten die entsetzliche Kunde in das festlich blumengeschmückte Haus. Natalie überlebte dieses Unglück nur um einige Monate und ließ Herzen als einen Verzweifelten zurück. Es war die Zeit, wo Bakunin in Olmütz an die Mauer seines Kerkers gekettet lebte. Aus den Trümmern seines Glücks schlug Herzen die Flamme des Ruhmes. In London, wohin er mit seinen Kindern übersiedelte, um ein neues Leben zu beginnen, gründete er eine russische Druckerei und die Zeitschrift »Kolokol«, »Die Glocke«, welche die Aufgabe hatte, zur Revolution in Rußland Sturm zu läuten. »Die Glocke« wurde eine Anklageschrift, die alles Material sammelte, das gegen die unerträglichen Zustände in Rußland zeugte, wobei sich alle beteiligten, die das Wohl des Volkes anstrebten. In dem stummen Lande schallte dieser eherne Aufschrei erschütternd. Selten hat ein einzelner Mensch durch seine Feder so unmittelbar gewirkt wie Herzen in Rußland durch seine »Glocke«; kein Name war so berühmt, so gefürchtet wie seiner.

Noch ein anderer aus dem Freundeskreise wurde in dem Jahrzehnt zwischen 1850 und 1860 berühmt; das war Turgenjew. Auch ihn traf der Despotismus, wenigstens streifte er ihn, als er nach dem Tode Gogols, den er bewunderte, einen Nachruf veröffentlichte, obwohl von oben herab verboten war, des Dichters öffentlich zu gedenken. Er wurde für zwei Jahre auf sein Gut verbannt. Im selben Jahre erschienen verschiedene Skizzen, die er seit einigen Jahren geschrieben hatte, gesammelt unter dem Titel: »Tagebuch eines Jägers«. Noch war kein Werk in Rußland erschienen, welches die offene Wunde, den allgemeinen Schmerz, die allgemeine Schmach, die Leibeigenschaft, so ergreifend darstellte. Ein Auge voll Schwermut blickt hier klagend und drohend auf die Befleckung, die die Sklaverei sowohl den Herren wie den Knechten eingedrückt hat; unvergeßliche Bilder aus dem Leben eines unglücklichen, liebenswerten Volkes auf dem Grunde einer seelenvollen Natur, die mitzutrauern scheint, ziehen an uns vorüber. Diese Dichtung war es eigentlich, deren Schönheit so laut anzuklagen verstand, die der Kaiser strafen wollte. Doch behandelte die Regierung, vielleicht infolge der Vermittlung des Thronfolgers, des späteren Alexander II., den schnell berühmt gewordenen Dichter mit Rücksicht, der sich dieser wiederum wert zu machen suchte. Er lebte fast immer im Westen, kehrte aber zeitweilig auf seine Güter in Rußland zurück, ohne behelligt zu werden.

Mit den früheren Freunden, namentlich mit Herzen, blieb er immer im Verkehr, der der Zärtlichkeit, wie sie der russischen Männerfreundschaft eigen ist, nicht entbehrte. Dennoch ging er dabei mit zaghaften Schritten. Er fand sich nicht dazu geboren, die aus den Fugen [geratene] Welt einzurenken, und begriff im Grunde nicht, warum nicht jeder vor seiner Tür kehrte, Gutes täte, wo er könnte, und die Tropfen Glückes tränke, die das Schicksal jedem einschenkte. Gegen seine Leibeigenen war er der gütigste Herr, der nie auf Herrenrechte pochte; aber es wäre ihm nicht eingefallen, sie freizulassen, wie die Brüder Bakunins taten. »Was willst du«, sagte er zu Herzen, »ich bin nun einmal Individualist.« Er teilte die verbreitete Meinung, als sei es genug, wenn der einzelne für sich nach Veredlung strebe, worin doch jeder einzelne durch die Beschaffenheit der Gesellschaft, in der er lebt, bestimmt und gehemmt wird. Das Bewußtsein ist dem modernen Menschen abhanden gekommen, das im Altertum lebendig war, daß die Gesellschaft durch das Verbrechen des einzelnen befleckt wird, wie die Glorie des einzelnen sie erhöht; ist aber die Gesellschaft für ihre Glieder mitverantwortlich, so muß zuzeiten auch die Gesellschaft umgewandelt werden, wenn ihre Glieder besser werden sollen. Allerdings wünschte auch Turgenjew die Aufhebung der Leibeigenschaft und sah klar, wie entsittlichend sie auf beide Teile wirkte; übrigens aber lag es ihm fern und kam es ihm zuweilen beinah komisch vor, sich wegen Angelegenheiten der Allgemeinheit aufzuregen. In dem engen Bannkreise irgendeiner Frau, die er anbetete im Bewußtsein, nie die volle Erwiderung seines Gefühls zu finden, verlief sein ganzes Leben. Er hatte nichts von dem breiten Sich-gehen-Lassen, dem vollen Ausströmen, dem dunklen Mitfluten im Strome des Schicksals wie Bakunin; er war nie überschwenglich glücklich, aber er unterlag nie. Höchst zartfühlend gegenüber den Unglücklichen, versorgte er Bakunin im Kerker mit Büchern und sorgte für das Klavier; gleichzeitig aber entwarf er in der Novelle »Rudin« ein Bild von ihm, das ihn lächerlich oder verhaßt zu machen bestimmt schien. Er stellt in »Rudin«, der nach seiner eigenen Angabe ein Porträt Bakunins sein sollte, einen Blender und Schönredner dar, der mit phrasenhafter Beredsamkeit Jünglinge und Frauen an sich zieht, teils nur um Eindruck zu machen, teils um als berechnender Borger sie auszunützen. Es erregte bei vielen berechtigte Entrüstung, daß Turgenjew einen Freund lächerlich und verächtlich machte zu einer Zeit, wo derselbe wehrlos im Kerker war und für die Hingabe an seinen Glauben aller Wahrscheinlichkeit nach bis zum Tode leiden mußte. Herzen hat einmal gesagt, Turgenjew habe im »Rudin« mehr sich selbst als Bakunin geschildert. Wirklich konnte man ihm mehr als Michel den Vorwurf machen, daß er sich nicht für seine Ideale einsetze. Als ob er Reue fühlte, ließ Turgenjew der Novelle einen Anhang folgen, in welchem der gealterte Rudin, verwildert, herabgekommen, noch einmal auftritt und bei einer Revolution auf der Barrikade stirbt. Hier läßt der Dichter die Armut den Vagabunden wie einen Heiligenschein umgeben und streichelt ihm zärtlich die ergrauten Locken. Wer möchte die Gefühle in Turgenjews Brust entwirren? Hatte vielleicht Bakunin ihm einmal eine Kränkung zugefügt, die er nicht vergessen konnte? Im selben Jahre, wo der »Rudin« erschien, schrieb er an Tolstoi: »Als ich in Ihrem Alter war, übten nur enthusiastische Naturen einen Einfluß auf mich aus.« Sollte er bei diesen Worten nicht vor allem an Bakunin gedacht haben? Der Skeptiker wärmte sich gern an dem Feuer des Begeisterten; wenn es ihn dann einmal brannte, beschimpfte er es. Turgenjew war Individualist, wie er selbst sagte, und war es doch nicht so ganz, daß er es ohne Zweifel hätte sein können. Wer hätte ihn tadeln können, wenn er der Dame seines Herzens nachreiste, schöne

Novellen schrieb, seine Tochter erzog, vielen Menschen wohltat? Wer, außer den Freunden, die sich größere Ziele gesetzt hatten und mit denen er selbst manche Strecke zusammen gegangen war, mit denen er hie und da zusammen arbeitete, mit denen er sich immer wieder verglich! Ja, es zwang ihn etwas, sich immer an ihnen zu messen, sich mit ihnen zu beschäftigen, sie zu bekämpfen und zu brandmarken und doch zugleich, fast wider seinen Willen, zu verherrlichen und sich vor ihnen zu demütigen. Daß er seinen einstigen Freund und Kameraden öffentlich lächerlich machte, während dieser im Kerker des Zaren lag, wäre eine Infamie, wenn man nicht die seltsame Verschmelzung, den seltsamen Zweikampf in Turgenjews Brust bedächte, den ewigen Vorwurf, der ihn quälte und den er zuweilen demjenigen ins Gesicht zurückwarf, von dem er auszugehen schien. Dies geheime Leiden war es vielleicht, das die tragische Schönheit seiner Augen machte, die auch diejenigen bezauberte, die sein Charakter abstieß.

Er haßte die Phrase und fühlte sich eben deshalb unendlich viel mehr zum deutschen, als zum französischen Wesen hingezogen. Das kam seinem Stil zugute, der nirgends aufgebauscht ist, nirgends hohl klingt. Der ganze Phrasenschatz der Französischen Revolution war ihm lächerlich; es entging ihm aber, daß jemand dieselben Phrasen ernst nehmen, mit Sinn und Bedeutung erfüllen konnte, und daß sie dann keine mehr waren. Das Volk, so sagte Herzen einmal, kenne keine literarischen Gedanken, sondern sobald es einen Gedanken wirklich erfaßt habe, schlage er gleich in Tat um. Darum, weil ein Gedanke für es kein Spaß sei, halte es so schwer, ihm einen beizubringen, und daher überhole es zuzeiten die berühmten Denker. Ebenso sagt Michel einmal, in ihrer Barbarenfrische setzten die Russen die Ideen in Tat um, die der Westen nur um ihrer selbst willen erzeuge. Dieses, ob man nur Erkenntnis hat und sich mit ihr begnügt, oder ob man sie verwirklicht, macht einen abgrundtiefen Unterschied zwischen Mensch und Mensch und Volk und Volk.

Es mag das Gefühl der barbarischen Frische des russischen Volkes gewesen sein, das es dem Westen so gefährlich erscheinen ließ. In den vierziger Jahren war die Furcht vor Rußland im Westen allgemein. Sie bezog sich zum Teil auf die Macht, die Zar Nikolaus so glänzend verkörperte und ausübte, zum Teil auf den sogenannten Panslawismus, dem die Slawophilen Ausdruck gaben. Peter der Große hatte sein Volk als schmutzige, talgfressende, bärtige Barbaren betrachtet, das mit Seife und westlicher Zivilisation traktiert werden müsse, und trotz des bleibenden geheimen Widerwillens im Volke hatten sich die höheren Schichten daran gewöhnt, den Westen als das Höhere zu betrachten und ihn nachzuahmen. Westeuropäer, namentlich Germanen: Deutsche, Holländer, Engländer, Schweizer, waren in Rußland zu Reichtum, Ehre und Ansehen gelangt, besonders Deutsche in die Nähe des Hofes gezogen. Nun aber richteten die Barbaren ihre Blicke auf sich selbst und ihre eigenen Vorzüge, sie durchforschten ihre eigene Vergangenheit nach Heldentaten und Gesängen, sie überzählten sich und staunten über ihre eigene Menge. Rechnete man zu den Angehörigen des russischen Reiches die übrigen Slawen hinzu, die unter türkischer, österreichischer und deutscher Herrschaft in Europa verstreut waren, so kam eine Armee zusammen, vor welcher der gesamte hochmütige Westen die Waffen würde strecken müssen.

Nikolaus I. war weit entfernt, so kühne revolutionäre Ideen fassen zu können. Für seine kleinlich bürokratische Beschränktheit waren die Slawophilen und Panslawisten so gut Verbrecher wie alle die anderen Untertanen, die durch irgendein eigenes Wollen die regelmäßige Monotonie seines Reiches störten. Was wäre aus dem Grundsatz der Unveränderlichkeit, des Untertanengehorsams geworden, den andere Fürsten so gut verlangen konnten wie er? Wenn er die Hand auf Konstantinopel legte, so tat er das, was seine Ahnen getan hatten, er erfüllte das Recht und die Pflicht jedes russischen Zaren. In der Überzeugung, daß Byzanz, die Wiege des russischen Glaubens, ihm von Gott verliehen und von den Türken geraubt sei, war er mit seinem Volke einig; aber er wäre zu kleinlich gewesen, um seinen Zweck durch Aufwiegelung von Untertanen zu erreichen, vollends Österreich oder Preußen gegenüber, wo er es liebte, als Retter aufzutreten, durch dessen mächtige Hilfe die aufrührerischen Untertanen niedergehalten wurden. Sein Name war Bürgschaft der Ordnung im Gegensatz zur Revolution; er war zu geistlos, um Träger der Revolution zu sein wie Napoleon. Dennoch war er Rußland, und Rußland zuckte ungeduldig die mächtigen Schwingen; und es kam dazu, daß die Gebärde des Größenwahns, die ihm eigentümlich war, Ärgernis und Schrecken erregte. Napoleon III., selbst auf die Rolle des Schiedsrichters Europas erpicht, machte sich zum Ritter der gefährdeten Türkei und vereinigte ein westliches Heer gegen den Koloß des Ostens. Österreich und Preußen blieben neutral; aber wegen dieser Neutralität zürnte Nikolaus ihnen mehr als den andern wegen des Krieges. Preußen und Österreich, als Staaten nämlich, verdankten ihm ihr Dasein, ohne ihn hätte die Revolution sie verschlungen, und sie sahen zu, ohne sich zu rühren, wie die sich liberal nennenden Mächte, Frankreich, England, Piemont, sich mit der despotischen Türkei zu seinem Untergang verbanden. Der für Rußland unglückliche Verlauf des Krieges rief eine Stimmung dort hervor, die die heute lebenden Deutschen wohl nachzufühlen imstande sind. Die auf eine stark anschwellende Macht Neidischen traten als Vorkämpfer der Freiheit auf, während jeder von ihnen nur den Zuwachs der eigenen Macht im Sinne hatte. Das Volk im engeren Sinne war friedlich wie jedes Volk und noch etwas mehr; sie mußten sich wie Lämmer erscheinen, die von hungrigen Wölfen überfallen werden. Die gebildeten Russen hatten überwiegend mit Sympathie auf den Westen geblickt, und der Westen rückte nun in seltener Einmütigkeit, durch die feindliche Absicht gegen einen verbunden, heran. In den politischen Briefen von Michail Pogódin, einem unbedingten Anhänger des Zaren, lesen wir: »Die Feinde kommen von allen Seiten auf uns los, als wären sie von jemand gehetzt und gejagt ... Die Anschläge, die Drohungen übersteigen alles Maß. Man will uns auf hundertundfünfzig Jahre zurückwerfen. Die türkischen, englischen und französischen Krieger wollen sich von uns die Kriegskosten bezahlen lassen. Sie wollen unsere Tore flügelweit öffnen, auf daß jeder Dieb bei Tage und bei Nacht gerade in unser Haus treten könne und mitnehmen, was ihm gefällt ...

Nicht nur die Gewalt zieht gegen uns heran, sondern Geist, Gesinnung und Streben. – Sie drohen nicht bloß Kronstadt und Sebastopol; wir dürfen sie überall erwarten, in der Kirche und im Schlafgemach, auf dem Exerzierplatz und beim Gebet, beim Mittag- und beim Abendessen, auf dem Kopf und im Herzen, um Mittag und um Mitternacht.«

Obwohl nun aber der Westen siegreich in diesem Kampfe war, befestigte sich in dem Russen die Ansicht, daß der Westen reif zum Untergange sei. Der Haß des Überfallenen, Unrecht Leidenden sieht die Fehler der Triumphierenden mit seherischer Schärfe und schiebt dem besiegten Rußland die Aufgabe zu, den abgelebten europäischen Westen zu verjüngen, »der zwar Lancaster-Kanonen, Paixhans und Miniébüchsen erfunden hat, dem aber der Glaube geschwunden, die Poesie erloschen, die Liebe verdorrt, das Menschengefühl erstickt ist, der Gott verleugnet hat und vor dem Goldenen Kalbe anbetend im Staube liegt«.

Prophetisch phantasierend ruft er aus: »Ja, novus nascitur ordo! Eine neue Ordnung beginnt, eine neue Ära bricht an. Zwei einst ruhmvolle Reiche stürzen zusammen. Zwanzig neue Staaten treten ins Leben. Obergewalt und Ansehen weicht von den einen und geht zu den andern über. Das Zentrum aller Interessen rückt nach einer anderen Erdgegend. Die Interessen selbst ändern vielleicht ihre Natur.«

So sehr jedoch hatten die Russen sich in der westlichen Kultur belehrt und begeistert, daß sie die Idee ihres Untergangs nicht ohne tiefe Wehmut fassen konnten. Aufrichtig gefühlt war die Klage, die Rußland über den seelischen Zusammenbruch des Westens anstimmte, zu dessen Erben es sich berufen fühlte.

> O mir ist weh ums Herz! Es deckt ein tiefes Dunkel
> Das ferne Abendland, das helige Wunderland!
> Am Himmelsdom erlischt der Sterne Lichtgefunkel!
> Wie sind die Leuchten all so tief herabgebrannt!

> O jenes Abendland, wie war es schön vorzeiten!
> Wie lange beugte rings die Welt vor ihm die Knie!
> Bezaubert und entzückt von tausend Herrlichkeiten
> Sah sie zu ihm hinauf, vor ihm verstummte sie.

Der Weisheit Sonne schien dem glücklichen Geschlechte,
Kometen heißen Kampfs, sie irrten her und hin.
So still wie Lunas Licht, der Königin der Nächte,
Ergeht sich reiner Lieb unschuldger Kindersinn.

Begeisterung stieg auf, ein farbger Regenbogen.
Des Glaubens Flammenquell ergoß die Strahlenflut –
Nie hat der Erde Grund so reiche Frucht gezogen
Seit jenem ersten Tag, nie so viel Glanz und Glut.

Doch ach, die Zeit ist um, nichts kann das Unheil wenden,
Die finstre Grabesnacht, die rings den Westen traf –
So hör des Schicksals Ruf, die Leuchte nimm zu Händen;
Erwache, Morgenland, vom Schlaf!

Nikolaus teilte weder die romantische Bewunderung des Abendlandes noch die mystische Hoffnung auf die Nachfolge der Russen. Für ihn war der unglückliche Ausgang des Krieges eine persönliche Niederlage, unter der sein Stolz namenlos litt und die er nicht überlebte. Er machte die Erfahrung, die nach ihm noch mehrere Zaren machten, daß die gewaltige Kriegsmaschinerie, die mit so viel Aufwand und so viel Opfern des Volkes unterhalten wurde, als es darauf ankam, versagte. Nicht an der Tapferkeit der Soldaten fehlte es, aber an der Initiative, dem guten Willen, der Opferfreudigkeit und Redlichkeit der Anführer und Beamten. Die Auffassung Bakunins blieb immer die, daß der Zar, dieser ungeheuren Gefahr gegenüber, sich entschlossen hätte, die früher verworfene Waffe des Panslawismus zu ergreifen. Wie die Holländer im äußersten Augenblick die Dämme durchstachen, um ihre Feinde zu ersäufen, so habe Nikolaus, um zu siegen, den Aufruhr der Massen entfesseln wollen. Schon sei der Aufruf verfaßt gewesen, der alle Slawen, die in der Türkei, die in Österreich, die in Preußen, an die alte Freiheit und die brüderliche Gemeinsamkeit mahnte und sie überredete, daß sie vereint unüberwindlich wären. Die gewaltsame Erschütterung der Niederlage hatte vielleicht seine versteinerte Seele gelöst; das Blut klopfte an die Kammern seiner Gedanken, er erwachte aus einem alpdrückenden Traume, der Horizont öffnete sich, und unendliche Zukunft tat sich auf; allein die jähe Spannung in seinem Innern war zu heftig und zerriß ihn. Im Augenblick, da er handeln sollte, erkannte er, daß er nicht imstande war, sich so gegen sich selbst und alle bisher befolgten Grundsätze zu wenden, und zog es vor, seinem Leben ein Ende zu machen. Er blieb der auch von sich selbst nicht überwundene Herrscher. So sah es Michel an; die Geschichte erzählt schlechtweg von einer Krankheit, die unerwartet schnell zum Tode führte. Diese Auffassung Bakunins beweist, daß er in dem gehaßten Zaren dennoch eine verhüllte Größe fühlte. Es mag sein, daß er ihn falsch beurteilte; er sah die Menschen in dem Schein, der von seinem eigenen Wesen ausging, nahm sie auf in die Welt, die auf der Bühne seiner Brust bald schrecklich, bald komisch, bald wunderbar, immer in großen Linien tragiert wurde.

11

Wiedereintritt ins Leben

Wenn von den großen Begebenheiten des Völkerlebens eine Nachricht in Michels Kerker drang, so mußte ein Gefühl von Genugtuung bei ihm jedes andere überwiegen. Es hat mit verlorenen Kriegen eine eigene Bewandtnis: Ohne den Nachdruck eines solchen gelingt nicht leicht eine Revolution im Innern, denn er erschüttert namentlich die Regierung und was mit ihr zusammenhängt, die sonst, mit allen Machtmitteln ausgerüstet und durch das Bewußtsein des Rechts gestärkt, fast unangreifbar wäre. Im allgemeinen wird man immer erleben, daß die reaktionären Tendenzen in einem siegreichen Lande sich befestigen, das heißt, daß die bevorrechtigten Klassen, auf welche die Regierung sich stützt, sich in ihrem Besitz und ihren Rechten versteifen, während in den besiegten Ländern die Unzufriedenen in die Spalten eindringen können, die die Erschütterung der Niederlage gerissen hat. Insofern ist eine Niederlage als ein Glück zu betrachten, indem sie die Säfte eines altgewordenen, erstarrenden Organismus wieder in Fluß bringen kann, ähnlich wie ein stark eingreifendes Erlebnis, ja auch eine Krankheit zuweilen verjüngend wirkt. Kann man doch selbst den Tod als eine bittere Arznei des Lebens betrachten. Von diesem Standpunkt aus wird es begreiflich, daß die russischen Revolutionäre Krieg und Niederlage wünschten, nicht ihrem Volke, aber ihrer Regierung. Michel hatte daraus niemals ein Hehl gemacht und sich offen als im Kriegszustande mit der zarischen Regierung bekannt, ohne daß er deshalb mit den den Krieg gegen Rußland führenden Mächten sympathisiert hätte. In der Tat war der Krimkrieg und der Tod des Zaren Nikolaus für Rußland wie das Schmelzen einer Eiskruste über einem winterlichen Flusse. Frühlingswinde rüttelten an den Pfosten des Reiches; allein Michels Kerker öffneten sie nicht. Er war zu Beginn des Krieges aus der Peter-Pauls-Festung nach Schlüsselburg gebracht worden, weil man besorgte, der etwa eindringende Feind könne ihn befreien. Nach dem Tode des Zaren rechneten die Angehörigen und er selbst bestimmt auf Erlösung; aber Alexander II. strich seinen Namen mit eigener Hand von der Liste der Amnestierten.

Man sagt wohl, die Gewohnheit mache Leiden erträglich; es sagen diejenigen, die nicht selbst leiden. Je länger der Druck einer Kette währt, desto wunder und empfindlicher wird das Glied, die Geduld erschöpft sich endlich und wandelt sich in Verzweiflung, wenn die ersehnte Wendung zum Besseren immer wieder zurückweicht. Nach dem Scheitern dieser Hoffnung blieb überhaupt keine mehr; es war, als habe sich das letzte Fenster geschlossen, durch welches Licht eindrang, und es herrsche undurchdringliche, unveränderliche Finsternis. Michel fühlte sich am Ende seiner Kraft; er machte mit seinem Bruder, der ihn besuchte, aus, er werde in einem Monat Gift nehmen, wenn sich bis dahin keine neue Aussicht eröffnet hätte. Den Bemühungen der Familie gelang es, noch ehe der Monat abgelaufen war, dem Kaiser die Vergünstigung abzudringen, daß der Gefangene zwischen Festung und Sibirien wählen dürfe. Er wählte Sibirien; das war so gut wie Freiheit. Es war im März 1857.

Wir wissen nicht, wie ihm zumute war, als er die Festung verließ, als er das Dorf, Prjamuchino, wiedersah, das weiße Säulenhaus zwischen den noch winterlich braunen Gebüschen. Was war noch lebendig von der schwärmerischen Zärtlichkeit, die die Geschwister verbunden hatte? Eine Woche lang durfte er in der Wiege seiner Jugend bleiben, dann mußte er weiter nach Tomsk, wo er zwei Jahre lang blieb. Dort war es, wo er auf dem Schreibtisch einer Dame, die er kennenlernte, ein Bild seines Freundes Reichel und dessen zweiter Frau, Maria Kasparowna Ern, sah, einer Nichte der betreffenden Dame. Dort machte er auch die Bekanntschaft eines verbannten Polen namens Kwiatkowsky, in dessen Hause er sich wohl fühlte. Es waren einfache, wohlwollende Menschen; am meisten von allen zog ihn eine Tochter, Antonie, an, ein noch sehr junges, knabenhaft zierliches, kluges und praktisches Mädchen. Wie einst Othello und Desdemona sich liebten, sie ihn, weil er Kampf und Gefahr bestand, er sie, weil sie mitleidvoll und bewundernd zuhörte, so mag es auch hier gewesen sein; seine Liebe hatte immer etwas väterlich Gütiges, sie blieb immer stolz auf ihn. Solange sein Leben eine bunte Reihe von Abenteuern war, lag ihm der Gedanke an Heiraten fern: jetzt, nach den unendlich langen Jahren der

Einsamkeit, in dem unwirtlichen Lande verlangte ihn nach Familienleben. Obwohl ihn diese Verbindung dauernd beglückte, schlug er doch damit den ersten Knoten zu einer tieftragischen Verwickelung. Er war nun nicht mehr frei, konnte seine Kraft nicht mehr beliebig verschwenden, sondern schuldete sie zum Teil jenem Wesen, dem er sich verpflichtet hatte. Sein Herz strebte nach zwei Seiten, nach dem Glück jener, die er glücklich zu machen gelobt hatte, und nach der Sache, die ihm heilig war. Zu denjenigen, die durch die Heirat satt und bequem werden, gehörte Michel nicht. Durch seinen Vetter Murawjew-Amurski erreichte er es, nach Irkutsk zu kommen, wo er im Dienste der Amur-Gesellschaft Beschäftigung fand und sogar Reisen unternehmen konnte. Auch mit dem Westen knüpfte er wieder an; durch die Freundschaft mit Herzen bekam er Gelegenheit, in der alten Weise tätig zu sein.

Man sagt, Kaiser Nikolaus habe auf dem Sterbebette seinem Sohn und Nachfolger auferlegt, die Aufhebung der Leibeigenschaft herbeizuführen. Diese Annahme hat insofern etwas für sich, als der keineswegs charakterfeste Alexander II. in diesem Falle mit einer Entschlossenheit und Unbeugsamkeit vorging, die durch ein dem verehrten Vater gegebenes Versprechen zu erklären wäre. Er hatte dabei den größeren Teil des Adels gegen sich, dem die Grundlage seines Wohllebens entzogen werden sollte. Die Verlogenheit der egoistischen Menschen verrät sich bei solchen Gelegenheiten, wenn die sogenannten Verständigen sich in der Betrachtung gefallen, welches Unrecht man begehen würde, wenn man ein historisches Recht antastete, in dessen Genusse der Besitzer doch nun einmal aufgewachsen sei, und wie ohne eine angemessene Entschädigung nicht daran zu denken sei; während kein Verständiger Gründe findet, die einen Machthaber zurückhalten, Wehrlose ihrer Rechte zu berauben. Als die Ukase früherer Zaren die Bauern an die Scholle fesselten und zu Leibeigenen machten, erhob sich keine Stimme gegen den Eingriff, der Hunderttausende aller grundlegenden Rechte beraubte und zu einem unwürdigen Sklavenleben verurteilte; als es aber galt, beispielloses Unrecht wiedergutzumachen, wurde im In- und Auslande mit Wort und Schrift verbreitet, keine Regierung dürfe einmal bestehendes Recht ohne weiteres umstürzen.

In den Kämpfen, die während der ersten Regierungsjahre Alexanders II. um diese Frage entbrannten, wurde Herzens »Glocke« eine ausschlaggebende Stimme. Zum ersten Male nahm die revolutionäre Opposition in Rußland vor aller Welt das Wort, schneidend, treffend, witzig, feurig, ebenso warm empfunden wie scharf durchdacht. Es wurde laut, was viele im geheimen bewegte, was viele andere aus ihrer Sicherheit aufschreckte. Eine öffentliche Meinung bildete sich, die einen Ausgleich schuf für die Heimlichkeit der Polizei und der Gerichte. Herzens Blatt wurde am Hofe nicht nur gelesen, sondern berücksichtigt; auch Hochstehende fürchteten, vor die Schranken dieses Ausnahmegerichtes gezogen zu werden. Ein neues Leben begann für Herzen, das seine Tapferkeit begründet hatte. Er, der verfolgte Emigrant, bildete in London eine Art Gegenregierung, der die Gesinnungsgenossen und widerwillig auch die Feinde durch ihre Furcht huldigten. Auch in den privaten Beziehungen schienen ihm neue Sterne aufzugehen. Malvida v. Meysenbug, die deutsche Emigrantin, die seine Hausgenossin geworden war, erzählt, wie eines Tages ein bepackter Wagen vorfuhr und Herzen mit dem Ausruf aufsprang: »Das ist Ogarjew!« Es war in der Tat der Jugendfreund, der inzwischen in zweiter Ehe die intimste Freundin der verstorbenen Frau Herzens geheiratet hatte. Wer hätte nicht das Bedürfnis nach einem menschlichen Verhältnis, das in dem ewig wechselnden Strome des Lebens etwas Unveränderliches und Unantastbares bedeutet: Das war für Herzen seine Freundschaft mit Ogarjew. Die lieblichsten, fröhlichsten und heiligsten Jugenderinnerungen, noch älter selbst als seine Liebe zu Natalie, hingen mit diesem weichen, schwärmerischen, selbstlosen Freunde zusammen. Ogarjew war durch Epilepsie schwer leidend; allein die Trauer, die Malvida v. Meysenbug zuweilen an ihm beobachtete, schien ihr noch einen anderen Grund zu haben, den sie ahnte: Seine Frau brach ihm mit Herzen die Treue. Es ist eigen, daß Herzen seinem liebsten Freunde dasselbe zufügte, was er Georg Herwegh niemals hatte verzeihen können. In diesem Falle wurden die Freunde durch dies Schicksal nicht getrennt, sondern sie fuhren fort, zusammen zu leben und zusammen zu arbeiten. Vielleicht erleichterte seine Kränklichkeit Ogarjew das Verzichten, das in solcher Art, so verzeihend und doch so tief empfunden, wohl nur einem Russen möglich ist. Ohnehin war er mehr zur Freundschaft als zur Liebe geschaffen und hatte schon einmal im selben Konflikte den Freund gewählt, nur daß seine damalige Frau und Herzen sich zu schlecht verstanden anstatt zu gut. Sowie Bakunin wieder in Beziehung zu den Freunden treten konnte, wurde er Mitarbeiter der »Glocke«, indem er namentlich authentische Nachrichten einsandte. Wie verschieden bei aller Übereinstimmung in den Anschauungen Bakunin seiner Natur nach von Herzen war, zeigte sich besonders, als es sich um Bakunins Vetter Murawjew-Amurski handelte, den Herzen als einen der üblichen hochgestellten Helfershelfer oder Günstlinge des Zaren in der »Glocke« angegriffen hatte. Bakunin schätzte ihn nicht nur, sondern bewunderte ihn, er schilderte ihn als einen großherzigen Demokraten, einen Freund des Volkes, einen Feind der lügnerischen Formen des Bourgeois-Liberalismus, des Parlamentarismus, des allgemeinen Wahlrechts, er verglich ihn mit Peter dem Großen und wollte ihm damit einen Ruhmestitel beilegen. Nicht nur Herzen, sondern auch andere Anhänger Bakunins haben seine Bewunderung dieses russischen Gouverneurs nie begreifen können. War er so, wie Michel ihn auffaßte? Oder sah er in ihm durch wunderbare Spiegelung sich selbst, sein eigenes Ideal? Wie dem auch sei, daß dieser oft sehr despotisch auftretende Eroberer ihn so entzückte, charakterisiert ihn als den für alles menschlich Große und Originale Empfänglichen, der seine Urteile nur aus seinem Herzen, nicht aus Theorien und Prinzipien schöpfte. Seine Berichte an Herzen über Menschen, die er kennenlernte, sind wundervoll anschaulich und drastisch, in großen Zügen hingeworfen und mit kleinen schattiert und lebendig gemacht. Auch die, welche er nicht ausstehen konnte, schmückt er liebevoll mit einer gewissen dichterischen Lust an ihrer Abscheulichkeit aus, wie wenn er von Petraschewski, den er ein Schwein mit einem Menschenkopf nennt, erzählt: »Wenn er sich erhitzt und lügt, wie glänzen dann seine schwarzen Augen durch die Brille hindurch!« Sehr fein sind die Betrachtungen, die er über die unverbesserliche Eitelkeit der Polen anstellt und ihren Hang zur Selbstbetrachtung, den er aber erklärend und verzeihend daraus ableitet, daß sie als Volk verneint werden und deshalb nicht vorwärts, sondern rückwärts blicken, wo sie nichts als Tod finden.

Die Jahre 1859 und 1860 brachten die überraschenden Ereignisse in Italien: Krieg gegen Österreich mit Hilfe Napoleons III. und den Zug der Tausend nach Sizilien. Auch nach Irkutsk drang die sagenhafte Kunde von Garibaldoff, wie er dort genannt wurde. Da es auch in Polen sich wieder zu regen begann, wurde in Bakunin der Drang nach dem Westen immer lebhafter. Er erwartete dort dieselbe wogende Stimmung zu finden, in der damals das Unmögliche leicht zu verwirklichen schien, und die jetzt die Rückblickenden als eine Art halb komische, halb strafbare Trunkenheit betrachteten. Auf der verhältnismäßigen Bewegungsfreiheit, deren er sich erfreute, baute er einen Fluchtplan auf. Wie er ihn bewerkstelligte, ist nicht in allen Einzelheiten klar; er erinnerte sich später nicht gern daran, da er verschiedene Freunde hatte belügen, einige Menschen vielleicht auch hatte schädigen müssen.

Es war Anfang Juni 1861, daß er Irkutsk verließ und vorgeblich in Geschäften den Amur hinunterfuhr, bis zu der an seiner Mündung gelegenen Stadt Nikolajewsk. Von dort gelangte er auf ein amerikanisches Schiff, das ihn nach Japan brachte. Er mußte, damit es glückte, öfters seinen Zauberstab schwingen, der nicht die Kraft verloren hatte, Herzen zu betören. Sein zugleich vornehm sicheres und kindlich offenes Wesen ließ keinen Argwohn aufkommen und bewog jedermann, auf seine Absichten einzugehen. In Japan soll der russische Konsul den durchreisenden Gast liebenswürdig aufgenommen und ungern weiterfahren gesehen haben, weil er eines so guten Gesellschafters sich gern länger erfreut hätte. Wie einst die Götter ihre Lieblinge in ein Gewölk hüllten, daß sie unverletzt mitten durch Feinde schritten, so überschritt der gefährliche Rebell die russische Grenze, begleitet von den freundlichen Blicken seiner Häscher. Bereits in Yokohama traf er einen Mitkämpfer von der Dresdener Revolution, Wilhelm Heine, der, ein gewandter Reiter, die Lebensmittelzuzüge in die Stadt geleitet hatte und nach Amerika geflohen war. Er ist später als General nach Dresden zurückgekehrt und dort gestorben. Sie machten die Reise zusammen bis San Francisco, von wo Bakunin sofort nach Neuyork weiterreiste. Er kam am 6. November dort an. Auch hier befand er sich im Kreise alter Kameraden: Da waren Reinhold Solger, Friedrich Kapp, der junge Freund Ludwig Feuerbachs, ferner ein Dresdener

Flüchtling, Dr. Munde, und eine verheiratete Tochter der Berner Vogts. Trotzdem drängte es ihn ohne Verzug weiter nach Europa, nach London, wo Herzen und Ogarjew lebten, mit denen er schon von Sibirien aus zusammengearbeitet hatte, die ihm von seinen russischen Freunden am nächsten standen. Es war einige Tage nach Weihnachten, am 27. Dezember 1861, als er in Herzens behaglichem Heim erschien, wie ein Bruder aufgenommen, wie er selbst, dankbar und herzlich sich erinnernd, nach Jahren erzählte. Welch ein Wiedersehen, welche Umarmungen und Gespräche mag es gegeben haben! Äußerlich schien er zunächst ziemlich verändert, schon dadurch, daß er infolge von Skorbut Zähne verloren hatte, was ihn am Sprechen hinderte. Seine Kleidung, die früher durchaus kavaliermäßig gewesen war, fing er schon während der Revolution an zu vernachlässigen. Ruge erzählt, daß einmal ein junger Mann israelitischer Nation ihn darauf aufmerksam gemacht habe, wie schmutzig sein Anzug sei. Bakunin sagte: »Was will der kleine reinliche Jude?«, ihn mit einem großen Blick musternd, ohne sich zu bessern. Doch war seine Erscheinung, wie schäbig auch der Zustand seiner Kleidung sein mochte, so imposant wie je. Hatten die Freunde gefürchtet, einen gebrochenen, müden, erbitterten Mann zu sehen, so waren sie froh enttäuscht: Er war immer noch der Frühlingsfrische, wie sie ihn rühmend nannten, der das Aroma des tollen Jahres 1848 ausströmte. Und doch war er, das ist selbstverständlich, nicht unverändert derselbe geblieben. Aus der Gefangenschaft auf dem Königstein schrieb er einmal an Reichel: »Mein Lieber, erlaube mir eine kleine Bemerkung: unser gemeinschaftlicher Fehler bestand immer darin, daß wir uns zu sehr gehenließen, moralisch faul waren und ohne die mindeste Anstrengung von unserer Seite die Eingebungen des Heiligen Geistes von oben in der Gestalt gebratener Äpfel erwarteten.« Er hatte sich vom Atem der Geschichte treiben lassen und gewußt, daß er es tat, aufgesogen, was in der Luft schwirrte, bald dahin, bald dorthin sich geneigt, Nichtzusagendes zurückstoßend, Lockendes ergreifend. Zwar leistete er den in der Welt herrschenden Gewalten Widerstand, nicht aber dem Schicksal, und genoß den Rausch dieses Hingegebenseins. Während der langen Haft hatte er aus seinen Erfahrungen und Gedanken seine Überzeugung gebildet. Die Richtung seines Willens hatte sich nicht verändert, aber er war sich seines Willens deutlicher bewußt geworden, sein Selbstbewußtsein hatte sich entwickelt. Er liebte es immer noch, sich vom Strome mitreißen zu lassen; aber er fühlte sich nun auch fähig, etwa einmal das Steuer zu ergreifen und einen bestimmten Weg zu erzwingen. Die Legende hat ihm bei der Dresdener Revolution die Rolle eines Diktators zugeschrieben, als seien alle durchgreifenden Entschlüsse von ihm ausgegangen, und gewiß ist, daß er immer für solche stimmte; aber ganz abgesehen von den Umständen, die einen dauernden Erfolg damals überhaupt unmöglich machten, fehlte ihm zu einer napoleonischen Laufbahn das Wesentliche: der Trieb zur Macht und Herrschaft. Worauf es ihm im tiefsten Grunde ankam, das war Leben und das möglichst volle Leben ganz ungehemmt einzuatmen. Das war sein Eigentümliches, und so blieb er auch. Insofern war er schlechtweg Dichter oder Mensch, oder man kann auch sagen ein Kind. Denn es ist klar, daß dem durchschnittlichen Geschäftsmann des Lebens diese Auffassung wie ein Spielen erscheint; selbst Herzen neigte manchmal dazu, Michel nicht ganz ernst zu nehmen. Dennoch war ihm sein Spiel ganz ernst, und es zeigte sich immer mehr, daß er, ohne sein Wesentliches geändert zu haben, bewußter als früher ein bestimmtes Ziel und eine gewisse Methode innehielt. Er war jetzt siebenundvierzig Jahre alt, er hatte viel gelitten und erfahren und fühlte den Trieb, Führer der Jüngeren zu sein. Das erschwerte sein Verhältnis zu Herzen, der damals im jungen Rußland ein unbestrittenes Ansehen hatte, und von dem er bei aller Übereinstimmung doch sich stark unterschied. Immer hatte er Herzen, den um zwei Jahre Älteren, bereitwillig anerkannt und stellte ihn auch weiterhin als Schriftsteller weit über sich; neben Herzens blitzendem Stil kam er sich plump vor. Wie weit Bakunin ihm durch die Genialität der ganzen Persönlichkeit überlegen war, das wurde nie ausgesprochen; Herzen scheint es aber gefühlt zu haben. Die Noblesse seines Charakters blieb immer ohne Flecken. Nicht nur, daß er dem mittellos aus der Gefangenschaft Entflohenen sofort eine Summe aussetzte, um ihm die Existenz zu ermöglichen, und auch Turgenjew bewog, dazu beizutragen; er verstand ihn auch und hielt zu ihm, manchmal gegen seine Überzeugung. Er hatte Sinn für das Kindliche, Gutmütige und Arglose Bakunins, er bewunderte die ungeheuren Dimensionen seines Wesens, er weidete sich an ihm wie an einem Element, von dem man sich vorsichtig ein wenig zurückhält, indem man seine Wucht und Schönheit bewundert. Man ist wohl entzückt von einem Löwen, aber man möchte ihn nicht im Hause haben. Man hatte wohl gemeint, nach seiner abenteuerlichen Flucht, nach den Entbehrungen des Kerkers und später des Lebens in Sibirien würde Michel die häusliche Behaglichkeit des Westens, die Herzen durch seinen Reichtum sich hatte verschaffen können, mit Vergnügen teilen. Davon war jedoch gar keine Rede: Was er entbehrt hatte, war, handeln zu können, und das wollte er nun. »Nach neunjährigem Schweigen und Einsamkeit«, so erzählt Herzen, »atmete Bakunin etwas auf. Er debattierte, predigte, kommandierte, schrie, faßte Beschlüsse, korrigierte, organisierte und ermunterte den ganzen Tag, die ganze Nacht, alle vierundzwanzig Stunden. In den wenigen freien Minuten pflegte er zum Schreibtisch zu stürzen, und dann begann er zu schreiben, fünf, zehn, fünfzehn Briefe, nach Semipalatinsk und Arad, nach Belgrad und Konstantinopel, nach Bessarabien, nach der Moldau und Belokrinitza. Mitten im Schreiben warf er die Feder hin und begann irgendeinen Dalmatiner zur Räson zu bringen; doch ohne die Rede zu beenden, griff er wieder zur Feder und fuhr fort zu schreiben … alles an ihm war gigantisch, seine Fähigkeit, sein Appetit, ja der ganze Mensch.«

Dies Schauspiel, als solches sehr anziehend, hatte aber auch sehr fühlbare Folgen für Herzen, da er darin mitwirken sollte. Es handelte sich um die polnische Revolution, die damals vorbereitet wurde und aus verschiedenen Gründen vollständig scheiterte. Herzen gab die Berechtigung der Polen, sich von Rußland loszureißen, vollständig zu; aber es widerstrebte ihm im Grunde, sich dabei zu beteiligen, und er ließ sich nur durch Bakunin bewegen, in der »Glocke« dafür einzutreten. Bakunins unglückliche Liebe zu den Polen war inzwischen dadurch verstärkt, daß er mit einer polnischen Familie verwandt geworden war und das Unglück vieler verbannter Polen in Sibirien aus eigener Anschauung kennengelernt hatte. Außerdem war es die erste Gelegenheit zum revolutionären Handeln, die sich bot, und zu einem Angriff auf die russische Regierung. Der Plan war, mit Hilfe Schwedens und von Schweden aus, das durch seine Lage herkömmlich feindlich zu Rußland gestellt war, gegen Rußland vorzustoßen, und Michel wollte die schwedische Regierung dafür interessieren. Persönlich hatte er großen Erfolg, sein Zauberhörnchen tat in allen Kreisen, auch den höchsten, die übliche Wirkung, er wurde gastlich aufgenommen und gefeiert; aber das Unternehmen mißglückte, zum Teil durch die Schuld eines englischen Kapitäns, zum Teil durch die Schuld der Polen und ihres unbesieglichen Mißtrauens gegen die Russen. Besonders unangenehm war es, daß Herzen seinen Sohn mit allerlei Aufträgen nach Schweden geschickt hatte, offensichtlich, um Bakunin zu beaufsichtigen. Der junge Herzen war, wie die Söhne bedeutender Väter zu sein pflegen, von dem Drang erfüllt, sich auszuzeichnen, ohne daß die Vorbedingungen dazu vorhanden gewesen wären. »Einen sehr ausgezeichneten Commis voyageur« nannte ihn Bakunin, »einen sehr ordentlichen Sekretär, einen par excellence negierenden Jüngling, ohne jedes russische Gefühl, jede Initiative, jede eigene Gedanken.« Die Herzenschen Kinder waren im Westen aufgewachsen und hatten, wenn auch stolz auf die Rolle, die ihr Vater in Rußland spielte, weder tiefes Gefühl noch Interesse für die russischen Angelegenheiten. Für die Aufgabe, einen so viel älteren, so klugen Mann zu kontrollieren wie ein Kind, war Herzens Sohn zu jugendlich anmaßend. Dieser Zusammenstoß erschütterte begreiflicherweise das Verhältnis zwischen Bakunin und Herzen. Dieser war klug und vornehm genug, um die Verfehlung seines Sohnes einzusehen und zuzugestehen; das löschte aber das Geschehene nicht aus. Der unglückliche Ausgang der Sache betrübte Bakunin, Herzen aber schien dadurch zu einem Vorwurf berechtigt, daß er in die Angelegenheit hineingezogen war. Seit die Polen ausgesprochen hatten, daß sie nicht nur Unabhängigkeit von Rußland wollten, sondern Wiederherstellung Polens, mit den Grenzen seiner größten Ausdehnung im Mittelalter, hatten sich auch die russischen Liberalen ganz von den Polen abgewendet, und es tat Herzens Ansehen Abbruch, daß er sie unterstützte. Es kam dazu, daß England nicht der rechte Boden für Bakunin war. Auch Herzen und die deutschen Emigranten betonten immer wieder die Härte und Beschränktheit der Engländer, und wie unmöglich es sei, in lebendige, fruchtbare Beziehung zu ihnen zu treten. Nirgends, sagten sie, hänge der Ruf, den einer genieße, so davon ab, wieviel Geld er habe und wie er gekleidet sei; Bakunin in seinem jahrhundertalten Mantel hätte vermutlich als Vagabund gegolten. Daß er beschloß, nach Italien sich zu wenden, ist leicht verständlich. Frankreich und Deutschland waren ihm verschlossen, in Italien hatte die Freiheit soeben Siege erfochten, wie man sie aus Märchen und Sagen kannte. Herzen blieb die Erinnerung an seinen Aufenthalt in Italien im Jahre 1848 zeitlebens teuer, und die italienischen Emigranten, die er später in der Schweiz und in Italien kennenlernte, hatten den sympathischen Eindruck verstärkt. Er kannte Orsini, Pisacane, Mazzini, Garibaldi, Saffi persönlich, stand sich mit allen gut und liebte und bewunderte sie zum Teil. Er fand, daß die Russen sich mit keinem westeuropäischen Volke so gut verstehen könnten wie mit den Italienern, weil in beiden Ländern die Zustände noch verhältnismäßig fließend wären und weil sowohl Russen wie Italiener nicht gerne arbeiteten. Geschäft und Gewinn komme ihnen nicht in erster Linie, sie arbeiteten nur, soweit es zum Leben nötig sei. Es ist anzunehmen, daß er Bakunin von Italien viel erzählte und daß die zahlreichen Beziehungen Herzens, die er benützen konnte, bei der Wahl in die Waagschale fielen. Schon in London lernte er Mazzini kennen, von dem er, als von einem Zentralisten, sich zwar tiefgreifend unterschied, mit dem ihn aber zunächst doch die gemeinsame Feindschaft gegen Österreich verband.

Während des Jahres 1863 war er beständig auf Reisen, auch in Paris, wo er Proudhon wieder – und zum letzten Male sah. Auf der Reise nach Italien fuhr er durch die Schweiz, und hier zog es ihn nach Bern, wo nicht nur Vogts wie immer wohnten, wo auch Reichel sich inzwischen als Musikdirektor niedergelassen hatte.

Der erste Brief an die Familie Vogt aus Vevey, Pension Maillard, Rue d'Italie, lautete: »Meine liebe Freundin, bei meiner Durchfahrt von Paris nach Italien durch die Schweiz wollte ich schon morgen mit meiner Frau nach Bern kommen, um die alten guten Freunde zu umarmen, und habe bereits gestern einem Kosaken-Genossen, Herrn Tscherkessoff, geschrieben, er soll mir in Bern begegnen und mich bei irgendeinem der vielen Professoren Vogt aufsuchen. Plötzlich bin ich aber unwohl geworden und muß mich entschließen, hier einige Tage zu verweilen, was mich natürlich nicht verhindern wird, nach einigen Tagen meine Pietätsreise nach Bern zu unternehmen. Bis dahin, gute, gute, alte Freundin und Ihr alle jüngeren Freunde, seid gegrüßt in dem freien Schweizerlande –.«

12

Bakunins Ideen

In dem ersten Sommer, den Bakunin in London noch ohne seine Frau zubrachte, verfaßte er eine kurze Abhandlung unter dem Titel »Romanow, Pugatschew oder Pestel?«, die im September im Druck erschien. Daß eine vollständige Umwälzung der Verhältnisse in Rußland notwendig sei, war das Selbstverständliche, wovon er ausging; schließlich aber konnte sie in sehr verschiedenem Sinne und auf sehr verschiedene Weise herbeigeführt werden. Romanow hieß die in Rußland herrschende Dynastie, Pestel war der bedeutendste unter den Dekabristen, Pugatschew der Führer der aufständischen Bauern unter Katharina; die drei Namen bezeichneten verschiedene Möglichkeiten, die Bakunin näher untersuchte. Am 2. März 1861 hatte Alexander II. den denkwürdigen Ukas erlassen, durch welchen die Leibeigenschaft aufgehoben wurde. Der Kaiser hatte sein ganzes Ansehen gebrauchen müssen, um gegen die widerstrebende Adelspartei seinen Willen durchzusetzen, immerhin hatte er Klauseln zugelassen, welche den Gutsherren den Übergang wesentlich erleichterten. Das Land, das die Bauern als Eigentum erhielten, war so mit Abgaben belastet, daß ihre Lage fast schwieriger wurde als zur Zeit ihrer Knechtschaft, und dies war der Grund, daß die revolutionären Führer nicht in den dankbaren Jubel einstimmten, der den Befreier begrüßte. Trotzdem erweckte natürlich dieser so langersehnte, so heftig bekämpfte Erlaß für den Herrscher, der sich mutig dafür eingesetzt hatte, Sympathie, wie sich das auch in Bakunins Schrift zeigte. So unbedingt er das System der Selbstherrschaft verdammte – er definierte sie als das unbestrittene Recht, Böses zu tun, und die Machtlosigkeit, etwas Gutes zu leisten –, war ihm die Anhänglichkeit des Volkes an den Zaren doch wohl bekannt, und jemand, der wie er das Volk als die Quelle einer organischen Entwicklung ansah, konnte nicht gleichzeitig Ideen bekämpfen, die so ausgesprochen im Volke lebten. Hatte ja auch Pugatschew es für nötig gehalten, sich für den Zaren Peter auszugeben, und in der Gegenwart traten die Revolutionäre wohl auch als Beauftragte des Zaren auf. Michel hatte über diese im Volke so fest wurzelnde Idee nachgedacht und war zu der Einsicht gekommen, daß es im Zaren die symbolische Vorstellung der Größe, der Einigkeit und des Ruhmes Rußlands verehrte. »Das Volk lebt in der Hoffnung, daß der Zar den Adel, die Obrigkeit und die Popen ausrotten werde, und dann werde für Rußland die Epoche der goldenen Freiheit anbrechen.« Es ist die dem Volke eingeborene Idee des Helden oder des höchsten Richters, der um der Harmonie des Ganzen willen die Schwachen stützt und die Übermütigen dämpft und die Frevler straft. Bakunin war Russe genug und volkstümlich genug, um diese Idee zu verstehen; die Frage war nur, ob ein moderner Petersburger Kaiser je zum Volkszaren im Sinne des alttestamentlichen Richters werden könne? In späterer Zeit hat Bakunin behauptet, er habe immer gewußt, daß die Dynastie Romanow nicht dazu imstande sei, und sie war es ja auch nicht; dazu gehört eine gesunde Kühnheit, die Glieder einer seit langem erblich regierenden Familie nicht mehr besitzen. Wie dem aber auch sei, er erwog die Möglichkeit zu einer Zeit, wo Alexander II. tatsächlich eine Reihe wichtiger Reformen durchführte, namentlich im Gerichtswesen und für die Selbstverwaltung. Trotz seines revolutionären Temperaments sah Michel ein, daß eine Revolution nicht das ist, was man sich zum Vergnügen anschafft. Blutige Revolutionen, sagte er, seien dank der menschlichen Dummheit zuweilen notwendig, aber immer ein Übel, ein ungeheures Übel und ein großes Unglück. Ließe sie sich in Rußland dadurch vermeiden, daß der Zar sie selbst in die Hand nähme, indem er das für notwendig Erkannte durch Reformen vollzöge, so wäre das am meisten zu begrüßen.

Für Pestel persönlich hatte Bakunin große Verehrung als für einen der ersten, der die Notwendigkeit einer Umwälzung ausgesprochen hatte und heldenmütig für seine Überzeugungen gestorben war; aber seine eigentliche Vorliebe machte sich fühlbar, als er auf Pugatschew zu sprechen kam. Gerade deswegen, weil Pugatschew ein Betrüger und nicht viel mehr als ein Räuber war, gefiel er Bakunin. Er wäre nicht wie die Graubündner gewesen, die sich beleidigt fühlten, weil Schiller ihr Land zum Aufenthalt für Räuber wählte.

Er liebte die Räuber als die unversöhnlichen Feinde des Staates und der ganzen vom Staat errichteten Ordnung. Natürlich meinte er nicht Einbrecher und Großstadtdiebe, sondern Banden, die frei in der Wildnis leben nach Art der Kosaken, bevor sie von der Regierung gefesselt werden. Ihre Wildheit und Grausamkeit faßte er auf als einen Gegenschlag gegen die schlimmere Grausamkeit des Staates, vor der sich Unzählige in die Freiheit unzugänglicher Gebirge und Steppen flüchteten. Er nennt das Räuberwesen eine der ehrenhaftesten Formen des russischen Volkslebens, einen verzweifelten Protest des Volkes gegen die niederträchtige Ordnung des Staates. »Das Räuberwesen ist einzig und allein ein Beweis von der Leidenschaft, der Lebensfähigkeit und der Kraft des Volkes. Das Aufhören des Räuberwesens in Rußland würde entweder den endgültigen Tod des Volkes oder aber seine völlige Befreiung bedeuten.« Dieses Urteil Bakunins entsprang demselben Gefühl, aus welchem heraus Goethe seinen Götz und Schiller seine Räuber schrieb, aus welchem heraus Schiller die Soldaten des Dreißigjährigen Krieges als die einzig freien Menschen pries inmitten einer Welt, wo es nur Herren und Knechte gebe; es ist die Abneigung gegen den Staat zugunsten der persönlichen Initiative.

Man hat Bakunin den Vater des Anarchismus genannt, und er selbst bezeichnet den Zustand, den er im Gegensatz zum Staate wünscht, als Anarchie. Dies Wort gibt zu Mißverständnis Anlaß; bedient sich doch Michel selbst mehrmals des Wortes in dem abschätzigen Sinne, den man ihm gewöhnlich beilegt, wenn er z. B. schreibt: Dies und das würde zur empörendsten Anarchie führen; dies und das würde ein widerwärtiger Zustand von Anarchie sein, womit er mehr noch Willkür als Unordnung meint. Man solle nicht meinen, hat er einmal geradezu gesagt, er wäre für absolute Anarchie in Volksbewegungen. Eine solche Anarchie würde nichts anderes sein als die vollständige Abwesenheit von Idee, Ziel und gemeinsamem Verhalten und müßte notwendigerweise auf gemeinsame Ohnmacht hinauslaufen. Alles Wirksame geschähe in einer gewissen Ordnung, die ihm innewohne und offenbare, was in ihm sei. Am besten kennzeichnet er, welches Ideal ihm als Anarchie vorschwebt, in dem gelegentlichen Satze: »Alle diese unsterblichen Schöpfungen des deutschen Genies sind hervorgebracht nicht aus der Einheit, sondern aus der deutschen Anarchie ... Die politische Einheit wird unfehlbar die lebendigen Quellen des schöpferischen Geistes in Deutschland töten und beginnt schon, es zu tun.« Übersetzt er gelegentlich An-archie mit Herrschaftslosigkeit, strebt er die Vernichtung des Staates an, so ist das doch nur etwas Negatives. Daneben definiert er die Anarchie gelegentlich als »freie Initiative freier Individuen in freien Gruppen« oder »allseitige Entwicklung aller auf Grund der frei organisierten Arbeit«; ferner: das Erwachen des spontanen Lebens aller lokalen Leidenschaften auf allen Punkten, und: die vollständige Offenbarung des entfesselten Volkslebens, aus welcher Freiheit, Gleichheit, Gerechtigkeit, eine neue Ordnung hervorgehen wird.

Karl Schurz erzählte eine hübsche kleine Geschichte aus der Zeit, wo er Kinkel befreite. Um die Tat auszuführen, bedurfte er der Hilfe von Gesinnungsgenossen, und unter anderen war er an einen Mecklenburger gewiesen, den er auch aufsuchte. Dieser teilte ihm zu seinem Erstaunen mit, daß er ein Vollblutreaktionär sei und von der Freiheit und Gleichheit gar nichts halte. Nach seiner Meinung würde die Menschheit am besten fahren, wenn sie recht bunt gegliedert sei mit Fürsten, Rittern, Kaufleuten, Handwerkszünften, Bauern, Geistlichen und Laien und verschiedenen Rechten und Pflichten. Doch sei er bereit, Schurz zu helfen, da es ein Skandal sei, einen Mann wie Kinkel ins Zuchthaus zu sperren. Er erwies sich auch als zuverlässig und hilfreich. Praktisch stellte er sich also auf die Seite derer, deren Motto Freiheit und Gleichheit war, vielleicht weil sie beide Gegner des modernen Staates waren, vielleicht in dem dunklen Gefühl, daß kein so großer Gegensatz zwischen ihnen bestand, wie es dem Worte nach schien.

Kein Mensch konnte mechanischer Gleichheit mehr feind sein als Bakunin. Einmal hat er sich ausführlich darüber ausgesprochen. »Die Mannigfaltigkeit der Menschen ist, wie mein geliebter Philosoph Ludwig Feuerbach gesagt hat, der Reichtum der Menschheit. Lieber Freund, lassen Sie es sich sagen, diese Harmonie ist nicht zu verwirklichen, und sie ist nicht einmal wünschbar. Diese Harmonie ist die Abwesenheit des Kampfes, die Abwesenheit des Lebens, es ist der Tod. Nehmen Sie die ganze Geschichte und überzeugen Sie sich, daß zu allen Zeiten und in allen Ländern, wo es Entwicklung und Überfluß an Leben, an Gedanken, an schöpferischer und freier Tat gegeben hat, es auch Streit, intellektuellen und sozialen Kampf, Kampf der politischen Parteien gegeben hat, und daß gerade inmitten dieser Kämpfe und dank ihrer die Völker die glücklichsten und mächtigsten im menschlichen Sinne des Wortes gewesen sind. Dieser Kampf hat nicht oder fast nicht in den großen asiatischen Monarchien existiert; aber es war dort auch eine vollständige Abwesenheit menschlicher Entwicklung. Sehen Sie auf der einen Seite die persische Monarchie mit ihren zahllosen disziplinierten Truppen und auf der anderen das freie Griechenland, nur lose verbündet, beständig durch die Kämpfe seiner Stämme, seiner Ideen, seiner Parteien erregt. Wer hat gesiegt? Griechenland. Welches war die fruchtbarste Epoche der römischen Geschichte? Diejenige des Kampfes zwischen den Plebejern und Patriziern. Und was hat die Größe und den Ruhm Italiens im Mittelalter gemacht? Sicherlich nicht das Papsttum noch das Kaisertum, sondern die freien Gemeinden und die inneren Kämpfe der Meinungen und Parteien. Napoleon dem Dritten ist es gelungen, die inneren Kämpfe in Frankreich einschlafen zu lassen, und gerade dadurch hat er es getötet. Möge das Schicksal Ihr schönes Vaterland vor einer Epoche bewahren, wo alle Geister beruhigt und einmütig wären; es würde die Epoche seines Todes sein.«

»Ich werde nie müde werden zu wiederholen: Die Einförmigkeit ist der Tod. Die Mannigfaltigkeit ist das Leben.«

Und wiederum: »Aber die Einförmigkeit ist nicht die Einheit, sie ist die Abstraktion davon, das caput mortuum, der Tod. Die Einheit ist nur wirklich und lebendig in der breitesten Mannigfaltigkeit.«

Es ist demnach klar, daß Bakunin, wenn er sich zu dem Grundsatz »Freiheit und Gleichheit« bekannte, an nichts weniger als an mechanische Gleichheit dachte. Ist aber die Ungleichheit der modernen Gesellschaft, wo sich die Bourgeoisie und das Proletariat fremder gegenüberstehen als zwei verschiedene Völker, dasselbe wie die bunte Mannigfaltigkeit? Ist sie etwas Erfreuliches, Notwendiges? Ohne eine gewisse Gleichheit gibt es überhaupt kein Volk. Die Kultur eines Volkes beruht auf der Gleichheit aller seiner Glieder, wenn auch nicht auf einer mechanischen. Es kann weder Religion noch große Taten, noch große Kunst und Dichtung geben, wenn sie nicht aus dem ganzen Volke hervorgeht und vom ganzen Volke verstanden wird. Die Gleichmacherei, welche mit Recht gefürchtet wird, ist eine Folge der Zentralisation, wozu eine ausgesprochene Tendenz von jeher in Frankreich bestand. Herzen schildert ebenso abschreckend wie komisch, wie die Franzosen zu Tausenden nach einer Schablone produziert werden; wie in allen französischen Städten zur gleichen Stunde aus denselben Büchern unterrichtet wird, dieselben Fragen gestellt und dieselben Antworten erwartet und gegeben werden.

Zur Zeit, als diese Tendenz in Frankreich sich durchsetzte, gab es weder Sozialismus noch Monarchie; allerdings aber nahmen die sozialistischen Theorien in Frankreich auch den Charakter despotischer Gleichmacherei an. Gerade das ist es, was Bakunin bekämpfte. Die deistische Zivilisation unterscheidet Regierer und Regierte und will die Herde der Regierten möglichst groß und möglichst gleichartig. Dieser Spaltung stellte Bakunin die Forderung der Gleichheit oder, wie er auch sagte, Ebenbürtigkeit gegenüber. Er sprach auch von der Gleichheit des Ausgangspunktes. Es ist dasselbe wie die altgermanische Freiheit, die jedem eigen war, der sie nicht durch ein Verbrechen verwirkt hatte, in der der Geringste und Ärmste dem Höchsten gleich war, und die jeden berechtigte, sowohl seinen König zu wählen wie zum König gewählt zu werden. Allerdings forderte Bakunin auch eine gewisse Vermögensgleichheit, wenn auch nicht eine mechanische. Er betonte deshalb gern, daß er nicht Kommunist sei, sondern Kollektivist; unter Kollektivismus ist eine Bildung von Gruppen zu verstehen, die Grund und Boden und Arbeitsmittel gemeinsam besitzen und alle ihre Angelegenheiten selbst verwalten. Was er wollte, war Gemeinsamkeit auf Grund gemeinsamer Interessen und gemeinsamen Besitzes und zugleich Wahrung persönlicher Freiheit und persönlicher Initiative. Der Vergleich mit dem Mittelalter wird immer am ehesten ein Bild davon geben, welche Art von Gesellschaft ihm vorschwebte. Auch Hegel hatte ja gesagt, daß die alten Zunftkreise und Gemeinheiten in reformierter Gestalt wiederhergestellt werden müßten.

Die untersten, einfachen Zellen des Volksorganismus sollten sich zu immer größeren Einheiten gliedern, deren letzte das Vereinigte Europa oder die Europäische Republik sein würde. Ähnlich ist es ja auch im Mittelalter gewesen, so zwar, daß die deutsche Nation eine Art von

Vorherrschaft hatte; aber das wäre ja auch nach Bakunin ein denkbarer Zustand, wenn er sich nur von unten nach oben wirkend, das heißt organisch herangebildet hätte, auf der Notwendigkeit der Tatsachen und auf Freiwilligkeit beruhend.

Was auf Freiwilligkeit beruht, kann nur bestehen durch Glauben an eine übermenschliche sittliche Macht, also durch Religion. Warum, so muß man sich fragen, sprach Michel nicht nur nicht von Religion und nicht vom Mittelalter, sondern griff beides mit den härtesten Worten an? Dies hatte einleuchtende Gründe. Es wurde Michel, als einer religiösen Natur, nicht leicht, öffentlich gegen Gott und den Glauben aufzutreten, er, der seine skeptischen Freunde so wirksam zum Christentum zu bekehren pflegte; dennoch tat er es nach seiner Rückkehr aus der Gefangenschaft ausdrücklich und bekannte sich zu Feuerbachs »religiösem Atheismus«. Was er bekämpfte, war der Deismus, der Gott, der als Portier für die zahlungsfähigen Gäste des Hotels zu sorgen hat, der als Uhrmacher die Uhr des Lebens aufzieht und möglichst gleichmäßig abschnurren läßt. Indem er sich über die Grundlagen des bourgeoisen Bewußtseins klarzuwerden suchte, fand er sie hauptsächlich in der deistischen Metaphysik, welche, wie er sagt, aus der protestantischen Idee Gottes als des absoluten Ich die Beziehungen aller menschlichen isolierten Ichs sowohl zu diesem absoluten Ich wie zu den anderen Menschen abgeleitet habe. Sie sei dabei nicht von der materiellen und sozialen Natur der Menschen, nicht von natürlichen Tatsachen ausgegangen, sondern von einer absoluten und fiktiven Idealität, welche die Verneinung der menschlichen Solidarität sei. Mit seinen Angriffen auf den Protestantismus zielte Bakunin nicht auf Luther, für den er eine lebhafte Sympathie und mit dem er sich verwandt fühlte, sondern auf die Entwicklung, die der Protestantismus genommen hatte. Tatsächlich wurde im ganzen westlichen Europa Gott nur im deistischen Sinne verstanden, nämlich als individueller Gott und erste Ursache einer Kausalkette, nicht als der dreieinige Gott der Bibel, der sich im unendlichen Ganzen, im erscheinenden Ganzen und in der Person offenbart. Um nicht auf das häßlichste mißverstanden zu werden, mußte man andere Ausdrücke als die üblichen wählen. Auf einem ganz neuen Wege, durch Beschäftigung mit den Naturwissenschaften, durch exaktes Denken, Anschauung und Gefühl kamen ahnungsvolle Geister zur Gottheit zurück und benannten sie diesem Wege entsprechend mit anspruchslosen, nüchternen Namen. In dem Buche eines Professors Stein aus dem Jahre 1843 lese ich folgendermaßen: »Das ganze äußere Leben der Menschen ruht auf zwei Angelpunkten, die man gleichsam die beiden absoluten Tatsachen des menschlichen Lebens nennen kann. Diese sind die Selbständigkeit des Einzelnen, die einzelne Persönlichkeit, und die selbständige Einheit dieser Einzelnen, die allgemeine Persönlichkeit. Beide greifen fortwährend ineinander, beide bedingen, durchdringen, bekämpfen, erheben und tragen sich gegenseitig; beide sind gleichartig und dennoch auf das wesentlichste voneinander verschieden; keine kann ohne die andere sein, und dennoch sind beide stets im Begriff, sich einander zu unterwerfen und ineinander aufzuheben.« Diese Urtatsachen des Lebens, die zu gleicher Zeit Urkräfte sind, haben die Völker stets gefühlt und Gott genannt, ihre persönliche Wurzel begreifend. Der Zusammenhang des Ganzen mit dem einzelnen spiegelt sich in der Idee von Gott Vater und Gott Sohn; nur freilich kann man jenes als leeren Begriff fassen, während dieser Ausdruck die Fülle der sittlichen Kraft, natürlichen Schönheit und Geistesgröße ahnen läßt, die die unendliche Masse der Erscheinungen zu einem vernünftigen und wundervollen, unerschöpflichen und unergründlichen Kosmos machen. Michel wurde es um so weniger leicht, auf die weihrauchschweren alten Namen zu verzichten und sich der Sprache der Wissenschaft zu bedienen, als er das unfruchtbare Wesen derselben durchschaute und bekämpfte. Er bekämpfte sie als diejenige Macht, die immer vom Leben abstrahiert und folglich im Grunde ohnmächtig ist. »Nur das Leben schafft Dinge und wirkliche Wesen. Die Wissenschaft schafft nichts, sie konstatiert, erkennt die Schöpfungen des Lebens.« Noch schärfer sagt er, sie bedeute ständige Opferung des Lebens auf dem Altar der Abstraktion. Er nennt die Wissenschaftler eine besondere Kaste, die viel Ähnlichkeit mit der Priesterkaste habe; sie hätten weder Sinn noch Herz für individuelle, lebende Wesen, er spricht von ihrer größenwahnsinnigen Anmaßung, die nicht kleiner sei als ihre Unfähigkeit, von ihrem abstrakten Gelehrtenhauch, unter dem alle Lebensquellen austrocknen würden. Wenn er an anderer Stelle sagt, daß die Wissenschaft an die Stelle der Religion treten müsse, so ist es nach dem Vorhergehenden klar, daß er etwas anderes dabei im Sinne hat als die von ihm bekämpfte Gegnerin des Lebens. Er meinte damit jedenfalls jenes Ausgehen von den Urtatsachen des Lebens, kurz gesagt vom Leben, welches er der Abstraktion, er nennt es auch Idealität, entgegenstellt.

Die Ausdrücke, die Bakunin gebraucht, dürfen uns also nicht darüber täuschen, daß er eine Religion, einen Glauben verkündet; wenn er an die Freiwilligkeit der Menschen appelliert, handelt es sich durchaus nicht darum, daß jeder tue, was ihm beliebe. Er nennt den Mittelpunkt seines Glaubens die menschliche Solidarität, wie die Bibel das Ganze als Gott Vater über den Sohn, die Einzelperson, stellend. Jeder einzelne wird in eine Gemeinschaft hineingeboren, die vor ihm war und die nach ihm sein wird; nicht der einzelne, sondern die Gemeinschaft ist das Ursprüngliche, wovon ausgegangen werden muß. Der Grundsatz der deistischen Zivilisation sei gewesen: Jeder für sich und Gott für alle; der Grundsatz einer künftigen Kultur solle sein: Jeder für alle und alle für einen. Die Nächstenliebe in der deistischen Zivilisation bedeutete im besten Falle eine Art Wohlfahrtspflege, während es Bakunin auf gemeinsames Leben auf Grund gemeinsamer Interessen und gemeinsamen Besitzes ankam. Diese erstrebte neue Lebensform ruht auf der weltumwälzenden Einsicht, daß der Mensch kein in sich vollendetes Einzelwesen ist, sondern erst in der Gemeinschaft mit anderen Menschen sich zum Ganzen vollenden kann.

Soll ich noch einmal zusammenfassen, was Michel wollte, so war es Dezentralisation zugunsten von selbständigen Gemeinschaften und verantwortliche Persönlichkeit innerhalb der Gemeinschaft im Gegensatz zu der in unverantwortliche Individuen zersplitterten Masse. Dieses Ziel konnte natürlich nicht erreicht werden, indem man darauf hinarbeitete, die Macht des Staates zu verstärken, was Marx und schließlich auch Lassalle taten; Bakunin wollte ja den neben der Gesellschaft bestehenden Staat abschaffen, und da nicht daran zu denken war, daß er sich freiwillig auflöste, mußte er suchen, ihn zu zerstören. Er hielt es nicht für wünschbar, daß die Zerstörung vom Staate selbst aus geschähe, indem man sich einen Anteil an der Macht des Staates erkämpfte; sondern sie sollte von außen her, durch Elemente unternommen werden, die schon ganz andere Lebensgewohnheiten und Lebenskräfte mitbrächten. Ein Pugatschew mit seinen bäuerlichen Räuberbanden, das war es, wessen man seiner Meinung nach bedurfte. Den Jammer über den Untergang unserer Zivilisation verstand er nicht; er ging an den Museen und Kasernen und Palästen unserer Großstädte vorüber wie ein blonder Germanenkönig der Völkerwanderung oder wie Luther an den Herrlichkeiten Roms: Das sittliche Ideal, das er im Herzen trug, überleuchtete den Glanz der Welt und auch die edelste Schönheit. Noch mehr als Luther lebte er wesentlich durchs Ohr und nicht durchs Auge; Luther hatte Sinn für die bildende Kunst, während sich kaum eine Äußerung Bakunins findet, aus der man schließen könnte, daß Malerei oder Plastik irgend etwas für ihn bedeuteten. Wäre es aber auch der Fall gewesen, so würde die Art des modernen Kunstbetriebes seine Freude an der Kunst erheblich gestört haben, und in jedem Falle wertete er die Menschen und ihr Leben höher.

Woher aber sollte ein Pugatschew uns im Westen kommen? Er war wie Herzen der Meinung, daß für Europa eine neue Völkerwanderung bevorstehe und daß, um die Rolle der Germanen zu spielen, nur zwei Faktoren in Betracht kämen: die Slawen, insbesondere die Russen, oder die einheimischen Barbaren, das Proletariat. Beide, als noch unverdorben von der Zivilisation, hielt er für fähig, die Träger einer neuen Kultur zu werden; aber ein Einbruch der Russen, meinte er, würde mehr verwüsten und vernichten als eine Revolution des Proletariats, und darum sei die letztere vorzuziehen. Bei diesem Urteil kam gewiß auch in Betracht, daß er wirken wollte und, da er im Westen lebte, eher auf das westliche Proletariat wirken konnte als auf die Russen, sodann daß die elende Lage der Arbeiter sowieso eine gründliche Änderung notwendig machte. Aus dem Proletariat also sollten die Truppen hervorgehen, die im ungeordneten Ansturm die Welt, die bestehende Gesellschaft stürzen würden. Es war klar, daß dabei viel zugrunde gehen würde; das war in Bakunins Augen ein unvermeidliches Unglück; übrigens war er nicht für das jakobinische Köpfen der Feinde, das er für eine veraltete, nicht zweckentsprechende Methode hielt. Große Stücke hielt er auf das instinktive Vorgehen der Bauern zur Zeit der Französischen Revolution, die Pergamente zu verbrennen, auf welchen ihre Knechtschaft verbrieft war; man müsse bei einem Aufstand zuerst die Stadthäuser erstürmen, fand er, und die sämtlichen Papiere verbrennen, auf denen das Dasein der bürgerlichen Gesellschaft registriert ist. Er fühlte den Widerwillen des Naturmenschen gegen die papierene Grundlage der modernen Existenz mit. Und wer atmete nicht auf bei der Vorstellung, daß die unendliche Reihe muffiger Schreibstuben sich auftäte und die unendliche Reihe von fadenscheinigen Schreibern ins Freie entließe, die vom Morgen bis zum Abend unter Gähnen und Zähneknirschen sich bemühen, festzustellen, daß man ist, wer man ist, und hat, was man hat! Ein junger Russe, der Bakunin in seiner letzten Lebenszeit besuchte und ihn schon sehr leidend und schwerfällig fand, erzählt, wie der müde Rebell bei der Besprechung eines Putsches in Spanien sich belebte, als er erklärte, die Aufständischen hätten den Fehler gemacht, nicht zuallererst die amtlichen Papiere zu verbrennen; seine Augen begannen zu funkeln, er verjüngte sich in der Vorstellung einer Revolution, die die Spreu eines unnatürlichen Lebens fortwirbelt.

Die Forderung, daß der Mensch den Teufel im Leibe haben müsse, war ein wesentlicher Punkt in Michels Weltanschauung. Menschen, die, wie Elisée Reclus oder Fürst Krapotkin, nur mit sanfter Überredung und Edelmut wirkten und wirken wollten, erkannte er wohl an, aber nur mit einem gewissen Vorbehalt und Achselzucken. Er liebte die Revolte, die er im Satan personifizierte. Im Grunde nannte er gerade diejenigen Satan, die die Bibel Göttersöhne oder Propheten nennt, eine Verwechslung, die sich leicht wieder aus der herrschenden Auffassung aller göttlichen Dinge erklärt. Er fühlte die göttliche Notwendigkeit der Zerstörung und die Notwendigkeit der Gegensätze und Widersprüche überhaupt im ganzen Menschen und im Leben. Es war ihm wohl, wenn die Erde wankte und auch der Himmel verhängt war, er verließ sich auf das Gefühl in seiner Brust. Nicht nur auf das seine, sondern ebensosehr auf das Gefühl des Volkes. Deshalb richtete er an die russische Jugend in der Schrift »Romanow, Pugatschew oder Pestel?«, von der ich ausging, die Aufforderung, die denkwürdig geworden ist, ins Volk zu gehen, nicht um es zu beherrschen oder zu belehren, sondern um ihm zu helfen und von ihm zu lernen, sein berechtigtes Mißtrauen zu überwinden und mit ihm zur Beförderung seines innersten Wollens einig zu werden. Darauf kam es ihm ja gerade an, daß nicht die Willkür eines einzelnen, sondern der Wille der Gesamtheit verwirklicht werde. Allerdings gab es da Schwierigkeiten und Probleme. Er wußte, wie das Volk, das in die tatsächliche Lage wenig eingeweiht war, an der Idee des Zaren hing; es mußte also doch über manche Dinge belehrt werden. Er wußte auch, daß ohne Führer eine Vielheit von Menschen nicht handeln kann; es mußte also Führer, mit einer gewissen Machtvollkommenheit ausgerüstet, geben. Das war ihm klar; ihre Macht sollte nur nicht offiziell sein, sie sollten Vertrauensmänner, Vertreter des Gesamtwillens sein, die sich zum offiziellen Oberen etwa wie der Prophet zum Priester verhalten. Eine unsichtbare Kirche, einen nichtamtlichen Einfluß überlegener Geister hat es immer gegeben; bei Bakunin bekam sie mehr und mehr den Charakter einer geheimen Gesellschaft, denn es handelte sich nicht nur um Verbreitung von Ideen, sondern um Taten. Innerhalb der geheimen Gesellschaft sollte es Führerschaft und strengste Disziplin geben, die er doch im allgemeinen bekämpfte; allerdings unterstanden ihr nur solche, die sie durch ein freiwilliges Gelübde, um eines Ideals willen, auf sich genommen hatten.

Die Aufforderung, ins Volk zu gehen, fand Anklang in der russischen Jugend, der neuen Generation, die, des Redens müde, endlich handeln wollte. Sie sagten Herzen ab und folgten Bakunin, eine begeisterte Schar, die sich dem dionysischen Propheten als Opfer anbot.

13
Bakunin in Italien

Das große Ereignis der Befreiung Italiens und ihre Führer, die er teils persönlich, teils aus Schilderungen Herzens kannte, lockten Bakunin nach Italien: Er ließ sich mit seiner Frau, die ihm inzwischen nachgereist war, in Florenz nieder. Hier lebte er in angenehmer Form wie irgendein fremder Reisender, im Grunde aber unablässig mit der Beförderung seiner Ziele beschäftigt. Ich bezweifle, ob er jemals die Kunstgenüsse aufgesucht hat, um derentwillen Florenz hauptsächlich besucht wird; dagegen knüpfte er soviel wie möglich persönliche Beziehungen an, obwohl er des Italienischen noch nicht mächtig war, das er auch nie so beherrschen lernte wie das Französische. Er wurde überall gut aufgenommen; ein Russe, mit dem er damals verkehrte, schildert den Eindruck, den er machte: Obgleich er nie von den Leiden sprach, die er durchgemacht hatte, erschien er als der Dulder und der Kämpfer, der sich nie ergibt. Man hätte ihn am ersten mit Ziska oder Mazeppa vergleichen mögen; aber trotz der Atmosphäre elementarer Wildheit, die ihn umgab, verleugnete sich nie die Überlegenheit des hochgebildeten Mannes; seine Stirn strahlte von Intelligenz und Persönlichkeit. Die Tiefe und Weite der Gedanken und der Bildung unterschied ihn wesentlich von Garibaldi, mit dem er übrigens manche Ähnlichkeit hatte. Er suchte ihn in Caprera auf und rühmte ihn als einen wackeren Mann, dessen anspruchslose Ritterlichkeit ihm viel mehr zusagte als Mazzinis bewußtes und etwas feierliches Wesen. Intimeren Verkehr unterhielt er mit dem Volksführer und Bäcker Dolfi, der bei der florentinischen Revolution eine Rolle gespielt und sich dann wieder ins Privatleben und seinen Bäckerladen zurückgezogen hatte. Er war in Bakunins Alter, ein schöner, kräftiger, imposanter Mann, der kein Hehl daraus machte, daß er erst mit dreißig Jahren hatte lesen und schreiben lernen, aber was ihm an Bildung abging, durch die dem Italiener eigene Urbanität und schnelle Urteilskraft ersetzte. Er bezeugte seine Liebe für alles Republikanische und Demokratische nicht nur dadurch, daß er seinen Sohn Guglielmo Tell nannte, sondern durch Unterstützung mit Geldmitteln, die er auch dem stets in Geldnöten befindlichen Bakunin zugute kommen ließ. Trotz der allgemeinen Hochachtung, die er dem Russen zollte als einem, der für die Freiheit gekämpft und gelitten hatte, fehlte ihm jedes Verständnis für das, was Bakunin eigentlich wollte. Überhaupt wurde es diesem bald klar, daß die große italienische Bewegung, die sich in ihren Taten und Führern so abenteuerlich, so naturgewaltig darstellte, in ihrem Wesen das Emporkommen der Bourgeoisie bedeutete und Italien einen Schritt weiter in allem dem führte, was Bakunin am meisten zuwider war: in der Zentralisierung, der Industrialisierung, dem Trachten nach Macht und Geld. Machten sich diese Folgen auch noch nicht erheblich geltend, so spürte Bakunin den kommenden Geist doch schon in den maßgebenden Menschen. Sie enttäuschten ihn alle, wie gut es sich auch mit ihnen leben ließ; von Agostino Bertani sagte er: er sei alles, was der Augenblick gerade erfordere, aber unveränderlich als Bourgeois; von Saffi: er sei ein verfehlter Gelehrter, der Melanchthon einer totgeborenen Religion; von Petroni: er sei ein dummer Jesuit. Durch Dolfi wurde er in die Gesellschaft der Freimaurer eingeführt, wo die freisinnigsten Elemente Italiens vereinigt waren; allein seine Bemühungen, sie in seinem Sinne umzugestalten, scheiterten vollständig. Hier wurden noch die alten Popanze, wie Papsttum und Jesuitismus, mit viel Pathos und großen Gebärden bekämpft, die bestehende Gesellschaftsordnung dagegen unbedingt anerkannt und die technischen und wissenschaftlichen Leistungen der Neuzeit als dankenswerte Errungenschaften begrüßt. Dies neue Italien wollte nun vor allen Dingen die Früchte seiner außerordentlichen Anstrengungen einheimsen und genießen, sich nicht schon wieder in neue, unabsehbare Wagnisse werfen. Das städtische und ländliche Proletariat hatte an der fast jahrhundertlangen Bewegung keinen Anteil gehabt; gerade deswegen war es so schwer gewesen, Erfolge zu erringen, weil das Volk sich gleichgültig dagegen verhielt, ob Österreich oder Italien regierte. Dazu kam die eigentümliche Art der italienischen Bildung, welche, in ausgetretenen Geleisen sich bewegend und ewig das gleiche wiederholend, den Geist verengt. »Wirklich«, schrieb Bakunin, »ich kenne kein anderes Land, wo die bourgeoise Jugend in den aktuellen Fragen so unwissend ist, so gleichgültig gegen die Bewegung des modernen

Geistes. Ich wette, daß man an den meisten italienischen Universitäten noch immer Dante und die Geheimnisse der römischen Jurisprudenz erklärt; höchstens fügt man als notwendige Ergänzung noch Kommentare zum politischen System Machiavellis hinzu.« Vielleicht war hier wie bei den Polen die Fremdherrschaft Ursache zu dem einseitigen und eigensinnigen Zurückblicken in die Vergangenheit. Die Einbildung, allen anderen Völkern überlegen zu sein, verhinderte die Italiener, sich den Gedankenbesitz anderer anzueignen, wodurch gerade die Russen wie die Deutschen so reich und elastisch sind. Die Beschränkung auf sich selbst drückt ihrer geistigen Bildung den Stempel der Dürftigkeit und Trockenheit auf.

Florenz besonders hatte noch den Charakter des patriarchalisch regierten, satten und zufriedenen kleinen Musterstaates, der es unter der habsburgischen Herrschaft gewesen war. Im Sommer 1864 lernte Bakunin den jungen Angelo de Gubernatis kennen, dem der fremdartige, geistvolle Mann einen überwältigenden Eindruck machte. Er gab sich ihm ganz hin, ließ sich von ihm in seine Ideen und Pläne einweihen und wurde sein Jünger. Nach einigen schlaflosen Nächten aber entsetzte er sich vor der Gefahr, in die er sich begeben hatte, und zog sich zurück von der großen Schlange, wie er Bakunin nun nannte, die ihn mit ihren fatalen Ringen umschlungen hatte. Damals war auch ein verheirateter Bruder Bakunins in Florenz mit seiner Frau und einer jungen Cousine, die Gubernatis heiratete. Der einzige Fang, den der Seelenjäger gemacht hatte, entwischte ihm wieder.

Eine weit regere und kühnere Intelligenz fand Michel in Neapel, wohin er sich im Jahre 1866 wandte. Überhaupt setzte er trotz vieler Enttäuschungen große Hoffnung auf Italien. Es gab hier noch eine Überlieferung von geheimen Verbindungen nach Art der Karbonari, in denen die Mitglieder sich blind als opferwilliges Werkzeug von den Führern benützen lassen. Das war ganz nach Bakunins Sinn, der der Meinung war, da es sich um den Umsturz der bestehenden Gesellschaft handelte, ohne geheime Verbindungen nicht auskommen zu können. Wie lieb mußte ihm überhaupt ein Land sein, wo es Räuber gab, wo die öffentliche Sicherheit so viel zu wünschen übriglieof, wo die politische Leidenschaft nicht selten zu Morden und Duellen führte, wo einzelne und Parteien ihre Angelegenheiten selbst blutig oder unblutig erledigten, als ob es keine Regierung gäbe. Der Umstand ferner, daß das ländliche und städtische Proletariat der Befreiung und Einigung Italiens im ganzen ferngestanden hatte, ließ hoffen, daß es bereit sein würde, sich gegen die neugegründete Herrschaft der Bourgeoisie zu wenden. In Neapel lernte er nach und nach junge Leute kennen, die seine Ideen verständnisvoll aufnahmen und Mittelglieder zwischen ihm und dem Proletariat werden konnten. Diese jungen Leute hatten studiert, waren aber arm oder sonst aus irgendeinem Grunde mit der Schicht, der sie durch die Geburt angehörten, zerfallen und fürchteten nicht, ihre Laufbahn zu verderben, wenn sie ihre Zeit der Vorbereitung einer großen Revolution weihten. Mit ihrer Hilfe gelang es ihm wirklich, einen geheimen Bund mit anarchistischen Zielen zu gründen. Eigentümlich mußte es ihn berühren, daß er in Neapel einen Vorläufer gehabt hatte: jenen Pisacane, der mit wenigen Anhängern im Jahre 1857 von Genua aus nach Neapel gefahren war, um die verhaßte bourbonische Regierung mit Hilfe der einheimischen Bevölkerung zu stürzen. Die Bevölkerung rührte sich nicht, und er fiel mit seinen Scharen teils auf dem Schlachtfelde, teils unter den Kugeln des Kriegsgerichtes. Drei Jahre später stand Garibaldi das Glück bei. Pisacane hatte einige Schriften hinterlassen, in denen er Gedanken ausführte, die denen Bakunins verwandt waren. Sie waren unbekannt und wirkungslos geblieben, weil ihnen gerade durch die Rückständigkeit Italiens in der spezifisch industriell-kapitalistischen Zivilisation der Untergrund fehlte, von dem sie sich abgehoben hätten. »Zu meinem Glück«, schrieb Bakunin an Herzen, »versteht die hiesige Regierung noch nicht die soziale Bewegung, und daher fürchtet sie dieselbe nicht und beweist dadurch ihre nicht unbeträchtliche Dummheit, da nach dem vollständigen Schiffbruch aller anderen Parteien, Ideen und Motive in Italien nur eine lebendige, allein mögliche Kraft übriggeblieben ist: die soziale Revolution.«

Er hätte also unbehelligt, unter aufmerksamen Schülern wirkend, in Neapel, in Ischia, wo er sich sehr wohl fühlte, leben können. Aber es war ihm nicht gegeben, irgendwo zu ruhen; gerade die ruheselige Stimmung, in die man in Italien so leicht versinkt, war ihm auf die Dauer unleidlich. Es drängte ihn immer dahin, wo die Gärung der Weltbegebenheiten sich prickelnd und brausend verriet. Das war in den vierziger Jahren Deutschland gewesen; und war es vielleicht immer noch Deutschland? Dort entwickelten sich die Mächte des modernen Lebens: Technik, Industrie, Kapitalismus, Wissenschaft, Geschäftsgeist, rasch zu erstaunlicher Blüte und bereiteten eine materielle Macht vor, die das bestehende europäische Gleichgewicht zur Entrüstung der alten Großmächte stören sollte; gerade von dort aus erhob sich aber auch energisch diejenige Bewegung, welche sich berufen fühlte, die alte Welt zu stürzen.

14

Bakunin und Marx

Zuweilen könnte man denken, die göttlichen Gedanken gingen wie ein Sturm hoch über dem Lande hin, kaum die höchsten Wipfel der Bäume biegend, während tiefer unten der Wanderer nur sein Brausen hörte. Luther wollte die Lehre des Evangeliums wiederherstellen, und es entstanden unter seinem Namen die protestantischen Sonderkirchen mit ihrer deistischen Theologie; die Französische Revolution predigte Freiheit und Gleichheit, aber weder Freiheit noch Gleichheit erlebte man, sondern mehr Zentralisation, mehr Unterschiede, mehr Armut, mehr Haß und Neid. Jeder Widerspruch gegen eine einmal eingeschlagene Richtung dient scheinbar nur dazu, sie bewußter in ihrem Charakter zu machen und entschlossener vorwärtszutreiben. So sehr blendet der Zeitgeist selbst seine Gegner, daß sie, ohne es zu wollen und zu ahnen, ihm dienen, nicht dadurch, daß sie durch ihren Angriff einen Rückschlag hervorrufen, sondern dadurch, daß sie ihn in sich aufgenommen haben und ihn unvermerkt in ihre Kampfmittel einschlüpfen lassen. Der Sozialismus endete damit, daß er die Welt, die er haßte und stürzen wollte, in ihrem eigensten Wesen stärkte.

Von den Flüchtlingen, die nach der Niederlage der Revolution ins Ausland entkommen waren, setzte einer mit unbesiegbarer Entschlossenheit den Kampf fort: Karl Marx und mit ihm sein Freund und Anhänger Friedrich Engels. Ihn hielt das Bewußtsein, zu einer Aufgabe berufen zu sein, in der schwierigsten Lage aufrecht. Während er in London Feldzugspläne für die Zukunft ausbrütete, entfaltete ein verwegener junger Mann, Lassalle, das Banner des Sozialismus in Deutschland offen. Ritterlich und schwungvoll, wie er war, hätte sich Bakunin wohl mit ihm verstehen können; Marx war er ein Dorn im Auge, obwohl Lassalle ihn willig als Meister anerkannte. Seinen neuen Gedanken zwar, an Stelle der Selbsthilfe die Hilfe des Staates für die Arbeiter in Anspruch zu nehmen, hätte Bakunin nicht billigen können; aber er hatte Sympathie für Menschen, die handelten, die furchtlos waren und aufrichtig für das Wohl der Arbeiter eintraten. Schon im Jahre 1864, als Bakunin sich gerade in Italien einzuleben begann, starb Lassalle, als ein Opfer seiner leichtsinnigen, sinnlichen Genußsucht und Genußfähigkeit fallend. Bald nachher wurde in London die internationale Arbeiterassoziation gegründet. Lassalle hatte den ersten Schritt getan, die deutschen Arbeiter zu einer kampffähigen Armee zu organisieren; Marx verband sie mit denen aller anderen von London aus zu einer europäischen. Damit war zum ersten Male nach dem Untergang der mittelalterlichen Welt eine europäische Einheit geschaffen, die der europäischen Einheit der Dynastien und der der Bourgeoisie als dritte Macht entgegentrat, was die Monarchie und die liberale Bourgeoisie bewog, sich endgültig miteinander zu versöhnen. Die Wichtigkeit der Internationale und der hervorragende Anteil, den Marx an ihr hatte, mußten Bakunin eine Erneuerung seiner Beziehung zu Marx wünschbar erscheinen lassen; es war aber eine häßliche Angelegenheit zwischen sie getreten, die Bakunin zurückhaltend machte.

Gleich im Anfange seines Aufenthalts in Deutschland hatte sich die Verleumdung an Bakunin geheftet, als sei er ein Spion der russischen Regierung. Sie war ausgegangen von der russischen Gesandtschaft, mit der Absicht, sein Ansehen zu untergraben. Gelang das auch nicht vollständig, so war doch so viel erreicht, daß der Verdacht ihm beständig nachschlich, lange von ihm selbst unbemerkt, um dann unversehens wie ein wucherndes Schlingkraut seine Schritte zu hemmen. Gerade unter den deutschen Liberalen, die Rußland als die Stütze der Reaktion verabscheuten, war es leicht, Mißtrauen gegen Russen zu erregen. Spione, die sich als Gesinnungsgenossen in die Kreise der Revolutionäre eindrängten, gab es ja genug; man mußte Bakunin schon gut kennen oder sich unbedingt auf sein eigenes Gefühl verlassen, um die aus ungewisser Quelle auftauchenden Verdächtigungen ohne weiteres abzulehnen. Die adlige Herkunft Bakunins, seine auffallende Persönlichkeit, sein sorgloses Auftreten bei der Unsicherheit und Dunkelheit seiner finanziellen Lage konnten ihnen Nahrung geben. Merkwürdigerweise wurde die Beschuldigung im Jahre 1853 wieder laut, als Bakunin in russischer Gefangenschaft war, und diese Tatsache allein hätte ihn schützen sollen, und zwar in einer Zeitung, die unter dem Einflusse von Marx stand und die Annahme erlaubte, sie gehe geradezu von Marx aus. Herzen machte jedenfalls Marx dafür verantwortlich und vermied jeden Verkehr mit ihm. Kaum war Bakunin frei und in Europa, wiederholte sich die Verleumdung, diesmal die französische Schriftstellerin George Sand als Quelle angebend. Von Herzen darauf aufmerksam gemacht, erwiderte Bakunin in temperamentvoller Weise und veröffentlichte eine Ehrenerklärung der George Sand, die er vor Jahren in Paris persönlich hatte kennengelernt. Unter Herzens Einfluß davon ausgehend, daß Marx der eigentliche Urheber der gehässigen Angriffe sei, suchte Bakunin diesen, wie sich von selbst versteht, nicht auf, und diese Zurückhaltung fiel ihm vermutlich nicht schwer, da er ihn wohl anerkannt, ja bewundert, aber durchaus nicht liebgewonnen hatte. Im Sommer 1864 indessen, als Bakunin von Florenz aus noch einmal nach Stockholm reiste und auf dem Rückweg London berührte, ließ er sich einen Anzug bei einem Schneider machen, der zugleich Anhänger und Freund von Marx war und eine Zusammenkunft vermittelte. Marx suchte Bakunin auf, versicherte ihm, daß er keinen Teil an den Verleumdungen gehabt habe, und das Zusammensein gestaltete sich sehr befriedigend. Gegenstand des Gespräches war natürlich die kurz vorher gegründete Internationale, über die sich Bakunin begeistert aussprach und in die er sich als Mitglied aufnehmen ließ. Marx bekam den besten Eindruck von Bakunin, der seinerseits, obwohl er sich im allgemeinen mit Bewußtsein auf sein Gefühl verließ, in diesem besonderen Falle die Anerkennung, die er dem hervorragenden Manne zollte, sein Gefühl überstimmen ließ. Dennoch hatte das Gefühl ebenso recht wie die Anerkennung; denn obwohl sie sich in einem Punkte trafen, gingen sie im wesentlichen vollständig auseinander, und sicherlich machte sich das in der unfaßbaren, unwägbaren Atmosphäre bemerkbar, die jeden umgibt und anziehend oder abstoßend wirkt. »Wir brauchen etwas anderes: Sturm und Leben und eine neue, gesetzlose und darum freie Welt!« hatte Bakunin im Jahre 1848 an Georg Herwegh geschrieben, und er hatte seine Ideale nicht gewechselt. Marx sah und suchte das Gesetz und war das Gesetz, er sah es nicht nur in der Vergangenheit, sondern auch in der Zukunft, die er gesetzmäßig vorherbestimmen zu können glaubte. Bakunin wollte gerade das Gegenteil: Raum schaffen für die zahllosen lebendigen Kräfte, die aus ihrer eigenen Tiefe heraus wirken sollten, damit aus ihrem Wettkampfe heraus das neue, stets wechselnde Leben entstehe. Er wollte in Fluß bringen und im Flusse erhalten, Marx dagegen noch mehr befestigen. Daß Bakunin für die Arbeiter eintrat, geschah, abgesehen von dem Mitgefühl, das ihre elende Lage ihm einflößte, aus dem Glauben, daß sie eine noch unbewußte Schicht wären, aus welcher heraus sich etwas Organisches entwickeln könnte, und es erregte deshalb schon im Jahre 1844 sein Mißfallen, daß Marx aus den Arbeitern bewußte, wissenschaftlich denkende Menschen machte. Bakunin hätte vielmehr das religiöse Gefühl in ihnen zu beleben gesucht, wenn er nicht aus den oben erörterten Gründen die religiöse Terminologie abgelehnt hätte. Bakunin haßte den Staat, den »alles bedrückenden, alles verschlingenden, alles demoralisierenden«, Marx wollte den Staat noch verstaatlichen. »Ihr glaubt«, schrieb er gelegentlich an Alexander Herzen, »man könne Alexander [den Zaren] bessern, ich hingegen bin der Meinung: sollte man uns auf seinen Platz setzen und ein Jahr oder zwei da festhalten, würden wir ebenso werden wie er.« Damit erklärte er, was er für den Grundfehler unserer Zeit hielt: daß das System stärker ist als der Mensch. Das Organische wächst nur aus dem freien, verantwortlichen Menschen herauf, das durch das System des modernen Staates unterdrückt ist. Zwischen System und Mensch stellte Marx sich auf Seiten des Systems, Bakunin auf die Seite des Menschen. Bakunins Vorliebe für das Räuberwesen, für die Deklassierten, für Putsche war in Marx' Augen unbegreiflich, eine lächerliche Kinderromantik, ernster Männer unwürdig. Er und sein Freund Engels, beide aus der rheinischen Industriegegend stammend, waren die geborenen Vertreter der Industrie; wenn sie auch die Arbeiter an die Stelle der Unternehmer setzen wollten, so war doch die Industrie die Grundlage, von der sie ausgingen und auf der sie weiterbauten. Bakunin dagegen, heimisch in einem Lande, wo die Industrie noch in den Anfängen war, stellte alles auf die Bauern ab und fühlte mit den Bauern, wenn er im Westen auch dazu kam, sich mit den Arbeitern und ihrem Leben zu befassen. Im Westen waren Bauern und Arbeiter einander feindlich entgegengesetzt, und Marx hatte dementsprechend wenig Sympathie für die meist reaktionären Bauern.

Der industrielle, nationale, mächtige Großstaat, gerade das, was Bakunin verabscheute, war für Marx und Engels das Ideal. Marx und Engels mochten die Schweiz nicht leiden, in bezug auf Norwegen sprachen sie von der »brutalen, schmutzigen, seeräuberischen, altnordischen Nation«, die Magyaren nannten sie ein obskures, halbbarbarisches Volk; eben das, was Bakunin liebte, erregte ihre Verachtung. Als Lassalle sein Drama »Franz von Sickingen« an Marx schickte, entspann sich darüber eine lange Auseinandersetzung, in der Marx dartat, daß die Ritter und Bauern, die Lassalle verherrlichte und die er zu Trägern seines Freiheitsideals machte, eigentlich Räuber und dumme Reaktionäre gewesen wären. Sie waren es gewiß vom Standpunkte des modernen Industriestaates aus; aber gefühlsmäßig sympathisierte Lassalle mit ihnen, und vollends Bakunin hätte sie als den Ausdruck freier Initiative freier, in Gruppen lebender Menschen mit größtem Wohlwollen betrachten müssen. Wen nun aber Bakunin durchaus nicht leiden mochte, das waren die Juden, und Marx war ein Jude.

Die Geldwirtschaft ist mit dem modernen Industriestaat unzertrennlich verbunden und ebenso unzertrennlich von jeher mit dem Judentum; die Juden eigneten sich für das Geldwesen wie jedes dekadente Volk, das, weil es nicht mehr aus eigener Kraft wächst und gedeiht, das Bedürfnis fühlt, sich künstlicher Stützen zu bedienen. Wie die Wissenschaft ist auch das Geldwesen eine Abstraktion von der Natur und der lebendigen Persönlichkeit. Je mehr der Gegensatz zu Marx sich zuspitzte, desto mehr wurde sich Bakunin seiner Abneigung gegen die Juden und ihrer Bedeutung bewußt. Er schildert sie als unruhig, nervös, neugierig, indiskret, geschwätzig, intrigant, ausbeutend, Agenten des Handels, der Belletristik, der Politik und Journalistik, Literatur- und Finanzkommis.

»Nun gut«, so sagt er, »diese ganze jüdische Welt, die eine einzige ausbeuterische Sekte bildet, eine Art Blutsaugervolk, einen zehrenden Kollektivparasiten, der in sich organisch ist, nicht nur über die Grenzen der Staaten, sondern sogar über alle Unterschiede der politischen Meinungen hinweg, diese Welt ist jetzt, wenigstens zum größten Teil, zur Verfügung von Marx auf der einen, der Rothschild auf der anderen Seite. Ich weiß, daß die Rothschild, so reaktionär sie auch sind und sein müssen, das Verdienst des Kommunisten Marx hochschätzen, und daß seinerseits der Kommunist Marx sich durch instinktive Anziehungskraft und achtungsvolle Bewunderung unwiderstehlich zu dem Finanzgenie Rothschilds hingezogen fühlt.«

Der auffallenden Sympathie zweier scheinbar sich ausschließender Gegensätze nachgehend, kommt er zu folgendem Schluß: »Das erscheint sonderbar. Was kann es Gemeinsames geben zwischen dem Sozialismus und der hohen Bank? Die Sache ist die, daß der autoritative Sozialismus, der Marxsche Kommunismus die starke Zentralisation des Staates verlangt, und wo Zentralisation des Staates ist, muß es notwendigerweise eine zentrale Staatsbank geben, und wo eine solche Bank existiert, wird die parasitische jüdische Nation, auf die Arbeit des Volkes spekulierend, immer Mittel, sich zu erhalten, finden.«

Schon im Jahre 1849 hatte Herzen die neue, im Westen, namentlich in Frankreich herrschende Staatsform Bankokratie genannt. In den Straßen jeder modernen Großstadt kann man sehen, wie die Bankpaläste allmählich an die Stelle der Fürstenpaläste treten. Die Fürsten, welche sagten: der Staat bin ich, stützten sich auf die großen Geldlieferanten, die schließlich die purpurne Draperie zur Seite warfen und sich geradezu als Inhaber der Macht zeigen konnten; diese Geldlieferanten waren aber zum großen Teil Juden. In der Entschiedenheit, mit welcher Bakunin es mit den Bauern und gegen die Geldwirtschaft hielt, erinnert er durchaus an Luther.

Bakunin, der die Fülle vielfältiger und widerspruchsvoller Erscheinungen liebte, hatte naturgemäß mehr Sinn für Marx als umgekehrt. Obwohl er die Juden im allgemeinen nicht mochte, hätte er doch nie die Bedeutung oder Leistungen eines Juden grundsätzlich unterschätzt. Im Bewußtsein, kein herzliches Gefühl für Marx zu haben, betonte er bei jeder Gelegenheit, wie lebhaft er seine Verdienste schätze, und er zögerte nicht, es durch Eintritt in die von Marx geleitete Internationale zu bekunden. Marx' Hauptwerk »Das Kapital« machte einen so gewaltigen Eindruck auf ihn, daß er sich sofort daranbegab, es ins Russische zu übersetzen. Er nannte sich brieflich Marx selbst gegenüber seinen Schüler mit Bezug darauf, daß Marx sich eher als er ganz von der Bourgeoisie losgesagt hatte und auf die Seite der Arbeiter getreten war. Herzen, der in Marx den Urheber der über Bakunin verbreiteten Verleumdungen sah, erklärte er die jenem unbegreifliche Tatsache, daß er Marx öffentlich rühmte, mit den außerordentlichen Verdiensten, die Marx um die Sache des Volkes habe. Marx habe seit fünfundzwanzig Jahren dem Sozialismus klug, energisch und treu gedient und sei darin ihnen allen voraus. Er, Bakunin, würde es sich nie verzeihen, wenn er den wohltätigen Einfluß von Marx aus persönlichem Rachegefühl vernichtete oder verringerte. Doch könne es dazu kommen, daß er sich in einen Kampf mit Marx einließe, nicht wegen der persönlichen Beleidigungen, sondern wegen des Staatssozialismus, den Marx verfechte.

Aus seinem Eintritt in die Internationale folgerte andrerseits Bakunin nicht, daß er deswegen seine bisherigen geheimen Verbindungen auflösen müsse, da ja in ihm selbst das Verschiedene sich nebeneinander vertrug; Marx aber mußte darüber ganz anders denken. Marx legte den Maßstab seiner individuellen Logik an alles; Bakunin schätzte die individuelle Logik gering ein, sehr hoch hingegen die Logik der Tatsachen. Ihm verschlug es daher nichts, allerlei Tatsachen nebeneinander sich herausbilden zu sehen, mochten sie dann auseinanderplatzen, irgendein Ergebnis erzeugen. Marx von seinem Standpunkt aus, der ein genau bestimmtes Ziel und einen bestimmten Weg sich gesetzt hatte, sah es für Verrat an, daß ein Mitglied der Internationale außerhalb derselben noch eine geheime Wirksamkeit hatte; denn wenn sie mit der seinigen übereinstimmte, weshalb betrieb er sie dann nicht öffentlich innerhalb der Internationale? Bakunin, der die Menschen als Kinder der Erde betrachtete, die auf jedem Punkte, von Sonne, Licht und Säften des Bodens anders genährt, andere Bedürfnisse haben, sah es als Anmaßung an, daß Marx die Arbeiter aller Länder von einem einzigen Punkt aus beherrschen wollte; er selbst regte nach allen Seiten hin an, wünschte aber, daß man in jedem Lande verführe, wie es dort angemessen sei, nur eine große Grundidee, die der Solidarität, festsetzend.

Marx, der viel methodischer war als Bakunin, hatte sich kaum von der grundsätzlichen Verschiedenheit ihrer Richtung überzeugt, als er Bakunin aus der Internationale hinauszudrängen suchte. Er hielt Bakunin nicht für nützlich, wie Bakunin ihn, sondern schlechtweg für schädlich. Bakunin wollte die Abschaffung des Erbschaftsrechtes in das Programm der Internationale aufgenommen wissen und trat, ganz gegen den Willen von Marx, öffentlich damit hervor.

Jede Vererbung eines Rechtes oder eines Besitzes ist das Bestreben, etwas dem einzelnen Übertragenes dem Ganzen dauernd zu entziehen. Nach der Theorie Bakunins werde jeder Mensch von Anfang an in irgendeine menschliche Gesellschaft hineingeboren, innerhalb welcher er sich jedes Recht und jeden Besitz erst zu erwerben habe. So ging man auch im Mittelalter von der Idee aus, daß aller Grund und Boden und alle Rechte dem Ganzen zukommen, als dessen Symbol und Vertreter später die Kaiser gewählt wurden. Von ihnen war aller Besitz und alles Recht nur zu Lehen und fiel unter gewissen Bedingungen wieder heim. Indessen der zunehmende Individualismus, die Sucht des einzelnen, sich über das Ganze zu setzen, bekämpfte diese Anschauung beständig, schob sich wie ein Keil in die mittelalterliche Gesellschaft und sprengte sie schließlich auseinander. Erst mit der Entstehung der Geldwirtschaft wurde der Sieg der Vereinzelung vollständig. Überall trat das Prinzip der Erblichkeit an die Stelle der Wählbarkeit oder der Übertragung zu Lehen. Seitdem bemüht sich die Menschheit vergeblich, einen Ausweg aus unhaltbaren Zuständen und schreiender Ungerechtigkeit zu finden. Wieviel man auch dem Staat gäbe und abträte als Zoll des einzelnen an das Ganze, das Staatsganze steht neben den einzelnen, die einzeln bleiben, wie sehr auch der Staat anschwillt. Das Streben nach Erblichkeit siegte bei den habsburgischen Kaisern und bei den Fürsten; eine Ansicht über fürstliche Gewalt kam auf, die der mittelalterliche Mensch nicht verstanden haben, die er als türkisch oder heidnisch bezeichnet haben würde. Die mittelalterlichen Kaiser und Herren standen in rechtlichen Beziehungen zu allen anderen Gruppen, sie blieben nie und nirgends ohne Gegenwirkung. Auf einmal glaubten Höhergestellte sich Menschen gegenüber zu befinden, denen sie nach Belieben befehlen könnten. Aus freien Menschen, die sich auch dem Höchsten in der Freiheit ebenbürtig fühlen durften, wurden Untertanen.

Marx beurteilte das Erbschaftsrecht ebenso wie Bakunin; aber er war dagegen, daß man sofort mit der Abschaffung desselben hervorträte, obwohl er sie auch anstrebte. Wie er aber überhaupt für langsame Entwickelung war, so wollte er auch in diesem Falle mit allmählicher Einschränkung des Erbschaftsrechtes beginnen, nicht zum wenigsten mit Rücksicht auf die Arbeiter selbst. Diese nämlich haben den Trieb, etwas zu besitzen und es auf ihre Angehörigen zu vererben ebenso wie andere Menschen, weswegen Marx fürchtete, man würde mit einer unvorbereiteten Erklärung der Aufhebung des Erbschaftsrechtes sehr bei ihnen anstoßen. Dies war auch wirklich der Fall, und die meisten Menschen werden das Verfahren von Marx als verständig loben. Bakunin stand aber auf einem ganz, ganz anderen Standpunkte, von dem aus es ihm gar nicht darauf ankam, Freunde und Feinde zu erschrecken und abzuschrecken. Die bourgeoisen Neigungen der Arbeiter waren ihm ein Ärgernis, und er suchte ihnen von Anfang an entgegenzuarbeiten. Er war überzeugt, daß, wenn die Arbeiter erst zu Parlamentariern und Teilhabern der Staatsgewalt gemacht wären, sie von Aufhebung des Erbrechtes vollends nichts mehr würden wissen wollen.

Nachdem Marx einmal begriffen hatte, wie verschieden Bakunins Ziele und Wege von den seinigen waren, hatte er recht, ein Zusammenarbeiten abzulehnen; aber die gehässige Art und Weise, in der er ihn auszustoßen suchte, als gälte es, einen Verbrecher zu brandmarken und unschädlich zu machen, wird niemand billigen können. Erklären läßt es sich aus seiner Herrschsucht und aus seiner Engherzigkeit, die einen Menschen wie Bakunin und seine Ideen nicht begreifen konnte.

Ein hauptsächlicher Wesenszug Bakunins war sein Humor; Marx hatte überhaupt keinen. So leidenschaftlich sich Bakunin für seine Überzeugungen einsetzte, konnte er sich doch vollständig über sie erheben und sie wie von hoch oben ansehen. Das Wort, das er gern gebrauchte: Vor der Ewigkeit ist doch alles gleich, beweist, daß er ein Jenseits kannte, an dem gemessen die irdischen Dinge unendlich klein sind, obwohl sie für das Ewige vorbereiten und darin münden. Das beständige Gefühl von der Relativität alles Irdischen verlieh ihm eine Leichtigkeit, eine Nachsicht, eine Gemütlichkeit und Überlegenheit, die Marx bei aller Intelligenz und Charakterstärke nicht besaß. Michel schimpfte oft in der ausschweifendsten Art auf seine Gegner; aber er vergaß es leicht und konnte sie etwa auch wieder gern haben und schätzen. Er haßte mit Inbrunst, ohne gehässig zu sein. Einmal, so erzählt Reichel, sagte ihm dieser in der Meinung, ihm eine Schlinge zu legen, was er denn tun würde, wenn er die Welt so eingerichtet hätte, wie er es für gut hielte. »Dann würde ich alles wieder zusammenwerfen«, antwortete Michel. Und er fügte hinzu: »Rede nicht, spiele und laß mich zuhören.« Dieser liebste Freund Bakunins, Adolf Reichel, stand seiner sozialrevolutionären Tätigkeit ganz fern. Was sie verband, war ein Gefühl, welches stärker ist als Worte und selbst Taten und die Seelen mit unmittelbarer Magie zueinanderzieht. Dem sind nur Menschen zugänglich, die nicht in erster Linie vom Kopfe aus leben.

Es ist eigentümlich und bedeutungsvoll, daß Bakunin wie früher durch die russische Regierung jetzt durch Marx von Spionen beobachtet wurde, die in diesem Falle Stoff liefern sollten, ihn aus der Internationale auszustoßen. Die kindliche Sorglosigkeit Bakunins, seine Unordnung in Geschäften, sein Aufgehen im Augenblick boten dazu manche Handhabe.

15
Netschajew

Vom Herbst 1867 an lebte Bakunin fast ein Jahr lang am Genfer See in der Nähe von Clarens und Vevey in einem Hause mit der ihm befreundeten Familie Joukowsky und in der Nachbarschaft einer Fürstin Obolenska, die er in Florenz kennengelernt und die ihn aus ihren reichen Mitteln unterstützte. Die Fürstin lebte getrennt von ihrem Manne mit ihren Kindern, die Joukowsky unterrichtete. Die glückliche Stimmung Bakunins um diese Zeit spiegelt sich in den Briefen, die er an seine immer gleichgeliebten alten Freunde schrieb.

An Adolf Reichel

26. Juli 1867

Alter Freund – ich will Dir doch französisch schreiben, da mir das Deutschschreiben schwer wird – wann kommst Du zu uns? Den ersten, den zweiten – für uns alle, für mich besonders ist es eine Lebensfrage. Der Gedanke, daß Du bald kommen wirst, freut uns so unendlich, daß Du nicht das Herz haben wirst, uns in unserer sehnsuchtsvoll heißen Erwartung zu betrügen. – Komm Du bald! Und nimm mit alle, aber alle Deine Sachen, ob Du sie Spieler nennst oder nicht – und Deine Epistel an die Korinther – und russische Lieder – und alles mögliche, denn ich will Dich auf eine unendliche Weise quälen –

3. April 1868

Meine Freunde – Ostern ist da, und das gute Versprechen meines ältesten und besten Freundes brennt mir im Herzen als unsägliche Freude –

An Frau Professor Vogt

29. März 1868

Liebe gute Freundin – Auguste und ich haben heute einen prächtigen Plan gefaßt – einen so schönen Plan, daß, als wir ihn den übrigen Mitgliedern, Herren und Frauen, unserer Gesellschaft mitteilten, das ganze Haus jauchzte vor Freude. Der Plan besteht nämlich darin, daß, sobald es etwas, aber nur etwas wärmer wird, Sie zu uns, um einige Tage mit uns zu verbringen, kommen: eine Woche, zwei, drei, vier Wochen – je mehr, desto lieber. »Ach, Mama ist so konservativ und reaktionär«, rief die Auguste aus, »sie wird sich dazu nicht entschließen können.« »Schweigen Sie still, Fräulein Stiefel«, antwortete ich erzürnt, »Mama ist revolutionärer als die Revolution, und da sie noch dazu guten, aufrichtigen, aber natürlicherweise ungezogenen demokratischen Kosaken eine gute Lehre schuldig ist – und vor allem, wenn sie von mir erfährt, wie glücklich hier alle sein werden, wenn sie zu uns kommt – so wird sie durchaus kommen!« Also – idem! wie Sie selbst sagen, liebe, liebe Freundin, im Namen aller beschwöre ich Sie, machen Sie, daß ich und nicht Fräulein Stiefel recht hat.

Sie bekommen hier ein Zimmer ganz apart von der lieben Sonne beschienen, mit einem unmittelbaren Ausgang in einen schönen Garten, wo Sie das Recht haben werden, den ganzen Boden umzuwühlen. – Sie werden unter uns eine absolute Freiheit und, wenn Sie deren bedürfen werden, eine absolute Ruhe und Einsamkeit in jeder Stunde des Tages genießen. Und so viele Menschen hier sind, so viel liebende und aufrichtige Herzen werden Sie finden. Kommen Sie, kommen Sie – ich rufe Sie im Namen eines jeden und aller – kommen Sie!

Ihr Freund

M. Bakounine

Man könnte glauben, diesen Brief habe ein wohlhabender Mann geschrieben, der mit den Seinigen in ländlicher Zurückgezogenheit den Herbst seines Lebens genieße. Indessen war er mehr als je beschäftigt, Beziehungen anzuknüpfen und seine Ideen zu verbreiten. Im September 1867 tagte in Genf der Kongreß der Freiheits- und Friedensliga, deren Mitglied er geworden war und die ihn eigentlich in die Schweiz gezogen hatte. Wie bei den Freimaurern in Florenz versuchte er auch hier ohne Erfolg, seine Ideale einer im Grunde philiströsen Gesellschaft annehmbar zu machen, die nur in schönen Worten schwelgte. Daß Bakunin überhaupt mit der Friedensliga in Verbindung trat, zeigt, wie er zeitlebens trotz seiner anarchistischen Überzeugungen und Bestrebungen den Zusammenhang mit der Bourgeoisie, sagen wir mit den Gebildeten, fühlte und zu erhalten suchte. Seine Sympathie gehörte den Arbeitern und vornehmlich den Bauern; er konnte und wollte aber doch nicht seine Herkunft, seine Erziehung, seine Ideale verleugnen, und sehr gesellig, wie er war, bedurfte er der Menschen, die in einer ähnlichen Atmosphäre erwachsen waren. Glücklich gefühlt, getragen von einer gleichgestimmten Gemeinschaft, hatte er sich im Jahre 1848, und namentlich in Deutschland, wo er fast ausschließlich mit hochgebildeten Menschen verkehrte. Nun aber hatte sich die Gesellschaft, in die er hineingehörte, wesentlich geändert; die sehr wohlmeinende Friedens- und Freiheitsliga hatte nichts mehr von dem überschwenglichen Charakter des tollen Jahres. Was hatte Bakunin mit Pazifismus zu tun? Er, der sich nach »Sturm und Leben« sehnte, konnte nicht wohl ein Gegner des Krieges sein, wenn auch sicherlich des modernen Krieges, der, einbezogen in die allgemeine mechanistische Richtung, die Art der zentralistischen, von außen gemachten Einrichtung angenommen hat. Ich weiß nicht, ob es Bakunin zum Bewußtsein gekommen ist, wie wenig die Idee vom Ewigen Frieden in seinen Ideenkreis paßte, und daß es nur der moderne Obrigkeits- und Industriekrieg sein konnte, den er verabscheute. Jedenfalls sagte er auf dem Kongreß, daß die Kriege nicht aufhören würden, solange es zentralisierte Staaten gebe, daß vielmehr die Kriege desto verheerender werden würden, je mehr die Zentralisation und Stoßkraft der Staaten zunehme; nur bei einer radikalen Veränderung der bestehenden Gesellschaft könne auf Abnahme der Kriege gerechnet werden. Diese revolutionäre Tendenz lag der Mehrzahl der Kongreßteilnehmer aber ganz fern, weshalb Bakunin und seine wenigen Anhänger austraten und die Internationale Allianz der sozialen Demokratie bildeten. Diese Gesellschaft, im Grunde keine andere als die von Bakunin in Italien begründete, war nicht kommunistisch, sondern kollektivistisch. Auf dem Kongreß der Friedens- und Freiheitsliga erklärte Bakunin ausdrücklich, er hasse den Kommunismus, weil er die Vernichtung der Freiheit sei, weil er zugunsten des Staates alle Kräfte der Gesellschaft konzentriere, ebenso das Eigentum in den Händen des Staates. Er hingegen wolle Vergesellschaftung der einzelnen auf dem Wege der freien Assoziation. Ferner hatte er dort erklärt, daß er das falsche Nationalitätsprinzip verwerfe: Die Nationalität sei überhaupt kein Prinzip, sondern eine Tatsache wie die Individualität, und über den nationalen Interessen müsse die allgemeine menschliche Gerechtigkeit stehen. So sprach sich auch die Allianz gegen engherzigen Patriotismus aus zugunsten übernationaler Solidarität. Sie erklärte sich für republikanisch und atheistisch, wobei man nicht vergessen darf, wie religiös der Bakuninsche Atheismus beschaffen war. Die Ideen der Allianz fanden darum besonderes Verständnis in Spanien, Belgien, Italien, den Ländern einer brutalen und beschränkten Kirchlichkeit, wo das Volk sein Bedürfnis nach Glauben in der Form des Kampfes gegen die Kirche und die offizielle Religion erfaßte.

Noch in einem anderen kleinen Gebiet wurde Bakunin mit seinen Ideen heimisch, nämlich im Neuenburger Jura. Die dortige Bevölkerung lebte herkömmlicherweise vom Uhrmachergewerbe, einer Beschäftigung, die Intelligenz und Aufmerksamkeit erfordert, und dies besonders zu einer Zeit tat, als sie noch im Hause, nicht fabrikmäßig betrieben wurde. Die jurassischen Arbeiter waren keine Fabrikarbeiter, keine nach Brot gehende Herde, sondern sie hatten Selbstgefühl und eigene Gedanken. Daß der Föderalismus in der Schweiz, und gerade in einem kleinen, abseitigen Gebiet, Anhänger hatte, kann nicht wundernehmen; die antiklerikale Richtung erklärt sich aus der Herrschaft einer engherzigen Orthodoxie in Genf und Neuenburg. Schließlich teilten die jurassischen Arbeiter Bakunins Abneigung gegen Parlamentarismus und politische Aktion, weil sie die Erfahrung gemacht hatten, daß sie dadurch nichts erreichten. Kaum irgendwo hätten größere Arbeitermassen so verständnisvoll auf Bakunin eingehen können wie die Uhrmacher in dem kleinen Schweizer Berglande. Seine Ideale: Freiheit, Gerechtigkeit, Brüderlichkeit und nochmals Freiheit persönlicher Initiative, eingeschränkt nur durch den Glauben an die Gemeinschaft, die er als Göttliches, Absolutes auffaßte, waren nicht die der Gegenwart, weder bei den Gebildeten noch bei den Massen. Mochten auch die Massen sich hie und da einbilden, weil sie gegen einen Druck ankämpften, sie dürsteten nach Freiheit, eigentlich war es ihnen doch nur um Macht und Reichtum zu tun, gerade wie den Gebildeten auch, die ihre Besitzerlust Idealismus nannten. In der Schweiz konnte und kann man noch arbeitende, nichtbesitzende Schichten finden, die genug Bildung haben, um den Wert der Bildung und idealer Güter überhaupt, die Freiheit inbegriffen, hoch einzuschätzen. Ein Vortrag, den Bakunin im Februar 1869 in Le Locle im Kanton Neuenburg hielt, machte großen Eindruck und gewann die Herzen der Jurassier. Kurz vorher hatte er das Herz eines jungen Neuenburgers gewonnen, den man als Vertreter der Arbeiterschaft des Jura betrachten kann, obwohl er nach seiner Herkunft zu den Gebildeten zählte: James Guillaume. Er war 1844 geboren – also dreißig Jahre jünger als Bakunin – in London, wo sein Vater als Direktor eines Uhrengeschäftes sich niedergelassen hatte. Die Heimatliebe zog ihn aber nach Neuenburg zurück, das inzwischen Republik geworden war und wo er Richter, Bezirkspräfekt und schließlich Staatsrat wurde. James wurde in republikanischen und freisinnigen Ideen erzogen, besuchte das Gymnasium, dann die Zürcher Universität, wo er Hegelianer wurde. Gezwungen, das Studium zu unterbrechen, nahm er eine Stelle als Lehrer an der Industrieschule von Le Locle an, und hier erfuhr er durch die Bekanntschaft mit den notleidenden Arbeitern eine völlige innere Umwandlung. Die Beschäftigung mit der Wissenschaft, die Bildungsideale der Bourgeoisie, die er als etwas Selbstverständliches angenommen hatte, genügten ihm nicht mehr, er machte sich mit den sozialistischen Schriftstellern bekannt und widmete sich praktisch der Arbeiterfrage. Dabei kam er zu Überzeugungen, die denen Bakunins ähnlich waren, so daß er gut vorbereitet war, als er ihn Anfang 1869 kennenlernte. Vielleicht weil die schweizerische Nation als solche nicht eingreift, sich immer betrachtend verhält, vielleicht auch infolge des Ideals republikanischer Gleichheit, das sie bekennt, ist dem Schweizer vielfach ein vornehmes Zurückhalten eigen, eine wohltuende Hochachtung vor dem Rechte der anderen Persönlichkeit. Niemand pflegt den anderen so aufmerksam, so achtungsvoll anzuhören wie ein Schweizer, mit niemandem läßt sich so gut disputieren in der Hoffnung, entweder zu überzeugen oder überzeugt zu werden oder einander bei verschiedenen Anschauungen zu respektieren. Diese Fähigkeit, dem anderen das Recht freier Entwickelung zuzugestehen nach eigenen Bedürfnissen, ist die Grundbedingung einer föderalistischen Organisation, wie sie Bakunins Ideal war. Er selbst war eine zu leidenschaftliche Natur, um sich immer demgemäß zu betragen, obwohl er es anstrebte, während Guillaume darin typisch schweizerisch war. Diesem tat wiederum das unbändige Wogen des Gefühls in Bakunin wohl. Er war, wie er selbst erzählt, bis dahin Stoiker gewesen, dessen höchstes Ziel die persönliche Vervollkommnung ist, und auch als er sich der sozialen Tätigkeit widmete, geschah es, damit er seinem Ideal näherkäme; das Vorbild Bakunins wirkte so auf ihn, daß er die Sorge um die eigene moralische Vollendung ganz wegwarf, um in der gemeinsamen Arbeit zur Verwirklichung der sozialen Ideen aufzugehen. Bakunin hat oft hervorgehoben, daß Selbstvergessen das schönste sei, was der Mensch erreichen könne. Obwohl hochgradig selbstbewußt, besaß er doch diese beneidenswerte Kraft in so hohem Grade, daß er im allgemeinen naiv erscheint. Das Kindliche, Hinreißende, Widerspruchsvolle Bakunins, den Teufel im Leibe hatte Guillaume nicht; aber er hatte die festgegründete Bildung, die schöne Sachlichkeit, die vernünftige Billigkeit, die Schlichtheit und Echtheit und die Kraft, gewonnener Überzeugung gemäß zu handeln, die den Schweizer auszeichnen und die zweifelsohne auf Bakunin so wohltätig wirkten wie seine Unbekümmertheit, seine Abgründigkeit und seine ungehemmte Herzlichkeit auf Guillaume.

Der Verkehr mit den Arbeitern im Jura war eine sehr anziehende Periode in Bakunins Leben. Er fand den richtigen Ton, um als Freund und Berater mit ihnen umzugehen, und wurde bald eine volkstümliche Erscheinung. Als nach seinem Tode Fürst Krapotkin die Gegend bereiste, fand er das Andenken an ihn noch lebendig; man erinnerte sich namentlich, wie er stets für die Frauen eingetreten war und nicht gelitten hatte, daß man sie auch nur durch grobe Ausdrücke kränkte.

In Genf hielt sich damals ein russischer Flüchtling namens Netschajew auf, dessen Bekanntschaft in mehrfacher Hinsicht verhängnisvoll für Bakunin wurde.

Seit er denken konnte, hatte sich Bakunin unter Menschen bewegt, die über die Schäden der Zeit feurig und zum Teil tiefsinnig durchdacht zu reden wußten, die aber mit wenigen Ausnahmen nichts oder nichts Geeignetes unternahmen, um Änderungen herbeizuführen. Manche von diesen hatten überhaupt nicht den Willen, etwas zu ändern, sondern glaubten etwas Großes geleistet zu haben, wenn sie ihre Liebe zum Guten, Wahren und Schönen äußerten und im übrigen möglichst für ihre eigene Person sorgten. Solche Menschen nannte Bakunin Idealisten und verabscheute sie. »Je länger ich in der Welt lebe«, schrieb er an Ogarjew, »um so mehr überzeuge ich mich, daß es nichts Schmutzigeres gibt als einen Idealisten. Auch Granowski war Idealist, doch kein schmutziger; er war zu edel und zu sehr der Freund Nikolaus Stankjewitschs. Aber es floß kein Tropfen realen Diderotschen, Dantonschen real-humanen Blutes in ihm. Er lebte und starb in der Doktrin und in der sentimental-humanistischen Fiktion. Er liebte die Humanität, aber nicht die lebendigen Menschen. Wie alle Doktrinäre und Humanisten verachtete er, ohne sich dessen bewußt zu sein, und im Namen der Nation und schönen Humanität die dumme, ungelehrte und unschöne Masse des Volks, das gemeine Volk ... Welche Schöngeisterei, welche abscheuliche Sorge um sich selbst – und das alles in französischer Sprache – ein Zeichen der Lüge. Ewig besorgt für seine eigene Person, für sein Glück und Unglück, für seine Schönheit, seine Würde, seine Stellung und seinen Beruf.«

Rühmend hebt er dagegen Bjelinski hervor und auch den stets geliebten Stankjewitsch, der zwar Idealist gewesen sei, aber über seinen Idealismus geflucht, einen gesunden Sinn für das Reale gehabt habe. Das Ungewaschene und Abgerissene war ihm lieb als Zeichen des Nicht-Idealismus, Zeichen, daß man zugriff und handelte, ohne auf die äußere Erscheinung bedacht zu sein. Im Gegensatz zu den Schönrednern schätzte er die Handelnden, auch wenn sie fehlgriffen. Er war in beständigem Streit mit Herzen, der die gewaltsamen Mittel der russischen Revolutionäre, Brandstiftung, Bombenwerfen, Zarenmord, nicht billigte und oft starke, beschimpfende Ausdrücke über die Täter gebrauchte. »Sag, weshalb hast Du den Berezowski einen Fanatiker geheißen«, schrieb er an Herzen nach einem mißglückten Attentat auf Alexander II. »›Er ist rein, weil er ein Fanatiker ist.‹ Was für ein wunderbares und Deiner unwürdiges Wortspiel, und was soll der Fanatiker bedeuten? Einen Narren oder Verrückten vielleicht. Das, Bruder, ist im höchsten Grade ungerecht. Als ob außerhalb der erhabenen historisch-philosophischen Betrachtung der Ereignisse kein Leben, kein Recht, keine Leidenschaft besteht. Berezowski ist ein Rächer und der berechtigtste Rächer für alle Verbrechen, der Leiden und blutigen Beleidigungen, welche Polen und die Polen zu erdulden hatten. Ist es denn möglich, daß Du es nicht begreifst? Und doch, gäbe es keine solchen Ausbrüche der Empörung, man könnte an den Leuten verzweifeln.«

Es entrüstete ihn, wenn Menschen aus einem bequemen und gesicherten Leben heraus diejenigen beschimpften, die ihr Leben opferten, Entbehrungen und Martern ertrugen, um das zu verwirklichen, was auch jene anderen predigten. Er liebte diese jungen Menschen, die auf alle Güter des Lebens verzichteten, um Gefahren zu bestehen, eines fast unausweichlichen, schimpflichen Todes zu sterben, und nicht einmal durch die Hoffnung auf späteren Ruhm getröstet wurden. Denn es waren nicht wie die Dekabristen einzelne hervorragende Opfer, die den Nachkommenden voranleuchteten, sondern sie lebten und starben in Scharen namenlos, verflucht von allen, die zur guten Gesellschaft gerechnet werden wollten, ja auch von dem Volke, für das sie litten. Ihre Augen waren nur auf die Sache und die Tat gerichtet, die sie nüchtern, ohne jene unwillkürliche Theatralik ausführten, die das Bewußtsein verleiht, vor bewundernden Zuschauern zu wirken. Diese Jugend, die sich selbst ihrer Blüte beraubte, liebte Bakunin wie ein zärtlich stolzer, sorgender Vater; hatte er sie doch auch selbst auf diese Bahn gerufen. Es ist kein Wunder, daß ihn das Erscheinen Netschajews entzückte, dem es nach erstaunlichen Leiden und Abenteuern gelungen war, die Schweiz zu erreichen. Er gehörte, wie er sagte, einem Bunde an, dessen Ziel die Befreiung Rußlands war und dessen Mitglieder blind den Befehlen der obersten Leitung gehorchten. Hier schien es sich um eine solche Gesellschaft zu handeln, wie Bakunin sie erträumte, eine unsterbliche Schar, deren Glieder namenlos, unbelohnt sich in den Tod stürzen, stets durch neue ersetzt wie die Zellen in einem lebendigen Organismus.

Netschajew war der Sohn eines Popen, Lehrer an einer Dorfschule und später in Petersburg, wo er auch an der Universität hörte. Er gewann einige junge Leute für eine geheime Gesellschaft, von deren Macht und Bedeutung er eindrucksvoll zu erzählen wußte. Nach einer gewissen Zeit schöpfte einer von diesen den Verdacht, daß die Gesellschaft gar nicht existiere und nur eine Erfindung Netschajews sei, und wollte sich zurückziehen. Da Abtrünnige leicht zu Verrätern werden, ist es bei geheimen Gesellschaften dieser Art üblich, sie zum Tode zu verurteilen, und so wurde es auch in diesem Fall gehalten. Netschajew und seine Anhänger lockten den Betreffenden unter einem Vorwande in eine Höhle und töteten ihn. Infolge davon wurde Netschajew festgenommen, entkam aber auf abenteuerliche Weise, wie er wenigstens glauben machen wollte.

Netschajew war noch sehr jung und sah knabenhaft aus; um so mehr drängte es Bakunin, der alles Schwache und Hilfsbedürftige liebte, ihm beizustehen. Er sprach mit Zärtlichkeit von ihm, nannte ihn seinen Liebling, seinen Wilden, my boy, empfahl ihn angelegentlich allen seinen Freunden, namentlich dem guten Ogarjew, der damals in Genf lebte. Selbstverständlich nahm er ihn auch bei sich selbst auf und lauschte bewundernd seinen fabelhaften Erzählungen. Auf dem Boden der Schweiz war Netschajew trotz des Asylrechtes durchaus nicht sicher; die zaristische Regierung verlangte seine Auslieferung nämlich auf Grund des Mordes, der als gemeines Verbrechen dargestellt wurde, was der schweizerischen Regierung als Vorwand diente, nachgiebig zu sein. In der Angst um den Verfolgten nahm Bakunin seine Zuflucht zu den Professoren Vogt, welche auch versprachen, die liberale Partei für den Fall zu interessieren, ja er griff selbst zur Feder, was er nur tat, wenn eine Sache ihm ganz besonders am Herzen lag. Er nannte die Schrift, in welcher er die Schweiz schwächlicher Gefälligkeit gegen die reaktionären Großstaaten anklagte, »Die Bären von Bern und der Bär von St. Petersburg«, sich für einen Schweizer ausgebend, dessen freiheitliche Gesinnung dadurch verletzt wäre. Er erinnerte daran, daß die Schweiz schon einmal sich zum Büttel des Zaren erniedrigt habe, als der Fürst Obolensky seiner von ihm getrennt in Vevey lebenden Frau ihre Kinder entführte, wobei schweizerische Behörden ihm behilflich waren. Er erinnerte an die Ausweisung Mazzinis, die noch nicht einmal von der italienischen Regierung verlangt worden war. Wie reimt es sich, daß ein Volk, dessen Nationalheld Wilhelm Tell ist, der Mörder Geßlers, einen Mazzini ausstößt? Wer so fragte, vergißt, daß die schweizerische Freiheit eine hübsche blanke Rüstung ist, welche bei Gelegenheit von Gedenkfeiern mit Pomp getragen wird, dann aber wieder in die Gerümpelkammer wandert. Den Verfall der schweizerischen Demokratie führt Bakunin auf die Zentralisation zurück, die um die Mitte des Jahrhunderts an die Stelle der ehemaligen Autonomie der Kantone getreten ist. Mit überzeugender Lebhaftigkeit und Schärfe führt er aus, daß die demokratischen Einrichtungen der Schweiz, welche die Teilnahme des ganzen Volkes an der Regierung bezwecken sollen, nichts als Lüge sind. Die Schweiz, sagt er, sei genauso wie alle übrigen Länder ein Staat, in welchem die Bourgeoisie regiere, da das eigentliche Volk, die Arbeiter und Bauern, weder die Zeit noch die Bildung hätten, von den Einrichtungen, die ihnen die Beaufsichtigung der Regierenden gewährleisten sollten, in richtiger Weise Gebrauch zu machen. Er kommt schließlich zu seinem Lieblingssatze, daß es im Wesen jedes Staates liege, unmoralisch zu sein, da er nach Macht strebe, und zwar auf Kosten anderer Staaten und auf Kosten der Freiheit im Innern. Davon sei keiner auszunehmen. »Was Staaten betrifft«, so hat er an anderer Stelle gesagt, Freud vorwegnehmend, »sind nur die kleinen Staaten tugendhaft, und die sind sehr verbrecherisch in ihren Träumen.« Den Grundsatz, daß dem Staat alles erlaubt sei, was dem einzelnen als Verbrechen angerechnet werden würde, hält er für eine Vergiftung des moralischen Gefühls der einzelnen. Sehr fein charakterisiert er die Heuchelei der Staaten, wenn sie zum Beispiel Krieg führen. »Jedesmal wenn ein Staat einem anderen den Krieg erklären will, fängt er damit an, ein Manifest zu erlassen, das nicht nur an die eigenen Untertanen, sondern an die ganze Welt gerichtet ist, und in dem er sich bemüht, alles Recht auf seine Seite häufend, zu beweisen, daß er voll von Menschlichkeit und Friedensliebe ist, daß er, durchdrungen von edlen und friedlichen Gefühlen, schon lange schweigend gelitten hat und daß nur die zunehmende Ungerechtigkeit seines Feindes ihn endlich gezwungen hat, das Schwert aus der Scheide zu ziehen. Gleichzeitig schwört er, daß er nicht an Eroberungen denkt und keinen Gebietszuwachs wünscht und den Krieg beendigen werde, sowie die Gerechtigkeit wiederhergestellt sei. Sein Gegner antwortet darauf mit einem ähnlichen Manifest ...«

Nach Bakunins Meinung werde Europa in dauerndem Kriegszustande bleiben, bis an die Stelle politischer Machtstaaten wirtschaftliche Bünde getreten wären.

Bakunin hatte keine günstige Meinung von der Schweiz. »Wenn die menschliche Gesellschaft unterginge«, hat er gelegentlich einmal ausgerufen, »würde es gewiß nicht die Schweiz sein, durch die sie wieder auferstände.« Besonders die Genfer Atmosphäre empfand er als eng und drückend. Man könnte meinen, das Land, in welchem die Ausläufer der Anarchie des Heiligen Römischen Reichs sich erhalten hatten, müßte einen sympathischen Eindruck auf ihn gemacht haben; aber in der Erstarrung und mit dem modernen Aufputz mochte er sie nicht wiedererkennen. Man braucht übrigens nur an seine Vorliebe für das Räuberwesen in Rußland und für die Banditen Italiens und das italienische Lumpenproletariat zu denken, um zu verstehen, was ihn von der Schweiz und die Schweiz von ihm trennte. Die durchgängige Ordnung, Gepflegtheit und Wohlhabenheit, die dem Auge des in der Schweiz Reisenden sich aufdrängt, hat etwas Erfreuendes und Beruhigendes, manchmal aber auch etwas, was das Gemüt des Unglücklichen oder auch das Gemüt des Jugendlichen, Tatenfrohen erbost. Hier scheint alle Leidenschaft, die lebenschaffende wie die zerstörende, zugunsten eines vernünftigen Lebensgenusses unterdrückt zu sein, der maßvoll betrieben wird, um desto länger gekostet werden zu können. Daneben aber finden sich gerade in der Schweiz Eigenschaften, die Bakunin hoch hätte schätzen müssen, so das Ebenbürtigkeitsgefühl im Volke, das Gefühl für persönliche Würde, verbunden mit einem wahren Gemeinschaftsgefühl, das nicht nur in Worten, sondern in Taten zum Ausdruck kömmt. Ist auch das Einstehen aller für einen und eines jeden für alle nicht mehr so lebendig wie zur Zeit, als die Eidgenossenschaft sich bildete, so hat es sich doch im Bewußtsein und in der Ausübung erhalten mehr als in irgendeinem andern Volke. Wer weiß, ob Bakunin sich anderswo so lange so wohl gefühlt hätte wie namentlich im Kanton Tessin, den er allerdings schlechtweg als Italien betrachtete. Im Oktober 1868 war Bakunin nach Locarno übergesiedelt, wozu ihn zum Teil der Umstand veranlaßte, daß er dort billig leben konnte. Man hat gemeint, Bakunin habe keinen Sinn für landschaftliche Schönheit gehabt, weil er sich nie bei Schilderungen, und besonders nicht von Einzelheiten, aufhält; aber sein Wohlgefühl beim Einzug in Locarno beweist, wie empfänglich er für den Einfluß der Natur war. »Nun, Freund Aga«, schreibt er an Ogarjew, »bin ich einfach ins Paradies übersiedelt. Stelle Dir vor, nach der trockenen und eng prosaischen Atmosphäre Genfs Italien mit all seiner anmutigen Wärme, Schönheit und primitiven, kindlich-lieblichen Einfachheit.« Selbst den Bourgeois vermöge man hier nicht zu zürnen, so einfach und harmlos, unabgetrennt vom Volke lebten sie noch, dessen Interessen sie teilten. Hier herrschte keinerlei spionierende Neugier und Argwohn, und Bakunin konnte ohne Scheu seine oft so ungemütlichen Gäste empfangen. Seine Absicht war gewesen, zunächst alle Kraft und Zeit auf die Übersetzung des »Kapitals« von Marx zu verwenden, das im Jahre vorher erschienen war; dazu bewog ihn einerseits seine hohe Bewertung des Werkes und dann die Notwendigkeit, Geld zu verdienen. Er schloß einen Vertrag mit einem russischen Verleger ab, der ihm einen Teil der Summe im Vorschuß zahlte, und begab sich fleißig an die Arbeit; aber der revolutionäre Sturmwind, der ihm mit Netschajew ins Haus wehte, blies die schon beschriebenen Blätter auseinander. Die Aussicht, in dem großen Geheimbunde mitzuwirken, als dessen Vertreter Netschajew sich ausgab, lockte ihn viel mehr als die Schreibtischarbeit an einem wissenschaftlichen Werke, die ihm ohnehin nicht lag. Die Schwierigkeit, daß Bakunin den Vorschuß, den er schon erhalten hatte, nicht zurückzahlen konnte, ließ Netschajew nicht gelten, nahm es vielmehr auf sich, die Angelegenheit mit dem Verleger zu erledigen. Es war zweifelsohne leichtsinnig von Bakunin, darauf einzugehen, ja mehr als das; er war froh, eine Sache, die ihm lästig geworden war, abzuschütteln, auch aus seinem Gedächtnis. Die frische Empfänglichkeit und Hingabe, mit der er jedem Tage jünglingshaft gegenüberstand, konnte nur um den Preis eines Vorrats von Erinnerungen erkauft werden, die sein elastisches Gedächtnis ausstieß. Das Vergangene bestand nur insofern für ihn, als es sich in seine Anschauungen und Taten verwandelte, sein Bewußtsein belud er nicht sonderlich damit. Noch in einem anderen Falle rächte sich sein Mangel an Ordnung in Geschäften und sein unbegrenztes Vertrauen in Netschajew. Vor Jahren hatte ein emigrierender Russe Alexander Herzen eine Summe von 20 000 Franken übergeben, damit sie nach seinem Gutfinden für revolutionäre Zwecke verwendet würde. Auf Bakunins Verlangen übergab Herzen einen Teil der Summe Netschajew, und nach seinem Tode wurde ihm von Herzens Sohne auch der Rest ausgeliefert. Obwohl dies feststand, so konnte doch bei den engen Beziehungen zwischen Bakunin und Netschajew und bei Bakunins trostloser finanzieller Lage der Verdacht entstehen, Bakunin habe auch seine Privatbedürfnisse aus dieser Quelle bestritten. Zwar wäre das im Grunde gerechtfertigt gewesen, da ja Bakunin alle seine Kraft und Zeit der revolutionären Propaganda widmete und für sich selbst etwas zu erwerben gar nicht in der Lage war; aber in seiner heiklen Stellung, so angefeindet von allen Seiten, wie er war, kam es für ihn darauf an, daß er der Verleumdung, als sorge er bei seinen Angriffen auf die Gesellschaft gut für sich selbst, keinen Anhaltspunkt gab. Ogarjew hatte einmal an Bakunin geschrieben: »Vertraulichkeit aus Herzensgüte, kindliche Sorglosigkeit im Leben und eine ewige Unruhe des Charakters, das stört Dich im Leben und in Deiner Tätigkeit. Dazu hast Du keinen Plan und unterordnest Dich fremdem Einfluß.« Diese Charakteristik traf gerade in diesem Falle zu, wenn man an Pläne im einzelnen und nicht an die Richtung im großen ganzen denkt, welche Bakunin sein Leben lang unentwegt festgehalten hat. Seine Empfänglichkeit aber für Einflüsse aller Art, das ist wahr, war außerordentlich; darin lag viel Kraft und Reichtum, aber es erschwerte auch ein unmittelbares Gelingen. Daß ein Mann von fünfundfünfzig Jahren so unbedingt einem jungen Menschen von vierundzwanzig vertraute, ist zum Teil durch Bakunins Charakter, zum Teil durch seinen Wunsch zu erklären, an das Vorhandensein eines jungen revolutionären Helden und einer revolutionären Gesellschaft in Rußland zu glauben; aber es kann doch auch Netschajew kein ganz gewöhnlicher Mensch gewesen sein. Augenscheinlich war er pathologisch; darauf deutet namentlich seine Art und Weise, sich durch erfundene Abenteuer interessant zu machen, doch wohl ebensosehr Neigung wie Methode. Was er an Erlebnissen bei Gelegenheit von Gefangennahme und Flucht auftischte, waren ziemlich öde Flunkereien; Bakunin hätte sie aber sicherlich, auch wenn er sie als Lüge durchschaut hätte, um des Zweckes willen hingehen lassen. Über den jesuitischen Grundsatz, daß der Zweck die Mittel heilige, ist viel disputiert worden. Ich halte diesen Grundsatz in der Tat für richtig mit der Einschränkung, daß der Schaden, welcher durch das Mittel angerichtet wird, nicht schwerer wiegen darf als das Gute, das Zweck ist. Die Entscheidung wird also in das Gefühl des Handelnden gelegt und ist deshalb sehr gefährlich. Jeder kann den Grundsatz ungestraft handhaben, dessen Gewissen eine unzerstörbar richtige Waage ist; aber diese Waage ist etwas Lebendiges und kann durch willkürlichen Eingriff leiden. Bakunin hatte das untrügliche Gefühl, was man tun kann, ohne die eigene Seele zu zerstören; Netschajew dagegen vergriff sich, und daß und wie er es tat, beweist, daß er sich von Anfang an nicht ganz im Gleichgewichte befand. Bakunin hatte immer, auch in Schweden, als er für die polnische Revolution warb, für nötig gefunden, die Aussichten des Gelingens günstiger hinzustellen, als sie waren, namentlich hatte er die Zahl und Macht der revolutionären Partei in Rußland übertrieben. Herzen hatte das mißbilligt, ohne daß Bakunin sich irremachen ließ. Er hätte auch kaum Netschajew daraus einen ernstlichen Vorwurf gemacht, daß das revolutionäre russische Komitee, als dessen Beauftragten er sich darstellte, nicht existierte, außer in Netschajews eigener Person. Wenn es gelungen wäre, der Sache, die er für die gute hielt, dadurch viele Mitglieder zu gewinnen, so wäre dadurch die Stärke der Partei geschaffen, die anfänglich nur vorgespiegelt war, und alle hätten zufrieden sein dürfen. Auch daß die Leiter des Geheimbundes das Recht hätten, die Mitglieder ais Werkzeuge zu benützen und sogar in den Tod zu schicken, hätte Bakunin nicht beanstandet, vorausgesetzt, daß es im Dienste der Revolution geschähe. Etwas anderes war, daß Netschajew sich in den Besitz von Geheimnissen seiner Anhänger zu setzen suchte, die sie womöglich bloßstellten, damit sie in seine Gewalt kämen und ein Abfall unmöglich wäre. Zu diesem Zwecke hielt er sich für berechtigt, in verschlossene Zimmer zu dringen, Kästen zu öffnen, Briefe zu öffnen und zu lesen und etwa auch zu behalten, wenn ihr Inhalt für den Empfänger oder Schreiber gefährlich werden konnte. Kein Mensch setzt sich ungestraft Gott gleich. Indem das Vertrauen zerstört wurde, auf das jede Gemeinschaft unter Menschen gegründet ist, schadete Netschajew seinem Unternehmen mehr, als er ihm durch zwangsmäßiges Festhalten der Mitglieder nützen konnte. Nie wäre es Bakunin in den Sinn gekommen, daß Netschajew, sein Wilder, sein Liebling, während er väterlich für ihn sorgte, ihn beobachtete und auskundschaftete, um seine Schwächen kennenzulernen und sich in Besitz von Geheimnissen zu setzen, durch die er ihn beherrschen könnte. Tatsächlich gelang es Netschajew, seinem Beschützer Papiere zu entwenden, deren Verlust ihm im höchsten Grade peinlich war. Viel schrecklicher aber war die Erkenntnis, von einem Menschen, auf den er so große Stücke hielt und von dem er so viel erwartete, verraten zu sein; denn so sah er es im ersten Schmerz und Zorne an. Augenblicklich beschwor er alle Freunde, die auf seine Empfehlung hin Netschajew ihr Vertrauen geschenkt hatten, mit derselben Dringlichkeit, alle Beziehungen zu ihm abzubrechen. Gerade um diese Zeit brach der Deutsch-Französische Krieg aus und überschwemmte dies Erlebnis mit allen seinen Verwirrungen und Bitterkeiten. Es zeigte sich, daß die Schwungkraft von Bakunins Gefühl nicht gelitten hatte und daß er sich ihm mit derselben Unbedenklichkeit hingab wie je.

16

Bakunin und Herzen

»Wenn Herzen lebte, wie würde er uns auslachen«, schrieb Bakunin an Ogarjew, als er sich von Netschajew getäuscht fand. Herzen war schon vorher, im Anfang des Jahres 1870, gestorben. Bakunin und seine Freunde befanden sich nun alle, zwischen fünfzig und sechzig Jahre alt, in jenem Abschnitt des Lebens, wo der Augenblick abzusehen ist, da die Flamme hienieden erlöschen muß, um jenseits unter die Sterne versetzt zu werden. Oft brennt sie schon geraume Zeit vorher kleiner und trüber. »Hat der Mensch das fünfzigste Jahr überschritten«, schrieb Turgenjew an Herzen, »so lebt er gleichsam wie in einer Festung, welche der Tod stürmt und früher oder später einnehmen wird.« Den jung Dahingeschiedenen folgte im Herbst 1869 Botkin, der Kaufmannssohn, der einst seine Augen zu Bakunins jüngster Schwester erhoben hatte und seit Jahren sein Vermögen im Westen verzehrte. »Es ist ärgerlich«, äußerte sich Bakunin dazu, »daß Botkin gestorben ist, man kann also auf nichts anderes mehr spucken als auf sein ausschweifendes, glatzköpfiges Andenken.« Bald hernach erkrankte Herzens älteste Tochter schwer; mit Genugtuung vernahmen die Freunde nach einiger Zeit, daß die Wolke an seinem Hause vorübergegangen sei. Ogarjew lebte damals in Genf, Herzen war in Paris. Schon seit der Zeit, als Bakunin aus der Gefangenschaft zurückkehrte, begierig, ein neues Leben zu beginnen, senkte sich Herzens Bahn abwärts. Das war zum Teil Bakunin selbst zuzuschreiben, der Herzen veranlaßte, für die polnische Revolution einzutreten, wodurch er es mit den russischen Patrioten verdarb. Schon vorher jedoch hatte Ogarjews Ankunft und Teilnahme an der »Glocke« dem Blatt eine andere Richtung gegeben, die die Mehrzahl der Leser abschreckte. Ogarjew nämlich teilte die radikalen Ansichten Bakunins mehr als Herzen und bewirkte, daß der Sozialismus stärker betont wurde, und zwar in Artikeln, die er selbst, schwerfällig und ermüdend, verfaßte. Vielleicht war Herzen nicht blind für Ogarjews schriftstellerische Schwäche; jedenfalls hinderte ihn seine Liebe und möglicherweise auch das Bewußtsein seiner Schuld, Kritik zu üben. Auch sonst indessen war die hohe Zeit der »Glocke« vorüber. Ihre Wirkung war mit den Reformen Kaiser Alexanders abgeschlossen; hernach bekam die Revolution einen anderen Charakter. Bis dahin waren ihre Träger wie die Dekabristen Aristokraten gewesen, letzte hochgebildete Geschöpfe einer Epoche, die sich selbst untergrub. Ihr Ruf war endlich von den unteren Schichten des Volkes vernommen worden, aus denen nun solche hervortraten, die unter dem Druck, den jene ersten verabscheuten, selbst gelitten hatten und nicht nur mit dem Schwung und der Großmut der Befreier, sondern auch mit der Wut der Verzweifelten kämpften, die zum Äußersten entschlossen sind. Es wiederholte sich, was zur Zeit der Französischen Revolution oft in Deutschland vorkam, daß manche, die die neue Freiheit begeistert begrüßten, sich erschreckt zurückzogen, als sie Blut sahen. Herzens Bewunderer hatten den hohen und höchsten Kreisen angehört, die Beifall riefen, solange es sich um Theorien handelte; als nun aber die ersten gewaltsamen Stöße der Revolution den Boden unter ihnen erschütterten, als die geheimnisvollen Brandstiftungen und Angriffe auf das Leben des Zaren stattfanden, bekam die Sache ein anderes Ansehen. Seine Worte fanden keinen Widerhall mehr, sein Ansehen nahm ab und war durchaus nicht wiederzubeleben. Mit der neuen Jugend aber, die rücksichtslos dachte und handelte, wollte er sich nicht einlassen. Hier zeigte sich, wie verschieden er und Bakunin waren, was man vergessen könnte, wenn man ihre Ansichten vergleicht. Auch Herzen war von der Notwendigkeit der Zerstörung überzeugt, wenn man will, daß Neues sich bilde; aber er hatte nicht Bakunins Temperament, auf wankendem Boden und von Flammen umlodert doppelt lebendig zu leben. Bakunin ermunterte Herzen, sich ein neues, ehrlicheres, treueres Publikum in der revolutionären Jugend zu schaffen. Er stellte ihm vor, daß der Zar und die Aristokraten, die seine »Glocke« gelesen, ihn bewundert und ihm geschmeichelt hätten, im Grunde niemals mit seinen sozialpolitischen Ansichten einverstanden gewesen wären. »Auch ich erwarte gleich Dir nicht den geringsten Nutzen von einem Zarenmorde in Rußland, ich bin sogar bereit zuzugeben, daß er positiv schädlich sei, da er zugunsten des Zaren eine zeitweilige Reaktion hervorbringt. Aber ich wundere mich keineswegs, daß nicht alle derselben Meinung sind und daß unter dem

Druck der jetzigen, wie es heißt unerträglichen Lage sich ein weniger philosophisch entwickelter, aber dafür energischerer Mensch gefunden hat, dem es schien, man könne den gordischen Knoten mit einem Hieb durchhauen, und ich achte ihn dafür, daß er es getan hat.«

»Suchet ein neues Publikum in der Jugend, in den halbgebildeten Schülern Tschernyschewskis und Dobroljubows, in den Basarows, in den Nihilisten – hier ist Leben, hier ist Energie, hier ist ein ehrlicher und starker Wille vorhanden ... Predigt ihnen praktische Umsicht und Behutsamkeit, doch sagt ihnen die volle Wahrheit. – Macht Euch los, befreit Euch von der greisenhaften Furcht und von den gewissenhaften Bedenken, hört auf, Erasmus zu sein, werdet Männer wie Luther, und mit dem verlorenen Glauben an die Sache wird auch Eure alte Beredsamkeit und alte Kraft zurückkehren.«

Herzen setzte diesen Bestürmungen den wohlbekannten Einwand entgegen, daß er zwar die Ansichten Bakunins teile, daß die Masse aber noch nicht für sie reif sei, daß man deshalb mit ihrer Verbreitung vorsichtig sein müsse, bis die Masse zu ihrer Aufnahme vorbereitet sei. Damit war Bakunin nicht einverstanden. Ihre Ideen wären ja eben deshalb richtig, weil sie Grundtrieben entsprächen, die in der Masse lebendig wären; sie stände ihren Ideen näher als zum Beispiel dem liberalen Konstitutionalismus oder Mazzinis Republikanertum. »Du aber riefest noch im Jahre 1848 in allen Tonarten aus, daß alles, was außerhalb unserer Ideen stehe, tot sei. Wie soll man denn totes Zeug predigen? ... Ob wir, sei es auch den allermindesten Teil der Verwirklichung miterleben, ob wir wenigstens glücklich genug sein werden, wie Simson zu sterben, das sind selbstverständlich für uns persönlich interessante Fragen. Wenn wir auch nichts erblicken und erleben, nun wohl – wenn wir nur nicht ganz umsonst gelebt und irgendeine lebendige Spur hinterlassen haben werden.«

Mit freundschaftlicher Dringlichkeit suchte er sein eigenes Feuer auf den Freund zu übertragen. »Altere nicht, Herzen«, schrieb er ihm im Sommer 1867 aus Ischia, »was hat man davon, wenn man alt wird. Werde kein Doktrinär à la J. J. Rousseau, sondern bleibe unser mächtiger Voltaire. Hierin liegt Deine Wahrheit und daher auch Dein Recht. Altere nicht, Herzen, und fluche nicht den Jungen. Verspotte sie, wenn sie lächerlich sind, bestrafe und schilt sie, wenn sie schuldig sind, aber beuge Dich ehrfurchtsvoll vor ihrem redlichen Wirken und Streben, vor ihren Taten und Opfern.«

Das Gegenteil von dem, was Bakunin riet und wünschte, geschah: Die durch Herzens Haltung beleidigte russische Jugend richtete heftige Angriffe auf ihn, die seine Feindseligkeit vermehrten. Daß dieselbe Jugend, die ihn, ohne sich um seine früheren großen Verdienste zu kümmern, ablehnte, Bakunin als Führer verehrte, trat entfremdend zwischen beide. Um die Zeit, als Herzen, ein vereinsamter Stolzling, wie Bakunin ihn nannte, verbittert sich vom öffentlichen Leben zurückzog, betrat Bakunin einen ganz neuen Weg, indem er, jede Hoffnung auf die Bourgeoisie aufgebend, in die Internationale eintrat und sich ganz der Sache der Arbeiter widmete. Das schuf einen entscheidenden Gegensatz mehr zwischen ihnen.

Seit dem Scheitern seiner revolutionären Ideale im Jahre 1848 glaubte Herzen nicht mehr an die Fähigkeit des Westens, die Ideale der Freiheit und Gleichheit, welche er proklamiert hatte, zu verwirklichen, sondern hielt dafür, daß diese Aufgabe Rußland vorbehalten sei. Bakunin dagegen, der Russe, sah die Keime des Neuen in der Arbeiterwelt des Westens, die Herzen nicht kannte und nicht kennenlernen wollte. Nur von der zivilisierten Gesellschaft, der Welt der Bourgeois, war Bakunin überzeugt, daß keine produktive Kraft mehr in ihr sei, wenn sie auch noch zur Genüge materielle Mittel und organisierte, routinierte Kräfte habe, um den Kampf gegen sie zu einem sehr schweren zu machen. Herzen, der sich von Marx, obwohl beide in London lebten, ganz fernhielt, sah den Untergang des ganzen Westens in Bausch und Bogen für bevorstehend an und kniete mystisch, nach einem Ausdruck Turgenjews, vor dem Schafspelz des russischen Bauern und rühmte Mir und Artel, den Gemeinbesitz des russischen Bauern und das russische Genossenschaftswesen, als die Keime einer neuen, besseren Welt.

Auch Bakunin rechnete auf die russische Bauernschaft; aber er verkannte nicht, daß die Dorfgemeinde, in »chinesischer Unbeweglichkeit« erstarrt, durchaus keine erfreulichen Zustände hervorgebracht hatte, und daß man aus ihrer Beschaffenheit eher Gründe gegen als für sie folgern könnte. Er hob hervor die »empörende Erniedrigung der Frau«, die »abscheuliche Verfaultheit und völlige Rechtlosigkeit des patriarchalischen Despotismus« und die Rechtlosigkeit des einzelnen der Gemeinde gegenüber, die gerade das, was Bakunin belebt wissen wollte, die persönliche Initiative, unterdrückte. Niedrige Fügsamkeit gegenüber den höheren Beamten, Bestechlichkeit, despotische Bedrückung der Ärmeren durch die Reicheren, das stellte er als den augenblicklichen Charakter der russischen Dorfgemeinde dar, zum Beweise, daß keine Organisation an und für sich allheilbringend sei. Zwei Tugenden des Mir jedoch anerkannte er: die völlige Abwesenheit des römischen sowie jedes anderen juristischen Rechtes und die dunkle Vorstellung vom Recht eines jeden Bauern auf Grund und Boden.

Das Wesentliche war, daß Herzen, reich, müde, Freund geistreicher Geselligkeit, im Grunde nur in die hochzivilisierte Welt hineinpaßte, die er verachtete und theoretisch vernichtete und deshalb weder im Vergangenen noch im Künftigen sich heimisch fühlte. Besser war Turgenjew daran, der sich frank für einen unverbesserlichen Individualisten erklärte, sich in Schopenhauer vertiefte und Bakunins Kollektivismus schlechtweg für unverständlichen Unsinn erklärte. Am alleranstößigsten waren ihm die Slawophilen mit ihrem Geruch von ranzigem Fastenöl, ihrem Kniebeugen und Kreuzschlagen vor verräucherten byzantinischen Madonnenbildern, den wunderlichen Mützen und Jacken, mit denen sie sich altrussisch ausstaffierten, und in allen seinen Werken machte er sich ausgiebig über sie lustig. Die westliche Kultur, namentlich die deutsche, liebte und bewunderte er, so wie sie war und nach den Lebensmöglichkeiten urteilend, die sie ihm gewährte. Aber auch Turgenjew war zu sehr Russe, um nicht durch die Bewegungen seiner Heimat mit erschüttert zu werden, ja vielleicht hat keiner von seinem Freundeskreise die Leiden seiner Zeit so mitgelitten wie er, wenn auch in besonderer, nicht leicht zu durchschauender Art. Die todesmutigen Jünglinge und Mädchen, die auf alle Freuden ihres Alters verzichteten, um für ein Ideal, das für sie keine Früchte tragen würde, Gefahren, Qualen und Schande auf sich zu nehmen, übten eine bezaubernde Wirkung auf ihn aus, gerade weil er nie imstande gewesen wäre zu tun, was sie taten, und obwohl er für das Ideal kein Verständnis hatte. Mit der Bauernbefreiung, deren Feier in einer russischen Kirche in Paris ihm Tränen entlockte, war für seine Begriffe die Revolution glücklich abgeschlossen, während sie tatsächlich nun erst recht begann. In seinen Werken rang er mit der jungen Generation und reichte ihr am Ende, halb wider Willen, die Krone. Er durfte gegen seine Angreifer mit Recht behaupten, daß Basarow, der Nihilist, der Held seines Romans »Väter und Söhne«, sei wie nur je einer: Er gewinnt unwiderstehlich das Herz des Lesers, wie er das seines Dichters gewonnen hatte. Auch mit seinen Freunden, namentlich mit Herzen, rang er; immer wieder suchte er die Verbindung mit ihm anzuknüpfen, die jener unwillig abbrach. Man wußte, daß Turgenjew öffentlich, der russischen Regierung gegenüber, seine nahen Beziehungen zu Herzen ableugnete, um sich die Vorteile eines gehorsamen Untertans zu wahren.

Turgenjew konnte geltend machen, daß er ja in Wahrheit nicht so dachte wie Herzen; nach seiner Ansicht waren die Menschen nicht zur Freiheit geschaffen und verlangten auch gar nicht danach, und mit der westlichen Kultur war er durchaus zufrieden. Die Hartnäckigkeit, mit der er sich trotzdem an Herzen festklammerte, der ihn streng zurückwies, hat etwas Ergreifendes. Er wollte, der auch ein Heimatloser war, wenn auch durch eigenen Willen, die Heimat im Herzen der alten Freunde nicht ganz verlieren; er wollte in irgendeiner Form auch teilhaben an dem heroischen Kampfe der russischen Revolution. Vielleicht gibt nichts so sehr Aufschluß über den leidensvollen Zustand seines Innern als der merkwürdige, herrliche Vortrag, den er im Jahre 1860 über »Hamlet« und »Don Quichotte« hielt. Er faßte diese beiden ungefähr gleichzeitig auftauchenden Typen als die Erscheinung der beiden Gegenpole des menschlichen Wesens, dessen, der einem außer ihm liegenden Ideale nachfolgt, Don Quichotte, und dessen, der sich selbst das Ideal ist, des Gläubigen und des Skeptikers. Er schildert den furchtlosen, geduldigen, unbeugsamen Don Quichotte, der, obwohl immer besiegt und verhöhnt, doch nie unglücklich ist, weil er nie an sich denkt, sondern nur an die Wahrheit und Gerechtigkeit, deren Reich er begründen will; dagegen Hamlet, der den Gedanken an sich selbst nie loswird, sich selbst aber ebensowenig lieben kann wie irgend jemand anders, dem das Leben schal und flach erscheint, weil er an das Gute und Große nicht glaubt und der doch sein eigenes Leben zu opfern sich nicht entschließen kann. Dürfen wir aus der unheimlichen Bekanntschaft mit den Untiefen der Seele Hamlets nicht schließen, daß er sich selbst zergliederte, in sich selbst die Unfähigkeit der Hingabe an ein Ideal haßte? Und hat ihm, als er von dem armen, kampfesfreudigen, stets begeisterten spanischen Ritter sprach, nicht das Bild Michael Bakunins vorgeschwebt, der, stets besiegt, unerschütterlich wieder dastand, die Glut des Glaubens in dem alles Irdische gleichgültig überfliegenden Blick? Man erzählt, er habe noch auf dem Totenbette geflüstert: und es wären doch große Menschen, die kämpfenden Nihilisten.

Was Herzen mit Bakunin verband, glich der Blutsverwandtschaft: Sie konnten wohl aneinandergeraten und auch sich vorübergehend trennen, ihre Zusammengehörigkeit hing nicht von ihrer Wahl ab, sondern war eine Tatsache. Aus Herzens Äußerungen spricht immer das feine Verständnis für seinen kindlichen, dämonischen Freund, die Freude an seiner Jugendfrische, während er Turgenjew schon im Jahre 1861 altersschwach und greisenhaft nannte; gehörte er doch selbst mehr zu den Skeptikern als zu den Gläubigen und suchte Feuer auf, an dem er sich wärmen konnte. Bakunin behielt die tätige Freundschaft, die Herzen ihm von jeher erwiesen hatte, in dankbarer Erinnerung, auch bewunderte er ihn als Schriftsteller. Bakunin war sich seiner schriftstellerischen Schwäche, nämlich des Mangels an Architektur, wohl bewußt. Seine Schriften schließen sich nie, sie bleiben immer Fragmente, ein künstlerischer Fehler, aber ein Zeichen ihrer unendlichen Lebendigkeit. Meistens brach er ab, wenn ihm ein neuer Einfall kam, der die eben angeschlagene Gedankenkette durchbrach und auf etwas Neues, anderes hinwies. Er pflegte seine Ergüsse Herzen vorzulegen, damit er die plumpen Bärenkinder belecke und gesellschaftsfähig mache. Den Reiz seiner eigenen, ganz persönlichen, drastischen, naiven, humorvollen Ausdrucksweise schlug er wahrscheinlich gering an; aber Herzen schätzte ihn sicherlich. Liest man die Briefe, die sie wechselten, so bleibt trotz aller Gegensätze der Eindruck eines brüderlichen Verhältnisses, und der Aufschrei des Schreckens, den Bakunin auf die Kunde von Herzens Tode erwiderte, atmet reine Aufrichtigkeit: »Ogarjew, ist es wirklich wahr? Ist er wirklich tot? Wie es scheint, ist es so? Denn das entsetzliche Telegramm kann nichts anderes bedeuten. Du Armer – Freund, für solche Unglücksfälle gibt es keine Worte. Es sei denn eines: Laß uns für die Sache sterben!« Sein erster Gedanke war die Idee, die ihre Freundschaft geheiligt hatte, und die Gemeinsamkeit bis in den Tod. Aus seinen Briefen an den vereinsamten Ogarjew spricht von nun an eine weiblich zarte Fürsorglichkeit neben der kameradschaftlichen Offenheit. Ogarjew war schon seit langer Zeit epileptischen Zufällen unterworfen und hatte, wohl infolge dieses Unglücks, zu trinken angefangen, was seine Gesundheit noch mehr untergrub. Er verfiel mehr und mehr in Melancholie und scheint zeitweise kaum zurechnungsfähig gewesen zu sein. »Wie ist Deine Gesundheit?« schreibt Bakunin ihm bald nach Herzens Tode. »Was machst Du? Hast Du das Trinken gelassen? Laß es doch, bezähme um der Sache willen Dein ungestümes Herz!« Und ein andermal: »Schreibe bald, alter Aga, und im Namen unserer Freundschaft, unserer gemeinsamen Ehre, um der Sache selbst willen bitte ich Dich: trinke mit Maß!« Auf einen augenscheinlich in sehr niedergedrückter Stimmung geschriebenen Brief Ogarjews antwortet er: »Du gibst Dich umsonst der Wehmut hin, vergebens wühlst Du in Deiner Seele, um verschiedene Abscheulichkeiten darin zu entdecken. Zweifelsohne wird jeder ohne Ausnahme, der ebenso in seiner Seele wühlte, ebenso Unreines in sich finden. Wer fünfzig Jahre gelebt hat, der darf seufzend die russische Redensart wiederholen: Wer vor Gott nicht gesündigt hat, ist vor dem Zaren unschuldig!

Weshalb aber solltest Du Dich dem übermäßigen Wühlen in Deiner Seele hingeben? Das ist doch auch eine vollkommen unnütze Beschäftigung der Eigenliebe. Reue ist wohl gut, wenn sie nur etwas verändern und bessern kann. Nicht bereuen und bedauern sollen wir, sondern alles sammeln, was in uns an Kraft, Geist, Verstand, Gesundheit, Leidenschaft und Willen von unseren Fehlern und Drangsalen noch verschont geblieben ist; das alles müssen wir konzentrieren, um dem einzig ersehnten letzten Ziele zu dienen, der Revolution. Warum fragst Du, ob wir sie erleben oder nicht? Das vermag niemand zu erraten. Wenn wir sie auch erleben, Ogarjew, so wird sie uns persönlich geringen Trost bringen, andere Leute, neue, kräftige, junge, werden uns von der Erde verdrängen und uns überflüssig machen. Dann werden wir ihnen den Platz räumen. – Damit es uns aber behaglicher wird, schließen wir uns fester aneinander an, Ogarjew, auch zwei alte Leben vermögen Licht und Wärme hervorzubringen und Kraft zu schaffen, wenn sie sich aneinanderschmiegen. Willst Du? Ich bin bereit.«

Das ist die Gesinnung des Helden, die Gustav Adolf in die Worte kleidete: »Was tut es, wenn ich falle! Gott wird einen anderen Kavalier auferwecken ...« Bakunin, obwohl noch krafterfüllt, war bereit, vor der jungen Generation zurückzutreten. Ogarjew gegenüber stellte er sich liebevoll als ebenso alt, ebenso erschöpft, ebenso bedürftig hin, während er doch damals in voller, aussichtsreicher Tätigkeit war und sich bald mit jugendlicher Hoffnung in einen Kampf der Völker und der Ideen werfen sollte.

17

Der Deutsch-französische Krieg und die Kommune

Die freiheitliche Bewegung, welche Michel in Deutschland vorgefunden und miterlebt hatte, war vollständig erloschen; ihre Träger waren teils gestorben, teils geflüchtet, die übrigen hatten sich der neuen Strömung angepaßt. Das war deshalb möglich, weil von Anfang an das Streben nach Freiheit mit dem Streben nach Macht verbunden gewesen war, insbesondere als Ausdruck der durch die Industrie sich bereichernden Bourgeoisie. Nach Unterdrückung der idealen Elemente herrschte das Streben nach Macht und Reichtum vor. Allerdings auch eine Nation als solche kann ihre Freiheit verlieren, und mit diesem Schicksal hatte Napoleon I. die europäischen Nationen bedroht. Dadurch war das Wort Freiheit auch bei Fürsten gebräuchlich, welche es nur im Sinne einer Waffe gegen die großen, rivalisierenden Völker angewandt wissen wollten, und Kampf gegen Frankreich und Freiheit waren eine Zeitlang besonders in Deutschland, das mit Recht Frankreich seinen Erbfeind nannte, gleichbedeutend. Diejenige Freiheit, welche Bakunin als Ausübung der Gerechtigkeit definierte, kann nur mit Gleichheit verbunden bestehen, indem nämlich der Wachstumstrieb eines jeden an dem seines Nächsten seine Schranke findet. Die verschiedene Auffassung des Wortes Freiheit ermöglicht, daß gerade das Streben nach Macht und Reichtum sich zunächst als Freiheit darstellen kann.

Als Bismarck an Preußens Spitze trat, genial als Staatsmann, die prächtige Verkörperung eines öden, unfruchtbaren Prinzips, stieß er anfänglich auf Widerstand und Abneigung auf allen Seiten. Die Deutschen empfanden ihn als wesensfremd: Es fehlte ihm das Breite, Weltbürgerliche, Schweifende, Abenteuerliche und Tragische, das seine früheren großen Führer ausgezeichnet hatte. Er knüpfte zwar dem Buchstaben nach an die Ideale der Männer von Achtundvierzig an; aber es war nicht das Reich auf breiter Grundlage voll mannigfaltigen organischen Lebens, das er baute, sondern der Staat, die Maschine. Bakunin, als Fremder klarblickender, hatte schon 1848 durchschaut, daß, von persönlichen Ausnahmen abgesehen, Deutschland nach Zentralisation, nach Einheit und Macht, nicht nach Freiheit strebte. Hatte sein Haß früher vornehmlich Rußland und Österreich, das heißt den Regierungen dieser Länder gegolten, so wendete er sich jetzt gegen Deutschland als denjenigen Staat, der der straffsten Zentralisierung zueilte, der mehr und mehr das ihm allerverhaßteste Element in sich aufnahm, nämlich die Juden.

Ich fand neulich bei Heine eine Bemerkung ausgesprochen, die sich auch mir längst aufgedrängt hat, daß nämlich die Juden des Alten Testamentes die größte Ähnlichkeit mit den alten Germanen haben, insofern sie vorzugsweise sittlich und dichterisch gerichtet sind. Heine meint, daß die Bibel deshalb das Erziehungsbuch der Deutschen wurde, weil sie in ihrem Geiste geschrieben ist. In diesen Kreis gehört zweifelsohne auch das russische Volk.

Zwischen den Juden des Alten Testamentes und den Juden der Neuzeit steht trennend das Kreuz Christi. Indem sie ihr eigenes Ideal, zugleich das Ideal der Menschheit, aus ihrem eigenen Schoße hervorgegangen, verkannten und töteten, verleugneten sie ihre eigene Vergangenheit und sich selbst; sie waren nur noch Spreu. Wenn auch an einzelnen Juden das Siegel des auserwählten Volkes, die Anbetung der göttlichen Gerechtigkeit und die Ausübung der Brüderlichkeit, sichtbar wird, so sind sie doch im allgemeinen zu Dienern des Goldenen Kalbes geworden. Als entartetes, zerrissenes und entkräftetes Volk streben sie nicht nach der Freiheit, die beständige Anstrengung der eigenen Kraft und Nichtachtung der äußeren Güter erfordert, sondern nach der Freiheit von allen Schranken, die die Ausbreitung der eigenen Macht einengen, kämpfen sie nicht gegen die Welt, sondern streben nach einem guten Platz in derselben. Diese Art haßte Bakunin ebenso, wie ihm die Juden des Alten Testamentes und die Germanen, die sich im Kampf, im Abenteuer, umblitzt von entfesselten Leidenschaften, glücklich fühlten, sympathisch sein mußten. Gelegentlich fiel ihm die Tatsache auf, daß im ganzen Osten die Juden Deutsch sprechen und daß deshalb die Kosaken glaubten, die Deutschen wären getaufte Juden. Die enge Verquickung der deutschen Regierung mit der jüdischen Finanzwelt schien das verhängnisvolle Zusammenwachsen des Deutschtums mit dem Judentum zu bestätigen; was ihn aber noch mehr erschreckte, war der merkwürdige Umstand, daß auch die durch Marx geleitete moderne Arbeiterbewegung die Götzen der Bourgeoisie, nenne man sie nun Zentralisation, Macht, Kapital, nicht zu vernichten, sondern in die eigene Gewalt zu bringen suchte.

Beim Ausbruch des Deutsch-Französischen Krieges sah er den Augenblick gekommen, wo auf lange Zeit hinaus zum letztenmal ein Angriff auf den mächtig gewordenen Despotismus versucht werden könnte. In diesem Kampfe sollte Frankreich das Banner der Freiheit tragen; nicht das offizielle Frankreich, Napoleon III., die Regierung, die Bourgeoisie, die er ebenso verabscheute wie Deutschland, sondern das Volk der Arbeiter und Bauern, welche zugleich, so war seine Meinung, sich von den äußeren und inneren Feinden befreien und sich als unabhängige Gemeinden einrichten sollten. Zu einer so außerordentlichen Umwälzung getraute sich Michael Bakunin, ein einzelner, ein Fremder, ein Volk aufzurufen. Welche Kraft, welche Zuversicht, welche Leidenschaft muß er in sich gefühlt haben. Nicht als ob er allein gestanden hätte; er hatte, wie überall, so auch in Frankreich viele Beziehungen, besonders in Lyon, das er als Provinzialstadt überhaupt geeigneter zum Ausgangspunkte der Revolution fand als die Stätte der Zentralisation, Paris.

Das Jugendhochgefühl von Achtundvierzig kam wieder; daran, wie es damals geendet hatte, dachte er nicht. »Was glaubt Ihr, liebe Freunde«, schrieb er im August an die Reichels, »so oder so, die Revolution steht bevor – zuerst in Frankreich, dann in Italien, schließlich überall! Und es lebe die Revolution!« Das Reisegeld, welches natürlich fehlte, wurde zusammengebracht, und am 14. September reiste er nach Lyon ab. Es gelang, im ersten Anlauf das Stadthaus zu besetzen, aber nicht, es zu halten; eine Verständigung mit den Anführern der republikanischen Partei kam nicht zustande. Außer seinen Vertrauten, die zu jedem Opfer bereit waren, schreckten alle vor der Verantwortlichkeit, vor der Ungewißheit des Ausgangs zurück. Es zeigte sich, daß die Angst vor der Revolution größer war als die Angst vor den preußischen Waffen. Bei einer Begegnung Bakunins mit einem republikanischen Führer, Andrieux, fiel der Gegensatz der beiden Männer bedeutungsvoll auf: die feine, kalthöfliche Maske des Advokaten von Lyon, sein reservierter Blick, seine korrekte Haltung und das offene, entschlossene Gesicht Bakunins, sein feuriges Auge und seine Gleichgültigkeit gegen Äußerlichkeiten. Sie selbst fühlten den Gegensatz und daß sie zu Feinden, nicht zu Freunden geboren waren. Bakunin wurde durch die Behörden gefangengenommen und mußte froh sein, daß Freunde ihn befreiten und ihm zur Flucht verhalfen. Das Unternehmen hatte kläglich und zum Schaden seiner Anhänger geendet und gezeigt, daß seine Absicht keinen Widerhall in den Massen fand.

Trotzdem gab er noch nicht die Hoffnung auf: Kaum wieder zu Hause, warf er sein ganzes Ungestüm aufs Papier, um mit diesen überallhin fliegenden Funken das heilige Feuer in Frankreich zu entzünden. In fieberhafter Eile beschrieb er Bogen auf Bogen und bestürmte zugleich die Drucker zu beschleunigter Arbeit und die zögernden Franzosen, ihr Vaterland und die Freiheit zu retten. Er wußte, daß die letzte Stunde geschlagen hatte, wo vielleicht noch eine Wendung im Charakter der Zukunft herbeigeführt werden konnte, und er versuchte allen Franzosen das Bewußtsein davon und die Verantwortung dafür auf die Seele zu legen.

Der Brief an die Franzosen, wie er seine Schrift nannte, atmet einen wilden, maßlosen, erschreckenden Haß gegen die Deutschen, in denen er die Träger der Reaktion, die Vernichter der Freiheit, aller seiner Ideale sah. Sie kämpften für die Tagesgötter, die versteinerte, materielle Zivilisation, Frankreich sollte für Recht und Freiheit kämpfen. Nicht minder als Deutschland haßte er die kaiserliche Regierung Frankreichs; er stellte sich die doppelte Aufgabe, das Volk gegen sie und gegen die Deutschen zu entflammen. Stellt man sich vor, er hätte im Weltkrieg zu Deutschland anstatt zu Frankreich gesprochen, so wird man in Deutschland seine hohe Auffassung besser würdigen. Sich an die Arbeiter wendend, ermahnte er sie, nicht etwa gleichgültig beiseitezustehen und ihren Mangel an Anteilnahme damit zu bemänteln, daß es ihnen gleichgültig sein könne, wenn die verhaßte Regierung falle, daß die Feinde der kaiserlichen Regierung nicht ihre Feinde wären. Er suchte ihre Liebe zu ihrem Boden, den Überlieferungen ihrer Geschichte, den Idealen, deren Vertreter nach seiner Meinung Frankreich war, zu entflammen; dagegen charakterisierte er das moderne, dekadente Deutschland als die häßliche Vereinigung von Wissenschaft und Brutalität.

Besonderen Nachdruck legte er auf die Notwendigkeit, daß Arbeiter und Bauern sich vereinigten. Auf den Instinkt der Bauern, ihre Liebe zur Scholle, ihre Urkraft rechnete er besonders bei dem großen Verzweiflungskampfe gegen die deutschen Sieger, zu dem er begeistern wollte. Er ermahnte die Arbeiter, die Eigenart der Bauern zu beachten, ihr Mißtrauen gegen sozialistische Schlagworte, als wolle man sie zwingen, ihren Besitz aufzuteilen. Er hielt den Arbeitern vor, wie sie sich verfehlten, indem sie die Bauern als plump, unwissend, abergläubisch verachteten. Verliehe Bildung Wert, dann hätten ja die Bourgeois recht, ihrerseits die Arbeiter zu verachten. Man müsse vielmehr die Vorurteile der Bauern schonen, sich freundlich mit ihnen ins Vernehmen setzen. Vor allen Dingen dürfe man keine Dekrete erlassen und ihnen irgendwelche Organisationsformen aufnötigen, nicht von Kommunismus oder Kollektivismus reden, woraus höchstens ein Aufstand der Bauern gegen die Städte entstehen würde. Was man denn aber tun solle? Auf die intelligenten Individuen persönlich einwirken, damit die Bauern aus sich selbst so organisierten, wie es ihnen gemäß sei. Man dürfe nicht davor zurückschrecken, die sogenannten schlechten Leidenschaften zu entfesseln. Es müßten revolutionäre Tatsachen geschaffen werden; daraus würde sich etwas Lebensfähiges entwickeln, eben weil es aus dem Volke selbst und aus dem Drange der Umstände hervorgegangen sei.

Er schrieb ganz ohne Kunst, wiederholte sich, verließ eine angefangene Beweisführung, um einen neuen Gedanken zu verfolgen, so daß ein unförmliches Werk entstand; als gesprochenes Wort hätte es hinreißen müssen. Noch einmal schlug die große Leidenschaft seines Lebens Flammen aus seinem Sirenenmunde; ihnen antwortete der Brand von Paris, der das Ende der Kommune und das Ende der freiheitlichen Bewegung in Frankreich bezeichnete.

Die Kommune von Paris war das einzige Ereignis, das ihn nach den niederschlagenden Erfahrungen aufrichtete; es war ihm eine Gewähr, daß es Menschen gab, Männer, Frauen, Kinder, die für ihren Glauben und ihre Freiheit freiwillig in den Tod gingen. »Wie es auch enden mag«, schrieb er in bezug darauf, »sie schaffen doch eine ungeheure historische Tatsache. Für den Fall des Mißlingens aber trage ich zwei Wünsche: 1) Mögen die Versailler Paris nicht anders besiegen als mit offener Unterstützung der Preußen. 2) Mögen die Pariser bei ihrem Untergange wenigstens halb Paris mit ins Verderben reißen.« Der moderne Mensch liest bewundernd die Geschichten vom freiwilligen Untergange belagerter Städte im Altertum; aber ihm scheint es unmöglich, verbrecherisch, auch nur ein einziges seiner Häuser, geschweige denn seiner Denkmäler, eine ganze Stadt preiszugeben. Dafür fehlte Bakunin jedes Verständnis. Jedem entwickelungsfähigen Menschen schwebt das Ideal, das er von sich selbst bewußt oder unbewußt hat, in einem Bilde vor; so beherrschte Bakunins Phantasie neben der Gestalt des Prometheus die Simsons. Der Geblendete, Besiegte, der die verlorene Kraft noch einmal wiedergewinnt, um in einem letzten, göttergleichen Augenblick den verhaßten Feind zugleich mit sich selbst zu vernichten, war der brüderliche Schatten, der ihm lockend in die Unsterblichkeit voranging. Bei verschiedenen Gelegenheiten entringt sich ihm der Wunsch, wie Simson zu sterben. In diesem Gefühl wurde er eins mit der kämpfenden Kommune: Sollte sie unterliegen, so sollten die Trümmer der Stadt, in der sie sich heldenmütig verteidigte, ihr Grabmal sein.

18

Auseinandersetzung mit Mazzini

Das Erlebnis in Lyon und der Untergang der Kommune von Paris war eine zweite vollständige Niederlage in Michels Leben. Sie war als Tatsache nicht so grausam wie die erste; aber sie lähmte ihn mehr, weil er nicht mehr jung war und den Tod schon in sich trug. Solange man auf ein Ziel losgeht, fließen alle Lebensadern dem Hauptstrome zu, es mangelt nie an Kräften, die ebenso erregt werden, wie sie in Anspruch genommen werden; jenseits des Zieles aber, selbst wenn es erreicht ist, versiegen sie plötzlich, und das Herz, das so unerschöpflich schien, liegt wüst. Wieviel schlimmer, wenn das Erstrebte für immer entschwindet. Damals, 1849, war Bakunin von der Übermacht besiegt, oder die Unerfahrenheit und Torheit seiner Partei, konnte er denken, habe den Zusammenbruch verschuldet; würde er nur frei, so könnte der Kampf auf einer solideren Grundlage aufgenommen werden. Jetzt stellten sich ganz andere Zweifel ein, die seine Überzeugungen selbst betrafen.

Sehr schwer wurde es ihm zunächst, Frankreich ganz ausschalten zu müssen. Daß Frankreich immer das Land der Zentralisation par excellence gewesen sei, wie er jetzt sagte, diese Einsicht hatte er wohl auch früher schon gehabt und dennoch den Glauben an das revolutionäre Temperament und die freiheitliche Gesinnung der Franzosen nicht aufgeben können. Nun hatte er unwiderleglich erfahren, daß die überwiegende Mehrheit des Volkes die Revolution und Freiheit, wie er sie verstand, mehr haßte und fürchtete als die verhaßten Preußen. Die Preußen waren Zuschauer gewesen, wie die französische Armee, die ohne Ruhm, zum Teil schmachvoll aus dem Kriege zurückgekehrt war, als rachgieriger Sieger über die Kommune triumphierte. Mit einer Grausamkeit, wie nur der weiße Schrecken sie verhängt, wütete die Nation der Tiger-Affen gegen die eigenen Brüder, die ihre Automatenkultur angriffen. Vieles, was Frankreich an Idealismus besaß, hatte der Kommune angehört; das war bis auf den letzten Atemzug erstickt. War es auch einzelnen geglückt, sich ins Ausland zu retten, so konnte doch auf Jahrzehnte hinaus, vielleicht auf immer, im Sinne Bakunins nicht mehr auf Frankreich gerechnet werden. Die Franzosen, sagte er nun, wären gar nicht revolutionär; das Volk selbst wäre dort zu Doktrinären und Schwätzern, ebenso bourgeois wie die Bourgeois geworden. Frankreich zerfalle in acht verschiedene Nationen: die Bauern, die Arbeiter, die kleine Bourgeoisie, die große Bourgeoisie, die aus dem Jenseits kommenden Aristokraten, die ewigen Schatten, die Pfaffen, endlich die bürokratische Welt und das schreibende Proletariat. Zwischen allen diesen Nationen gebe es keine Solidarität als den gegenseitigen Haß und die patriotische Phrase.

Die Solidarität aber war in Bakunins Auffassung das Absolute, wonach er schon in seiner Jugend gesucht hatte, sie war ihm Gott; und das stimmt ja mit dem biblischen Gott-Vater zusammen, dessen Wesen die Liebe ist, die das Vereinzelte zu einem Ganzen zusammenfassende Kraft. »Es gibt eine absolute menschliche Moral, das ist das allgemeine [universelle] Gesetz der Solidarität, die natürliche Grundlage jeder menschlichen Gesellschaft. Nicht ein von oben fallendes Prinzip, sondern ein innewohnendes. Jedes existierende Wesen, sei es einfach oder kollektiv, jedes denkende, lebendige, organische oder anorganische, hat ein innewohnendes Prinzip, das sein Wesen bestimmt und sich in seiner Entwickelung mit Notwendigkeit offenbart.« Solange ein Volk ein solches, ihm innewohnendes Prinzip hat, ein gemeinsames Volksideal, seinen Gott, der vor ihm hergeht in Rauch und Feuer, so lange ist es entwickelungsfähig, wird es aus den furchtbarsten Kämpfen und Umwälzungen lebendig, verjüngt sogar, hervorgehen; sei aber kein solches Ideal mehr vorhanden, sagte Bakunin, dann sei es vergeblich, daß einzelne sich anstrengten und aufopferten, um irgendeine große Erneuerung des Volkes zu bewirken; wohl könne ein Machthaber es zusammenballen aus Staatsgründen, zum Zwecke eines Krieges, aber es werde keine organische, entwickelungsfähige Form mehr aus ihm herauswachsen.

Nun aber war ja gerade das Bakunins Ziel, was er oft wiederholt hat: »Wir sehen den Staat in seiner gegenwärtigen Entwicklung als ein versteinertes, anorganisches Produkt des Lebensprozesses der Völker an, als eine mechanische Absonderung vom lebendigen Volksorganismus. Die Kraft des Staates ist gegenwärtig eine rein und ausschließlich mechanische, direkt gegen das Volk gerichtete, nur auf Polizei und Armee gegründete, und daher richten sich alle Anstrengungen der revolutionären Kreise und Personen auf die Zerstörung des Staates durch die Organisation der elementaren Kraft des Volkes.«

Die Erfahrung, daß ein beständig von Freiheit und Gleichheit redendes, mit der Glorie revolutionärer Kraft prahlendes Volk diese organische, elementare Triebkraft nicht mehr hatte, mußte einen erschütternden Eindruck auf Michel machen. Es ging ihm wie Hamlet: »Aufzeichnen muß ich mir, daß einer lächeln und immer lächeln kann und doch ein Schurke ist.« Es gibt Dinge, die man oft gehört und gelesen hat und deshalb weiß und die man doch erst qualvoll lernen muß zu glauben, wenn man sie erlebt. Eine große Niedergeschlagenheit bemächtigte sich seiner, die die winterliche Jahreszeit und das Elend seiner wirtschaftlichen Lage verstärkte. Er war gewöhnt, von der Hand in den Mund zu leben und innerhalb eines gewissen Zuschnitts sich auf das Notwendige zu beschränken; jetzt trat die nackte Not in sein Haus ein. Den einzigen Überfluß, an dem er persönlich hing, Tee und Zigaretten, konnte er nicht mehr beschaffen. Dazu, rastlos tätig wie er war, belud er sich mit einer Aufgabe, die ihm schwer wurde: eine Schrift gegen Mazzini zu verfassen, der ein starres Verdammungsurteil gegen die Kommune von Paris geschleudert hatte. Er hatte niemals eigentlich übereingestimmt mit Mazzini, weder persönlich noch sachlich, dennoch aber ein gutes Verhältnis mit dem Manne zu erhalten gesucht, dessen Uneigennützigkeit über jeden Verdacht erhaben war, und der sich mit Leib und Seele für seine Überzeugungen eingesetzt hatte. Dies betonte er auch immer wieder; aber es war ihm Bedürfnis, hauptsächlich das Besiegte zu verteidigen und daneben, gerade weil er in engen Beziehungen zur italienischen Revolution stand, festzustellen, was ihn von Mazzini trennte.

Das war vor allen Dingen, daß Mazzini sich auf eine bourgeoise Minderheit im Volke gestützt und zur Befreiung der italienischen Bauern nichts getan hatte. Auch Marx sagte: »Mazzini kennt nur die Städte mit ihrem liberalen Adel und ihren aufgeklärten Bürgern. Die materiellen Bedürfnisse des italienischen Landvolks – so ausgesogen und systematisch entnervt und verdummt wie das irische – liegen natürlich unter dem Phrasenhimmel seiner kosmopolitisch-neukatholisch-ideologischen Manifeste. Aber allerdings gehört Mut dazu, den Bürgern und dem Adel zu erklären, daß der erste Schritt zur Unabhängigkeit Italiens die völlige Emanzipation der Bauern und die Verwandlung ihres Halbpachtsystems in freies bürgerliches Eigentum ist.«

Bei Bakunins außerordentlicher Vorliebe für die Bauern, die nicht nur auf Einsicht, sondern auf tief innerlichem Zusammenhang beruhte und mit dem Kern aller seiner Anschauungen zusammenhing, beschäftigte ihn natürlicherweise dieser Punkt sehr. Er meinte, daß allen italienischen revolutionären Bewegungen die Teilnahme des eigentlichen Volkes gefehlt habe, weil sie als rein politische dem Volk hätten gleichgültig bleiben müssen. Im Zusammenhang damit bekämpfte er Mazzinis Lehre, daß der Fortschritt der Menschheit durch inspirierte Menschen, durch das Genie, herbeigeführt werde. Bakunin bestritt das zwar nicht, aber er faßte das Genie anders auf, als den Ausdruck nämlich des Volkes, aus dem es hervorgehe, und ohne welches es nicht gedacht werden könne. Der Hirt ist machtlos ohne die Herde, die seine Stimme hört. Die Eigenheit Mazzinis, vielleicht durch seine Schicksale verstärkt, sich ein wenig als das offizielle Genie zu drapieren, mißfiel ihm sehr, der sich beständig bemühte, seine auffallende Persönlichkeit zu dämpfen.

Es hat immer geniale Menschen gegeben; aber es waren Zeiten, wo zwar ihre Werke oder Taten, aber kaum ihre Namen überdauerten, weil sie selbst mit ihrem Werk zu einer Gemeinschaft gehörten, die an ihrem Werk und der Ehre ihres Werks teilnahm. Das Wesen dieser Zeit, das Bakunin als Kollektivismus dem Individualismus der Neuzeit entgegensetzte, glaubte er, sei wieder im Anzuge, und deshalb erbitterte ihn jedes Anzeichen von Ehrgeiz, Eitelkeit oder Ruhmsucht und übermäßiger Verherrlichung einzelner, das er wahrnahm. Er wollte, das muß immer wieder betont werden, durchaus nicht, daß die hervorragende Persönlichkeit unterdrückt werde, im Gegenteil; aber er war überzeugt, daß dem einzelnen erst aus der Gemeinschaft, die ihm mitwirke und der er verantwortlich sei, die volle Kraft zuströme. Er hielt es nicht für angebracht, vom hohen Katheder voll Überlegenheit zum Volke zu sprechen, da er vielmehr für die Aufgabe genialer Persönlichkeiten ansah, den Willen des Volkes zu vollziehen, der in ihnen natürlich lebendig wäre, von dem das Volk vielleicht noch kein Bewußtsein gehabt hätte, den es aber als seinen erkennte, wenn der Führer ihn ausspreche. Bakunin glaubte, daß Mazzini und Garibaldi zu ganz anderen Ergebnissen hätten kommen können, wenn sie nicht das Interesse einer kleinen, wohlhabenden Schicht, sondern das Interesse aller, auch des schwer arbeitenden Volkes, im Auge gehabt hätten; wenn nicht Mazzini sich einer religiösen Terminologie bedient hätte, die weder von Gebildeten noch von Ungebildeten als etwas Lebendiges verstanden wurde und nichts als den alten, deistischen Ich-Gott bedeutete. Wenn jetzt Mazzini auf allen Plätzen der italienischen Städte Standbilder errichtet sind, so ist es, weil er die Idee eines mächtigen, einheitlichen Italiens faßte, das alle Länder des Abendlandes überragte; Bakunin aber war nicht Zentralist, sondern Föderalist, weil es ihm auf den Reichtum mannigfaltigen Lebens ankam, nicht auf Macht und Reichtum eines Staates. Er verargte es Mazzini, daß er die Vorstellung von der lateinischen Rasse, welche edler und mehr zur Herrschaft geeignet sei als alle anderen Völker, in den ohnehin zur schönklingenden Phrase geneigten Italienern genährt hatte. So verstand er den Patriotismus nicht, als Posaune der eigenen Herrlichkeit und Wirtschaft für den eigenen, materiellen Vorteil. Wie fremd und entgegengesetzt er sich Mazzini fühlte, geht daraus hervor, daß er ihn gelegentlich, gerade was die Herrschsucht für das eigene Volk betrifft, mit Marx verglich; der eine sei Pangermanist, der andere Italianissimo. Obwohl er aber die historische Bedeutung von Marx höher anschlug als die von Mazzini, hatte er für diesen doch ein wärmeres Gefühl. Nicht mit leichtem Herzen griff er den Verbannten an, der das durch ihn geeinigte Vaterland nur heimlich, unter angenommenem Namen wie ein Verbrecher betreten durfte. Bei Gelegenheit eines solchen Besuches starb Mazzini im Frühling 1872, nicht lange nach dem Erscheinen von Bakunins Fehdeschrift.

Was Bakunin vorschwebte, läßt sich mitfühlen: eine innigere Verbindung zwischen Volk und Führer in der Einsicht, daß das Wesen des Genies eben in der Vertretung des Volkes liege. Was er nicht klar einsah, war, so scheint es mir, daß das Genie auch vom Volke verlassen sein kann, ebenso wie das Genie sich einbilden kann, fern vom Volke etwas Großes zu sein und zu wirken. In einer Zeit sodann, wo sich Vereinzelte und Massen gegenüberstehen, wo eine völlige Spaltung zwischen Stadt und Land sich vollzogen hat, kann man da von Volk in Bakunins Sinne reden als von einem organischen Ganzen, das Taten aus sich hervorbringt? Wird ein Volk von Bauern sich je gegen einen anderen Feind erheben als den äußeren, der ihm seinen Boden entreißt, oder den inneren, der ihm heilige Namen angreift?

Einige Volkserhebungen sind in der neueren Geschichte vorgekommen, die Bakunins Ideale in dieser Hinsicht waren: der Aufstand der Vendée gegen die Revolution, der Aufstand Spaniens gegen Napoleon und der Aufstand der Russen gegen denselben. Es mußte Bakunin selbst auffallen, daß alle diese Volkserhebungen, die ihm so nachahmungswürdig erschienen, reaktionäre Ziele hatten, die selbstverständlich nicht die seinen waren. Woran lag das? Das Volk, das im Kerne bäuerlich ist, erhebt sich in Masse nur für eine heilig gehaltene Vergangenheit, für Gott-Vater. Diese Vergangenheit ist die Mauer, an die es sich lehnt, sein Rückgrat. Auch Pugatschew hatte nicht als Pugatschew, sondern als Zar Peter Erfolge. Wer Zukunft schaffen will, muß den todesmutigen Sprung ins Bodenlose wagen. Er steht allein mit wenigen, die von vornherein zum Untergange verurteilt sind, deren Blut erst jene Vergangenheit wieder bilden muß, in der gläubige Massen wurzeln können. Auch die ersten Christen waren ein armseliges Häuflein, verachtet, kaum beachtet. Der Tod der Erstlinge ist in Schmach und Dunkel verborgen, lange, nachdem sie gelitten, erst beginnt er zu leuchten, umgeben ihn Gewölk, Blitz und Donner, die Himmel und Erde zerreißen.

Solche Gedanken hatte Bakunin damals nicht, sondern er sah sich, nachdem Frankreich versagt hatte, nach einem anderen Volke um, das seine Ideen verwirklichen könnte, und dazu schienen ihm die Italiener am meisten geeignet.

Diese dumme und heldenmütige Nation, wie er sie nannte, hatte sich von jeher durch eins ausgezeichnet, was zur Ausführung seiner Ideen notwendig war, ja worauf er eigentlich hinzielte: persönliche Initiative. Überblickt man die beinahe hundertjährige Zeit des Risorgimento, so setzt die Fülle von Persönlichkeiten, die aus eigener Initiative handelnd hervortraten, in Erstaunen. War Frankreich das Land der Zentralisation, so waren Deutschland und Italien Länder der Dezentralisation par excellence gewesen; in Deutschland aber hatte schon seit längerer Zeit das aufstrebende Preußen einen alles an sich saugenden Mittelpunkt vorbereitet. Die heroische Schar, die das neue Italien gründete, verkündete noch einmal durch ihr Erscheinen die Glorie der mittelalterlichen Anarchie. Im Nachklang dieser Zeit der Verschwörungen gab es noch allerhand Elemente in Italien, die sich unwillig der neuen Staatsordnung fügten. Unter den Deklassierten, jungen Leuten, die, nach einem Ausspruch Bakunins, es müde waren, sich in die mystische Größe Dantes zu versenken, fand er die Anhänger, die er brauchte, Temperamente, denen es um Sturm und Leben zu tun war und die entweder nichts besaßen oder das, was sie besaßen, aufs Spiel zu setzen bereit waren. Es gab ferner in Italien ziemlich viel Lumpenproletariat, worauf Bakunin zur Entrüstung von Marx und Engels große Stücke hielt; die Deklassierten und das Lumpenproletariat ersetzten ihm ein wenig die Räuber, indem sie die einzigen waren, die kein Interesse an der vielbelobten Ordnung des Staates hatten.

Auch von Spanien, wo er starken Anhang hatte, erwartete er viel; sein Zutrauen zu Rußland dagegen nahm ab, besonders seit er mit einem Kreise russischer Studenten und Studentinnen in Zürich in Berührung gekommen war. Dort hielten sich viele junge Leute auf, die bei Studentenverfolgungen in Rußland hatten flüchtig werden müssen und im Auslande sogleich nach russischer Art Genossenschaften bildeten, innerhalb deren sie alles gemeinsam besaßen. Bei der persönlichen Begegnung versagte die Zauberkraft der alten Schlange nicht, obwohl seit den Vorfällen mit Netschajew Mißtrauen unter der russischen Jugend gegen Bakunin herrschte, als wolle er sie, so wie es jener getan hatte, hinterrücks vergewaltigen. Bald jedoch ergaben sich Mißhelligkeiten, veranlaßt namentlich durch die Eifersucht der jungen Leute auf einen Kollegen namens Armand Roß, den Bakunin bevorzugte und immer um sich hatte. Mit diesem wiederholte sich ein Erlebnis, das für Bakunin charakteristisch war: Er vertraute dem gewandten, praktischen jungen Manne ganz und gar, bis er bemerkte, daß dieser dadurch anmaßend wurde und ihn beherrschen zu können glaubte. Etwas Weiches und Nachgiebiges, ein Mangel an Stahl und Wachsamkeit, ferner Gleichgültigkeit gegen alles Geschäftliche und Weltliche lag in seiner Natur und verschuldete manche Geringschätzung, die ihm zuteil wurde. Einer von den Bekannten, mit denen er in der letzten Zeit Umgang hatte, sagte von ihm, er sei zugleich ein Kind, ein Wilder und ein Gelehrter; aber weder ein Kind noch ein Wilder, noch ein Gelehrter imponiert der Welt, die sich nur vor dem Herrschsüchtigen und dem Geschäftstüchtigen beugt. Er, der Lobredner des Satan, erkannte oft den eigentlichen Satan im Menschen nicht, nämlich die Sucht, wo sich eine Spalte zeigt, die eigene Person einzuschieben, damit sie vorherrsche. Dieser Sucht entspricht die andere, sich einem festen Willen bedingungslos unterzuordnen, und beide Triebe, Herrschsucht und Knechtssinn, sind im russischen Charakter besonders stark ausgeprägt. Für einen offenen Despoten großen Stils, wie Nikolaus I. war, hatte Bakunin bei allem Hasse Verständnis und sogar eine gewisse Sympathie; an den jungen russischen Intellektuellen stieß ihn etwas ganz anderes ab: der Mangel an Natur, an elementarer Kraft, an Überraschungen, das Doktrinäre, Engherzige, Schematische. Er konnte an diesen Revolutionären, die auf alle seine Lehren eingeschworen waren, nichts aussetzen, aber er mochte sie im Grunde nicht und erwartete nichts Großes von ihnen. »Was kann man mit diesen Kellerasseln tun?« sagte er. »Was für Konspiratoren sind doch die Russen! Stets zeichneten sie sich durch Herdeneigenschaften aus! Die Mode fiel auf die Anarchie: jetzt sind sie alle Anarchisten. Aber in einigen Jahren wird es vielleicht keinen einzigen Anarchisten geben!«

Von Netschajew, der zu gleicher Zeit in Zürich war, hielt er sich vollständig fern, und als der Verfolgte im Oktober 1872 der Polizei verraten und von der Schweiz an Rußland ausgeliefert wurde, erhob er seine Stimme nicht wieder, um ihn zu schützen; aber in seinem Herzen hatte er ihn nicht vergessen. »Er wird als Held zugrunde gehen«, schrieb er an Ogarjew, »und diesmal niemand und nichts verraten. Mir tut es sehr leid um ihn. Niemand hat mir so viel Böses und dabei mit Absicht getan wie er, und doch tut es mir leid um ihn. Er war ein Mann von seltener Energie, und als wir ihn kennenlernten, flackerte in ihm die helle Flamme der Liebe zu unserem armen, verlassenen Volke. Damals war er noch bloß von außen unsauber, aber sein

Inneres rein.« Sein Gefühl trog ihn nicht; das standhafte Benehmen Netschajews während des Prozesses und im Kerker tilgte die Erinnerung an die moralischen Ausschreitungen während seiner unglücklichen Laufbahn.

In dieser Zeit trauriger und bitterer Erfahrungen fand der Kongreß der Internationale im Haag statt, wo Marx, zum ersten Male persönlich erscheinend, es erreichte, daß Bakunin und mit ihm Guillaume ausgeschlossen wurden. Der Beschluß, der auf diesem Kongreß gefaßt wurde, daß die Arbeiter sich als politische Partei konstituieren müßten, widersprach so durchaus den Anschauungen Bakunins, daß ein weiteres Zusammengehen ohnehin unmöglich gewesen wäre. Tief kränkend aber war die Art und Weise, wie die Internationale gegen den ehemaligen Kampfgenossen verfuhr, als handle es sich nicht um eine sachliche Meinungsverschiedenheit, sondern um schwere moralische Verfehlungen Bakunins.

Er war damals ohne Familie; seine Frau war mit ihren Kindern nach Rußland zu ihren Eltern gefahren, die der Tod eines Sohnes in Trauer versetzt hatte, um sie zu trösten und mit sich in die Schweiz zu nehmen. Bakunin hauste inzwischen im Albergo di Gallo, dessen Wirt er, wenn er um die Bezahlung bangte, mit den Worten: corraggio, speranza, perseveranza zu vertrösten pflegte, die er wie eine Zauberformel gebrauchte. Es bedurfte viel, um den gigantischen Körper zu ernähren, der immer massiger, immer schwerfälliger wurde. Die prangende Gesundheit seiner Jugend war in den Jahren der Gefangenschaft untergraben; zuerst hatte er gegen beginnende Gebrechlichkeiten ankämpfen können, aber nun begann der zerrüttete Organismus unaufhaltsam sich aufzulösen. Bei seinen Unternehmungen, die das Verknüpfen so vieler Beziehungen und Anregen zur revolutionären Betätigung mit sich brachten, trug ihn seine Körperkraft nicht mehr wie einst, sondern er mußte die Schwäche und Ermüdung, die ihn hemmte, überwinden. Es kamen Augenblicke, wo die Aufgabe, in deren Dienst er sein Leben gestellt hatte, über seine Kräfte ging.

19

Die Tragödie der Baronata

Unter den jungen Italienern, die sich Bakunin anschlossen, befand sich der junge Carlo Cafiero. Er war überzeugter Anarchist und Kollektivist im Sinne Bakunins und beschloß, sein beträchtliches Vermögen, in dessen Besitz er durch Erbschaft gelangt war, der ihm heiligen Sache zu widmen. Wie viele Italiener war er persönlich bedürfnislos; den Hang zum Luxus des Hauses mit bequem und geschmackvoll eingerichteten Wohnräumen kennt der im Freien lebende Südländer überhaupt weniger, sein zum Handeln drängendes Wesen macht ihn weniger abhängig von vielen Verführungen der Zivilisation. Trotzdem ist die Großartigkeit, mit der Cafiero sich seines Reichtums entäußerte, bewundernswert in einer Zeit, wo in Italien die Jagd nach dem Gelde alle anderen Interessen zu übersteigen begann. Er faßte für Bakunin schnell eine herzliche Zuneigung, die sich in dem Wunsche äußerte, dem alternden, erschöpften Kämpfer das Leben leichter zu gestalten. Es fiel ihm ein, daß er zugleich der Sache und der verehrten Person dienen könnte, wenn er nahe an der italienischen Grenze ein Haus kaufte, welches Bakunin mit den Seinigen bewohnte, wo die Gesinnungsgenossen jederzeit eine Zuflucht fänden und wo Waffen zum Zwecke von Revolutionen verborgengehalten werden könnten. Bakunins Bedenken ließ er nicht gelten; er zeigte die Sorgfalt eines Sohnes, dem es Bedürfnis ist, dem angebeteten Vater alles Schwere abzunehmen. Im Bewußtsein seiner Kränklichkeit und seiner Unfähigkeit, die Zukunft seiner Familie sicherzustellen, war Bakunin oft von Sorgen bedrückt; er liebte die Frau, die an seiner Seite so wenig ruhiges Glück genossen hatte, und ihre Kinder mit der väterlichen, gütigen Liebe, die er überhaupt für schutzlose Wesen empfand, und fühlte im höchsten Grade den natürlichen Trieb, über seinen Tod hinaus für sie zu sorgen. Cafiero kam ihm auch darin zartfühlend und großmütig entgegen; er versprach ihm, auch nach seinem Tode für die Seinigen zu sorgen, und ermächtigte ihn, das die abwesende Frau wissen zu lassen, damit sie über die Zukunft beruhigt sei.

Gemeinsam wurde nun das Haus, welches zu verkaufen war, die Baronata, in Augenschein genommen. Es lag auf einer steinigen Anhöhe und war eng und dumpfig, die Lage jedoch, zwischen Locarno und Bellinzona, war insofern günstig, als man von dort die Straße weithin überblicken konnte, und den übrigen Mängeln konnte durch Umbauten abgeholfen werden. Cafiero wollte, daß sein alter Freund gesunde, heitere Räume bewohnen und es in jeder Hinsicht behaglich haben sollte. Vor der Welt sollte Bakunin als der Besitzer des Hauses erscheinen, dessen doppelten Zweck natürlich niemand ahnen durfte, und dazu war notwendig, daß er den Eindruck eines ruhigen, wohlhabenden Bürgers machte. Er pflegte in einem uralten Anzug und Mantel einherzugehen, der übrigens dem Imponierenden seiner Erscheinung keinen Abbruch tat; aber man fand nun doch für gut, ihn neu auszustaffieren, damit er besser für die Rolle des Hausbesitzers passe. Er verbreitete überall die Mitteilung, daß er sich von jeder öffentlichen Tätigkeit zurückziehe, an seine Genossen vom Jura-Bunde richtete er einen Abschiedsbrief, der seinen Austritt begründete. Er sagte darin: »Durch meine Geburt und meine persönliche Stellung, sicherlich nicht durch meine Sympathien und Tendenzen, bin ich nur ein Bourgeois, und als solcher könnte ich unter Ihnen nichts leisten als theoretische Propaganda. Nun gut, ich habe die Überzeugung, daß die Zeit der großen theoretischen Reden, seien sie gedruckt oder gesprochen, vorüber ist. In den letzten neun Jahren sind im Schoße der Internationale mehr Ideen entwickelt worden, als nötig wären, um die Welt zu retten, wenn Ideen allein das könnten, und ich möchte den sehen, der noch eine neue erfände. Die Zeit gehört nicht mehr den Ideen, sondern den Taten. Die Hauptsache ist heute die Organisation der Kräfte des Proletariats; aber diese Trganisation muß das Werk des Proletariats selbst sein.«

Dies öffentliche Scheiden aus dem Kreise der früheren Tätigkeit sollte nicht ernstlich ein Aufhören derselben bedeuten, sein unterirdisches Wirken sollte vielmehr so lebhaft sein wie je zuvor; so verstanden es wenigstens Cafiero und die übrigen Freunde und Anhänger. Vielleicht aber war Bakunins Herz mehr bei jenem Schreiben, als seine Freunde ahnten und als er selbst sich zugestand. Er hatte damals, als im Sommer 1873 die Baronata gekauft wurde, noch drei Jahre zu leben, seine Kräfte waren am Versiegen; wie hätte sich das nicht fühlbar machen sollen? Er war sehr müde; es tat ihm wohl, daß die Jugend sich um ihn regte, für ihn eintrat, ihm die Last der Verantwortung abnahm; und er lebte sich, da er einmal nachgegeben hatte, nicht ohne Lust in die neue Rolle ein. Seine Überzeugungen hatten sich nicht geändert; aber der Glaube an die Möglichkeit der Verwirklichung seiner Ideen war erschüttert, und zum ersten Male lockte es ihn, sich selbst zu leben. Es waren gewiß frohe Tage, wenn man gemeinsam zur Baronata hinaufstieg, um über die neuen Einrichtungen in Haus und Garten zu beratschlagen. Es wurden Veranschlagungen gemacht und alles auf italienische Art, gemächlich und sorglos, betrieben. Einige Monate, so darf man annehmen, vergingen Bakunin fröhlich in Vorbereitungen und Vorfreude. Für den Sommer 1874 wurde Antonie aus Sibirien zurückerwartet in Begleitung ihrer Eltern. Für Russen und Italiener hat der Gedanke, die Familie durch Schwiegereltern und Geschwister erweitert zu sehen, nichts Erschreckendes; im Gegenteil, das erwärmende Gefühl von Weite des Zusammenhangs wird dadurch gesteigert. Anders als sonst wollte Bakunin diesmal die Seinigen empfangen. Er war immer der Unstete gewesen, den Schulden und revolutionäre Rücksichten von Ort zu Ort jagten, der ängstlich auf irgendeine entlehnte oder geschuldete Summe wartete, um die nächsten Tage zu fristen. Jetzt erwartete die nach zweijähriger Abwesenheit heimkehrende Frau ein eigenes, bequemes Heim, wo ein reichlicher Zuschnitt des Lebens herrschte, wo man endlich einmal ohne die drückende Sorge für die nächste Zukunft atmen konnte. Freudenfeuer sollten die erste Sommernacht erleuchten, die die Reisenden zu Hause erlebten. Gerade diese Stunde sollte dem unglücklichen Manne die bitterste Erfahrung seines Lebens bringen.

Am Abend desselben Tages, wo Antonie ankam, es war der 13. Juli, traf auch Cafiero in der Baronata ein. Dieser Besuch hätte die allgemeine Freude vervollständigen können; allein es bemächtigte sich Bakunins ein seltsam unbehagliches Gefühl, als ihm der junge Freund verändert, wortkarg, düster gegenübertrat. Cafiero hatte sich im Laufe des Jahres mit einer Russin verheiratet, die er durch Bakunin hatte kennenlernen. Sie war eine strenge Revolutionärin und teilte, wie es scheint, das zärtliche Gefühl ihres Gatten für Bakunin nicht. Ihrem Einfluß mag es zuzuschreiben sein, daß Cafiero sein Verhältnis zu Bakunin in einem anderen Lichte zu sehen begann. An jenem Abend kam er, um die getroffene Vereinbarung aufzuheben und Bakunin anzukündigen, daß er das Haus, als dessen Eigentümer er sich fühlte, zu verlassen hätte. Die Notwendigkeit, Antonie und ihre alten Eltern zu verjagen, die auf seine Einladung gekommen waren, glücklich über die neue Heimat, wo sie Ruhe finden sollten, erschien Bakunin unerträglich, unannehmbar. Nachdem er für seine Lebenszeit der dringendsten Sorgen ledig zu sein geglaubt hatte, wurde er plötzlich in eine Lage gestoßen, die schrecklicher und aussichtsloser war als je zuvor, und durch denselben Mann, der ihm freiwillig ein Asyl angeboten, beinahe aufgedrängt hatte. Es schien unglaublich, unmöglich, es schien ein böser Traum, plötzlich ausbrechender Wahnsinn zu sein, daß der großmütig liebende Sohn ihm als grausamer Herr gegenüberstand, um ihn aus dem Paradiese zu vertreiben. Cafiero führte an, daß das Leben Bakunins auf der Baronata sein Vermögen zu verschlingen drohe, ohne daß es der Sache zugute komme, und daß es notwendig sei, den Überrest wenigstens zu retten. Allerdings war Bakunin unpraktisch und ein geborener Verschwender, gastfrei, immer umringt von Anhängern, die er reichlich bewirtete; aber er konnte geltend machen, daß Cafiero ihn selbst ermuntert hatte, sich nach Belieben einzurichten, und daß der Aufwand nicht nur ihm, sondern den Freunden der Sache diente, die sich vorübergehend auf der Baronata aufhielten. Es mochte Cafiero klargeworden sein, daß die Ankunft der Familie, die ihn nicht interessierte, die Kosten mehr als verdoppeln würde; aber diese Überlegung kam nun zu spät. Bakunin fühlte sich außerstande, Antonie die furchtbare Enttäuschung mitzuteilen, und hätte doch, so mißhandelt, am liebsten sofort den Staub von den Füßen geschüttelt. Wovon sollte die ganze Familie in der nächsten Zeit leben? Er sah sich gezwungen, denjenigen, der ihm das Unerhörte antat, um Geld zu bitten, und tat es, indem er es als sein Recht von ihm forderte. In der Tat war Bakunin durch Cafiero in diese Lage geraten, er hatte sich auf Cafieros Versprechen verlassen, daß dieser die Sorge für seine Familie auf sich nehmen wolle. Er fühlte sich entehrt und zugleich unfähig, die Last des Lebens, die sich unversehens verdoppelt über ihn wälzte, nachdem er sich befreit gewähnt hatte, wieder auf sich zu nehmen. Er sah für sich keinen Ausweg als den Tod. Wieder schwebte ihm sein Held vor, Simson, der geblendete, und winkte ihm, zur großen Auferstehung sich aufzuraffen. Hätte er jetzt auf den Barrikaden, umlodert von den Flammen der Revolution, kämpfen und fallen können!

Die Gelegenheit schien sich zu bieten. Die anarchistischen Bewegungen hatten in verschiedenen Teilen Italiens eine solche Kraft erlangt, daß die Führer glaubten, einen Aufstand wagen zu können, der an mehreren Orten zugleich losbrechen sollte. Es ist nicht unmöglich, daß dieser Plan an Cafieros unerklärlichem Betragen Anteil hatte. Für die jungen Revolutionäre war der alte Riese aus Rußland, der seit fünfundzwanzig Jahren ein Anführer ihrer Kämpfe und dann ein Märtyrer gewesen war, wie eine Fahne, die weithin sichtbar ist und mit ihrem bloßen Rauschen Begeisterung erregt und Jünger anzieht. Er hatte mancherlei Erfahrung gesammelt und war zugleich ein Symbol, das Gelingen gewährleistete. Daß in dieser Fahne, die sie schwingen wollten, ein Herz schlug, ein müdes, sterbendes Herz, daran dachten sie nicht. Vielleicht hatten sie bemerkt, daß Bakunins revolutionärer Schwung, der einst so unwiderstehlich gewesen war, nachließ, und sie schrieben es dem bequemen Leben zu, das aus dem Scheinbürger, den er spielen sollte, einen leibhaftigen Bourgeois machte. Das war ja Tatsache, daß er den Glauben an eine in der Gegenwart mögliche Revolution verloren hatte, ganz abgesehen davon, daß er wohl Ursache hatte, die angebliche Revolution in Italien für ungenügend vorbereitet zu halten. Er wünschte zu sterben; aber zugleich empörte es ihn, daß die jungen Männer, die noch wenig erprobt und gelitten hatten, ihn, den Alten, wie ein Stück Zündstoff hinwerfen wollten, gerade gut, für die allgemeine Sache verzehrt zu werden. Hätte das alte Feuer noch in ihm gebrannt, so daß er vorangegangen wäre und die anderen mitgerissen hätte, wäre es nicht so gewesen; weil der Drang zur Tat in ihm erloschen war, wurde er ein Gegenstand, den die anderen mitschleppten, um ihn auszuspielen wie einen Trumpf. Wunderbar ist es, daß die Jugend, die von Leben strotzt, das Leben unbedenklich wagt, und der Alternde, je näher er dem Tode ist, selbst wenn er den Tod ersehnt, desto mehr vor dem Sterben zurückschaudert. Bakunin reiste ab, Verzweiflung im Herzen, wie er sie noch nie gekannt hatte, ohne seinen Angehörigen mitzuteilen, wohin er ging. Am 29. Juli kam er in Splügen an, wo er im Hotel Bodenhaus abstieg, fuhr am folgenden Tage weiter und traf am Abend spät in Bologna ein. Hier war er fremd und konnte sich nur von den Eingeweihten hin- und herschieben lassen. Der Ausbruch der Revolution war auf einen bestimmten Tag im August festgesetzt; sie scheiterte in der Hauptsache daran, daß sich nicht genug Teilnehmer einfanden. In der verhängnisvollen Nacht erwartete Bakunin mit den Leitern des Unternehmens das Zeichen zum Aufbruch; er hatte einen geladenen Revolver bei sich, um, wenn er nicht im Straßenkampfe fiele, seinem Leben selbst ein Ende zu machen. Er hielt die Waffe in der Hand und erwartete einen gewissen Zeitpunkt, den er sich gesetzt hatte, um loszudrücken. Wenn er sich wirklich hätte töten wollen, was hätte ihn gehindert? Sicherlich wünschte er sich hinweg aus der Welt, die unerträglich auf ihm zu lasten anfing; aber es scheint doch, daß eine unbesiegliche Lebensanhänglichkeit ihn von dem letzten Schritt zurückhielt. Aus seiner tiefen Niedergeschlagenheit heraus spielte er das Zauberhorn, sein Wiegenangebinde; ein junger Italiener, den er eben erst kennengelernt hatte, bemühte sich liebevoll um ihn und redete ihm das Sterben aus. Daß wieder ein Herz für ihn schlug, mag tröstend auf ihn gewirkt haben; er fühlte sich nicht mehr nur verlassen und verraten und ließ es zu, daß man auf seine Rettung dachte. Als italienischer Landgeistlicher verkleidet, mit grüner Brille, auf einen Stock gestützt, ein Körbchen mit Eiern in der Hand tragend, verließ er am 12. August Bologna, ohne Verdacht zu erregen. Seine imponierende Erscheinung, sein gelassenes Wesen mögen ihn hier wie auch sonst beschützt haben. Es wird erzählt, daß er einmal bei einem Aufstande in Pisa gewesen sei und sich aus einem umstellten Hause gerettet habe, indem er mitten durch die Soldaten hindurchgegangen sei, von denen keiner ihn anzurühren wagte. Ist das eine Legende, so beweist sie, wie er wirkte und was man ihm zutraute.

Er kehrte nach Splügen zurück und blieb dort vierzehn Tage. Umringt von der Herrlichkeit der Berge, das titanische Spiel der Wolken vor Augen, einsam zwischen Gästen voll Ferienlust im glücklichen Müßiggange: Was für Gedanken, Zweifel und Qualen mag er in sich verborgen haben. Der Kampf seines Lebens, in den er sich so stolz, so übermütig gestürzt hatte, war kläglich versiegt. Es war ihm nicht gewährt wie Simson, unter den Trümmern der Burg seiner Feinde zu enden, neben ihren Leichen; er lebte ein armselig gespartes Leben, geringgeschätzt von seinen Anhängern, nicht mehr gefürchtet, kaum noch beachtet von seinen Feinden. Wie anders hatte er es einst geträumt! Vielleicht dachte er an die russischen Kerker und neidete sich seine eigenen Qualen. Auch dort hatte er sich oft den Tod gewünscht und sich ihn doch nicht gegeben. Wäre sein Freund Reichel bei ihm gewesen, er hätte auf dem klappernden Klavier, wie sie in den Gasthäusern im Gebirge zu sein pflegen, alte teure Weisen gespielt und den Schmerz beschworen. Der Alpdruck des Erdenlebens wäre gewichen, und der Befreite hätte aufatmend gefühlt: Dies alles ist nichts vor der Ewigkeit. Aber er war ohne Freund und alt, krank, besiegt, zertreten.

Immer wieder das Erlebte wiederholend, bohrte er sich in die Auffassung hinein, Cafiero habe ihn zum Mitbesitzer der Baronata gemacht und könne ihm das Recht, sie zu bewohnen, nicht einseitig nehmen; so suchte er sich die entsetzliche Lage gewaltsam günstiger zu gestalten. Von Splügen aus reiste er nicht heim, wo die Familie sich um ihn bangte, sondern zunächst ins Wallis, und hatte dort noch eine Zusammenkunft mit Cafiero. Wenn er sich an die Hoffnung geklammert hatte, Cafiero würde inzwischen sein Verhalten bereut haben, wenigstens insofern wieder der alte sein, als er einen geziemenderen Ton gegen den einst so verehrten älteren Mann anschlüge, so wurde er wiederum enttäuscht; Cafiero blieb trocken und starr, vielleicht weil es ihm nur so möglich war, seinen Standpunkt festzuhalten. Noch ein furchtbarer Augenblick folgte: Bakunins treuer Freund und Anhänger aus dem Jura, James Guillaume, stellte sich auf die Seite derer, die er für seine bittersten Feinde ansah. Der Widerstand, dem er begegnete, verstärkte ihn nur in seiner Ansicht, die Baronata gehöre ihm so gut wie Cafiero. In seinem strengen Rechtlichkeitssinn hatte Guillaume dafür kein Verständnis. Er war außer sich darüber, daß der, den man den Vater des Anarchismus nannte, der für die Abschaffung des Erbrechts gekämpft hatte, Eigentumsrechte an einem Vermögen geltend machte, an dem ihn der Besitzer lange freiwillig hatte teilnehmen lassen. Er drang mit Vorstellungen so lange auf den unglücklichen Mann ein, bis dieser zusammenbrach und sich nun selbst als einen Schuldigen anklagte, der sein Unrecht nur mit dem Tode sühnen könne. Die monatliche Unterstützung von dreihundert Franken, die die ehemaligen Genossen vom Jura ihm anboten, schlug er aus. Die Mächtigen der Erde belohnen diejenigen, die für sie gearbeitet haben, mit Reichtum, Gütern und Titeln; wer für die Armen kämpft, hat nichts zu erwarten als Armut und vielleicht einen schmählichen Untergang. Eine Summe zu leihen, um die Kosten des Lebens für die allernächste Zukunft zu decken, erklärte Cafiero sich bereit.

Unversöhnt gingen Bakunin und Cafiero auseinander. In der Tiefe seines Herzens behielt Bakunin das Gefühl, verraten zu sein. So unglücklich er war, war doch vielleicht Cafiero noch mehr zu beklagen. In ihm war ein großmütiger Hang wie nur in wenigen Menschen; aber es scheint, daß eine zweite Seele in ihm war, die sich gegen das Übermaß der Selbstlosigkeit auflehnte. Er war ein Heiliger, mit einem Alltagsmenschen zusammengekoppelt. Sein schöner Plan scheiterte an der Wirklichkeit; hätte er Bakunin weiter schalten lassen, so würde ein bedeutendes Vermögen in einigen Jahren verzehrt gewesen sein, das nach seiner Absicht in erster Linie dem Wohl des Volkes, wie er es auffaßte, dienen sollte. Er sowohl wie Bakunin hatten wie Kinder gehandelt. Das Seltsame und Schreckliche war, daß Cafiero, nachdem er sich entschlossen hatte, das Verhältnis aufzuheben, es in einer Form tat, die sein Recht zum Unrecht machte. Dies alles mußte Bakunin wie Wahnsinn erscheinen, und es war auch Wahnsinn darin verborgen.

Nachdem Bakunin die Baronata geräumt hatte, bezog sie Cafiero. Er lebte dort einsiedlerisch und asketisch; aber er vertrug dies Leben nicht lange und verkaufte die Besitzung für vierundvierzigtausend Lire. Schon bald darauf geriet er in Not und war in dem Jahre, wo Bakunin starb, vorübergehend Gehilfe in einem Irrenhause. Nach wechselnden Erlebnissen in verschiedenen Ländern, nachdem er auch begonnen hatte, eine Lebensgeschichte Bakunins zu schreiben, fielen im Jahre 1881 die ersten Zeichen von Verfolgungswahn an ihm auf; daneben quälte ihn die

Wahnidee, er habe seine Kameraden verraten. Unter der Pflege eines Freundes erholte er sich noch einmal, mußte aber immer wieder in eine Irrenanstalt gebracht werden, wo er im Jahre 1892 gestorben ist. Zu seinen Wahnvorstellungen gehörte, man müsse die Fenster verhängen, damit er nicht zu viel Licht verbrauche, das allen gemeinsam gehöre. Dieser ergreifende Gedanke läßt einen Blick in sein reines, leidendes Gemüt tun. In eine individualistisch geordnete Welt hineingestellt, versuchte er die Idee, daß die Güter der Erde allen gemeinsam gehören sollen, für seine Person zu verwirklichen, und erfuhr, daß es über seine Kraft ging. Höchst unbilligerweise verlangen die Gegner von einem sozial denkenden Menschen, er dürfe nichts besitzen, während doch unter einem Volke, dessen Leben auf dem Privateigentum beruht, es nur einem Heiligen möglich wäre, ganz außerhalb der bestehenden Einrichtungen zu leben.

20

Das Ende des Kampfes

Seit Cafieros Freundschaft ihm ein Eigentum beschert hatte, war der russische Grundherr in Bakunin erwacht, als der er geboren war. Er kaufte auf Kredit eine zwischen Lugano und Castiglione gelegene Villa von historischer Vergangenheit; denn sie hatte der Familie Nathan gehört, die in den italienischen Befreiungskämpfen eine Rolle gespielt hatte. Das nötige Geld hoffte er dadurch zu erlangen, daß er endlich in den Besitz seines väterlichen Erbes käme, zu welchem Zweck seine Schwägerin, eine praktische, tüchtige Frau wie ihre Schwester, nach Rußland zu seinen Brüdern reiste, um die Auseinandersetzung mit ihnen zu betreiben. Ihre Berichte klangen sehr zufriedenstellend, so daß Bakunin auf ein Vermögen von hunderttausend Rubeln zu rechnen begann. Um das Geld flüssig zu machen, sollten Wälder verkauft werden, was nicht so schnell vonstatten ging. Inzwischen wirtschaftete Bakunin in dem gigantischen Maße drauflos, das ihm eigen war. Er studierte Gartenbau und Chemie unter Anleitung eines Professors, er ließ Sämereien kommen, mit denen er den ganzen Kanton Tessin hätte unter Blüten setzen können, er pflanzte und düngte, daß ein Gewächs das andere erstickte. Da das erwartete Geld einstweilen ausblieb, kam er mitten in der Hoffnung auf eine endliche Befestigung seines äußeren Daseins oft in bittere Verlegenheiten, in denen die Freundschaft der benachbarten Familie Bellerio ihm auszuhelfen pflegte. Sie waren damals sein hauptsächlicher Umgang: der alte Bellerio war Republikaner, ein Gegner der Zustände, die sich damals in Italien herausbildeten, aber deshalb doch nicht mit Bakunin übereinstimmend, mit dem er stets im freundschaftlichen Streite lag. Wie immer hatte er auch hier ein besonders herzliches Verhältnis mit den Frauen und pflegte abends mit der alten Dame Domino zu spielen; die Söhne waren seine zuverlässigen Freunde. Es scheint in diesem Hause die harmonische, humane Kultur geherrscht zu haben, die für das Italien der ersten Hälfte des neunzehnten Jahrhunderts charakteristisch war. Auch mit einem Flüchtling der Pariser Kommune, Arthur Arnould, verkehrte Bakunin häufig, der eine geistreiche Charakteristik des fabelhaften Russen, wie er damals erschien, aufgezeichnet hat. Trotz seines schäbigen Filzhutes und seines fragwürdigen Umhangs, trotz seiner zunehmenden körperlichen Gebrechlichkeit machte Michel noch immer den Eindruck eines Grandseigneurs, der durch seine Bildung, seinen Geist, seinen Humor, seine kindlich genialen Einfälle jede Gesellschaft schmückte und ein gern gesehener Gast war. Er versteckte nie seine Überzeugungen, aber da, wo er es nicht mit Borniertheit oder Egoismus zu tun hatte, schenkte er auch anderen Ansichten Gehör. Es wurde von ihm bemerkt, daß er einen triftigen Einwand sofort anerkannte und vor ihm die Waffen streckte, wer ihn auch erhob. Er verstand Spaß und hatte einen großen Sinn; Fanatiker und Doktrinäre wie Robespierre oder Savonarola waren ihm zuwider. In den Pausen des Gefechtes konnte er dem Gegner gerecht werden, der eine Überzeugung vertrat. Er glich darin den edeln Rittern der Vergangenheit, die sich herausforderten, um sich zu töten, aber wenn der Kampf ruhte, sich die Hand reichten und sich desto lebhafter anerkannten, je gefährlicher sie einander waren. Auch für ihn ruhte jetzt der Kampf.

Im Spätherbst 1874, nach dem Bruch mit Cafiero, schrieb er an Ogarjew: »Ich, alter Freund, habe mich auch, und diesmal endgültig, von jeder praktischen Tätigkeit, von jeder Beziehung zu praktischen Unternehmungen zurückgezogen. Erstens weil die jetzige Zeit zu solchen Unternehmungen entsetzlich unbequem ist. Der Bismarckianismus, d. h. der Militarismus, die Polizeiwirtschaft und die Finanzmonopole, vereinigt in ein System, das den Namen des neuen Staatstums trägt, siegen überall. Vielleicht werden zehn oder fünfzehn Jahre vergehen, in welchen diese mächtige und wissenschaftliche Verleugnung der ganzen Menschheit siegreich sein wird.« Im ähnlichen Sinne schrieb er an alle seine Bekannten. Guillaume riet er, wieder als Lehrer in eine öffentliche Schule einzutreten, da man einsehen müsse, daß die Volksmassen gegenwärtig den Sozialismus, so wie er ihn auffaßte, nicht wollten. Es sei eine reaktionäre Epoche angebrochen, deren Ende voraussichtlich die gegenwärtige Generation nicht erleben werde.

Der Sieg der Reaktion war ihm widerwärtig; aber bitterer war ihm die Erfahrung, daß die Arbeiterbewegung überwiegend eine andere Richtung nahm, als er gewünscht hatte. Sie nahm mehr und mehr Staatsgedanken und Kapitalismus in sich auf, eben die Mächte, die er so leidenschaftlich bekämpft hatte. Sie bekämpften denselben Feind wie er, aber nicht sein Wesen, sondern ihn, um sich an seine Stelle zu setzen. Es schien Bakunin zuweilen so, als sei die Herrschsucht der Menschen so groß, daß, wie er zu einem Freunde sagte, wo drei beieinander wären, zwei sich zusammentäten, um den dritten zu unterdrücken. Das hätte nur aufgewogen werden können durch ein gemeinsames Ideal, den gemeinsamen Glauben an das Recht und die Brüderlichkeit, an die Freiheit, die keiner genießen kann, wo nicht alle frei sind.

Die Liebe zur Freiheit wurzelte in Bakunin so tief, daß er dieselbe bei allen Menschen voraussetzte. Es war ihm nie eingefallen, daß Knechtschaft nicht einreißen und bestehen könnte, wenn ihr nicht etwas in der menschlichen Natur, noch außer der Unterwürfigkeit, entgegenkäme, nämlich Trägheit und Gewinnsucht. In jeder Gemeinde, die sich selbst regieren will, müssen alle Glieder selbsttätigen Geistes sein. Die Freiheit erfordert nicht nur Mut, sondern Regsamkeit, Wachsamkeit, Bereitschaft zum Handeln und zur Übernahme der Verantwortung, ja Opferwilligkeit bis zum Tode. Knechtschaft ist bequem, Freiheit unbequem. Es muß ein jeder Zeit und Kraft für die allgemeinen Angelegenheiten übrig haben, die nichts einbringen als Freiheit und Ehre, anstatt sich ganz und gar auf geldtragende Privatgeschäfte werfen zu können. Als die Israeliten der Gottesherrschaft überdrüssig geworden waren und einen König verlangten wie die Heiden, zürnte Samuel, aber Gott sprach zu ihm: »Sie haben nicht dich, sondern mich verworfen.« Ihr gemeinsames Ideal war nicht mehr die göttliche Gerechtigkeit, sondern Macht und Reichtum. Hätte das, was man Staat nennt, ein fester Mittelpunkt, von welchem aus die allgemeinen Angelegenheiten geregelt werden, also nur von oben nach unten, statt von unten nach oben, entstehen können, wenn nicht eine Erschlaffung gegenüber den früheren Idealen, eine zunehmende Neigung zu dem neuen Ideal des Mammons, des Reichtums und Genusses, dem entgegengekommen wäre? Bakunin hatte als selbstverständlich angenommen, daß die unteren Schichten des Volkes, Arbeiter und Bauern, namentlich diese, von der Erstarrung oder Dekadenz des Abendlandes nicht mitbetroffen wären; nun mußte er sich die Frage stellen, ob die Bauern innerhalb eines hochzivilisierten Volkes so geblieben sind wie zu der Zeit, als das junge Volk nur bäuerlichen Charakter und als es seine Entwickelung vor sich hatte? Hätte selbst in Rußland ein Pugatschew heute noch aus Bauern ein Heer schaffen können, das den Staat in Atem hielte? Verlangten nicht vielleicht gerade Arbeiter und Bauern nach Ordnung, nichts als Ordnung, und waren nicht vielleicht die wenigen, die sich nach »Sturm und Leben« sehnten, unter der Bourgeoisie zu suchen? Mehrfach äußerte er sich dahin, daß der revolutionäre Gedanke und die revolutionäre Leidenschaft nicht in den Massen lebendig wären, daß man ohne diese nichts ausrichten könne und daß er sich in dieser Hinsicht getäuscht habe.

Die Erfahrungen, die er gesammelt hatte, ließen sich vielleicht so zusammengefaßt ausdrücken, daß die Ideale, die in ihm lebendig waren, nur in einem wesentlich agrarischen Lande verwirklicht werden könnten, daß aber Europa sich unaufhaltsam zu einem Industrie-Massenstaat entwickelt. Bakunin hatte dieser Tatsache insofern Rechnung getragen, als er sich der Arbeiterbewegung selbst anschloß und unter Arbeitern für Arbeiter zu wirken suchte, er hatte also eigentlich den europäischen Übergang zur Industrie mitgemacht; aber seine Weltanschauung paßte nicht dazu, und er mußte mit ihr scheitern. Im Kerne blieb er immer derselbe Mensch, Sohn eines agrarischen, ja halb nomadischen Landes, wenn er sich auch der Zeit anzupassen suchte. Der russische Freund, der ihn lachend in bezug auf seine gigantische Körperlichkeit Mastodont nannte, hatte nicht unrecht: wie eine ausgestorbene Art, gewaltig, staunenerregend, aber schwer zu verwerten, ragte er in das moderne Leben. Im Grunde hätte sein Instinkt der Zerstörung sich gegen die Maschinen wenden müssen und den Geist, der sie hervorgebracht hat und benützt. Er jedoch hatte nicht das Gefühl, oder er hatte es nur vorübergehend, in einem unlösbaren Konflikte zu enden. Welche Fragen und Zweifel sich ihm auch aufdrängten, es geschah nicht mit dem Ergebnis, daß sie ihn an dem Grunde seiner Überzeugungen irregemacht hätten. Seine Beurteilung der Zukunft hat sich als erstaunlich zutreffend erwiesen: Er berechnete die Dauer des Bismarckianismus auf fünfzig Jahre, worauf er in einem Weltkriege zusammenbrechen würde. Versetzen wir uns in seine Lage, so werden wir, die wir diesen Weltkrieg erlebten, es nicht grausam finden, daß er ihn erhoffte. »Es bleibt noch eine Hoffnung: der allgemeine Krieg – die ungeheuren Militärstaaten müssen sich früher oder später untereinander zerstören und verschlingen. Aber welche Aussicht!« Die Ursache dieses Krieges sah er richtig in dem Wesen der Staaten selbst, von denen er keinem mehr den geringsten Vorzug vor dem anderen gab. Er sah deutlich, daß das siegreiche, mächtige Deutschland jetzt das Ideal aller anderen Staaten war und daß sie es nur haßten, um sich an seine Stelle zu setzen, es ihm gleich- oder zuvorzutun. Was er nicht ahnte, war, daß die Verdammungsurteile, die er in der Wut des Kampfes gegen Deutschland geschleudert und verbreitet hatte, als er noch hoffte, Frankreich zu einem Freiheitskampfe hinzureißen, von den neidischen Staaten gesammelt und als Waffe gebraucht werden würden, um den deutschen Koloß zu stürzen und zu beerben.

Nachdem er sein Leben lang selbst unter den Gladiatoren gewesen war, genoß es der müde Mann, nun auch einmal Zuschauer zu sein und andere für die Schürzung und Lösung der Knoten sorgen zu lassen. »Was für Schauspieler und was für eine Bühne! Im Hintergrunde, ganz Europa beherrschend, Kaiser Wilhelm und Bismarck an der Spitze eines Bedientenvolkes – in der Ferne England, das sich noch nicht entscheiden kann, wieder etwas zu werden, und noch weiter entfernt die Musterrepublik der Vereinigten Staaten von Amerika, die schon mit der Militärdiktatur kokettiert. Arme Menschheit.«

Erloschen war aber die Kampflust nicht, und das Vordringen der Klerikalen im Kanton Tessin erbitterte ihn so, daß er drauf und dran war, wieder in die Arena zu springen. Noch im Jahre 1873 belächelte er Garibaldi, der »ein Held auf dem Schlachtfelde, aber ein sehr schlechter Philosoph und Politiker«, die Pfaffen mehr als alles haßte und Bismarck wegen seines entschiedenen Auftretens gegen die katholische Kirche als Befreier Europas und der Welt feierte; denn die kirchliche Reaktion sei doch im Grunde machtlos und ungefährlich, nur die staatliche, die eben Bismarck vertrete, zu fürchten. Zwei Jahre später aber war er in die lokalen Kämpfe so weit hineingerissen, daß er den Standpunkt änderte und den Pfaffenkampf als dringend notwendig ansah.

»Und Du, mein alter Freund«, schrieb er am 19. Oktober 1875 an Reichel, »was machst Du? Wie bringst Du Deine innere Welt, Dein Heiligtum, mit der verpesteten Atmosphäre der überall triumphierenden Reaktion und mit den schweren Bedingungen des Lebens in Gesellschaft zusammen? Was mich betrifft, so bin ich vollständiger Einsiedler geworden und suche mein altes Ich vermittels der Kontemplation wieder zu fangen – ob es mir gelingt, weiß ich nicht. Eins nur muß ich Dir doch gestehen, von allem tätigen Leben entfernt, laufe ich die Gefahr, ein Bismarckianer zu werden – und doch hasse ich nicht den Bismarck selbst – er ist ein konsequenter Kerl –, sondern den Bismarckianismus wie früher von ganzem Herzen – aber ich hasse den nun wieder überall siegenden oder zu siegen scheinenden Katholizismus, Klerikalismus noch mehr. Es ist ein Schimpf für die Menschheit, ein Schimpf für alles, was in uns vernünftig, sittlich, menschlich ist – ich würde mich um die Pfaffen sehr wenig kümmern, wenn ihre Tätigkeit sich damit beschränken würde, alte Esel noch mehr zu vereseln –, aber in Frankreich, in Italien, in Spanien, in Belgien und auch in manchen schweizerischen Kantonen, z. B. nel Ticino – ziehen sie die ganze Erziehung der Kinder, der Zukunft, in ihre schmierigen Hände, und das ist ein wahres Unglück; denn sie machen nicht nur die Herzen und die Köpfe der Jugend voll Lüge – nein, sie verfälschen systematisch und gründlich sozusagen die organische Natur und die ganze natürliche Tätigkeit und Entwickelung beider – sie schaffen Lügner und Sklaven –; und obgleich ich sehr gut weiß, daß Bismarck die Religion des lieben Gottes nur mit dem Zweck bekriegt, an ihre Stelle die mir immer verhaßte Religion des Staates und der Staatsdienerei zu setzen – so muß ich doch anerkennen, daß, wenn es jetzt in Europa keine Bismarckianische Politik gäbe, wir alle in kurzer Zeit zu Pfaffenfraß würden. – Jetzt scheint es mir wieder nützlich und notwendig, den alten verschollenen Schrei der Enzyklopädisten zu erheben: ›Ecrasons l'infâme‹ – und wie in meiner alten guten fanatischen Zeit, wo ich zu sagen pflegte: ›Was redet ihr mir von Unparteilichkeit, wir wollen die Unparteilichkeit dem lieben Gott überlassen‹, ebenso fange ich wieder an, mich sehr wenig um abstrakte Gerechtigkeit zu kümmern: alles was das Pfaffentum und die Pfaffen zugrunde richtet, ist mir recht und gerecht – so übergehe ich unter die Fahne von Täuscher[1], und so bin ich für den Augenblick nolens volens selbst ein Bismarckianer geworden –«

Unversehens war der Einsiedler, der sich von allem tätigen Leben zurückgezogen hatte, wieder mitten im Kampfe. Er konnte wie Gustav Adolf sagen: »Ruhe gibt es für mich wohl erst in der Ewigkeit.«

Das Bild seiner selbst, das als Keim in jedem liegt, ist eines Tages vollständig nach außen übertragen und steht da als die Werke, die ihm nachfolgen. An die Stelle der Bruchstücke des mühsamen, rätselhaften, oft stockenden, zuweilen sich überstürzenden Lebens tritt die gesammelte Gestalt und geht ihren Weg zum Himmel oder zur Hölle; das Sterbliche schwindet. Bakunin wußte, daß seine Aufgabe getan war und daß die Stunde näher kam, wo er abgelöst werden würde, und er war es zufrieden. Daß er besiegt war, verbitterte ihn nicht und machte ihn nicht irre. Er war eine zu religiöse Natur, als daß er an den Mitteln der Gottheit gezweifelt hätte, ihren Willen zu vollbringen, auch wenn er sie nicht überblickte. Niemals hatte er sich eingehend um das gekümmert, was nach der großen Revolution, auf die er rechnete, kommen würde. Die Wut, der Nachwelt Gesetze vorzuschreiben, ergriff ihn nur selten, eigentlich nur dann, wenn andere ihn damit ansteckten. Einige Programme hat er wohl auch verfaßt, die gewisse unumgängliche Vorschriften für das Leben der Zukunft festsetzen; aber man kann sie gut aus seinem Leben wegdenken. Aus der Masse seiner Überzeugungen sind zwei feste Punkte hervorzuheben als notwendige Grundpfeiler: die Kollektivität und die Freiheit des Individuums. Er betrachtete als die Wurzel aller unserer Übel unsere Auffassung des Menschen als eines selbständigen Ich, während er innerhalb der Gemeinschaft geboren und für dieselbe bestimmt sei; ebensosehr aber glaubte er an die Freiheit des einzelnen, an sein Recht zu selbständigem, verantwortlichem Handeln. Die Erfahrung, daß die Menschen zur Verwirklichung seiner Ideale einerseits zu eigensüchtig, anderseits zu gleichgültig und zu träge waren, tastete die Überzeugung selbst nicht an; denn die Menschheit könne sich ändern, nicht die Wahrheit. Konnte er auch von der Art des Weltkrieges und seinen Folgen im einzelnen keine Vorahnung haben, so konnte er doch im allgemeinen denken, daß die Not auf vieles leitet und zu vielem tüchtig macht, was vorher aus tausend Gründen abgelehnt worden wäre und unmöglich geschienen hätte. Wie sehr durch die Verhältnisse nach dem Kriege auf der einen Seite die Assoziation, auf der andern Seite die Initiative des einzelnen belebt ist, so daß die private Unternehmung übernimmt, was man bisher nur vom Staat erwartet und dem Staat zugetraut hatte, das zeigt die Bewegung unserer Tage in einer Richtung, wie sie Bakunin für erstrebenswert hielt. Gerade auch in Italien und Spanien, wo er am meisten Einfluß hatte, ist das Streben nach Dezentralisation und nach einem vom Staate unabhängigen Leben noch sehr lebendig und unübersehbar in seiner Wirkung. Der Möglichkeiten im Reiche des Lebendigen sind unendlich viele, und das ganz Unverhoffte kann plötzlich aus der vom logischsten Geiste geknüpften Kausalkette hervorbrechen.

Immerhin, für den Augenblick, für die Dauer seines Lebens war nichts mehr für ihn zu tun. Wenn er auch, der wie Goethe stets einen Gegenstand für seinen Zorn haben mußte, sich mit lebhaftem Anteil in die Bekämpfung des Klerikalismus warf, so lag das doch abseits von seinem eigentlichen Wege. Er kehrte zu der Liebhaberei seiner Jugend zurück: Er las, las mit der ganzen Frische und dramatischen Beteiligung wie vor mehr als dreißig Jahren, bevor er die Bücher aus der Hand legte, um zu leben. Er las die Werke des Philosophen, der seinen Freund Feuerbach entthront und dessen ehemalige Anhänger, die Kampfesmüden, auf dem schwellenden Teppich seiner orientalischen Weisheit versammelt hatte. Georg Herwegh gehörte nicht zu jenen, die das von Bismarck gegründete Kaisertum als das Symbol jener Zukunft annahmen, für welche sie einst ihr Leben eingesetzt hatten; er hielt sich grollend vom neuen Deutschland zurück. Aber Bakunins Bitte, ein schwungvolles Programm, wie nur er es könne, für das kämpfende Proletariat zu schreiben, lehnte er ab oder beantwortete er nicht. Die Enttäuschungen, der Hohn und die Verleumdung, die ein ehrlich gemeinter Kampf ihm gebracht hatte, machten ihn empfänglich für die Gemütsverfassung des Orientalen, welcher die Welt zu überwinden meint, indem er sie gehen läßt, ohne sich einzumischen, und in der Betrachtung des Schönen vorübergehend die Welt und sich selbst vergißt. Diese Stimmung gestattet, zugleich die Welt zu verachten und zu genießen, wie das auch Georg Herwegh, Schopenhauer selbst und Richard Wagner, den Herwegh für die neue Philosophie gewann, verstanden haben. Keine Äußerung Bakunins verrät, soviel ich weiß, was er von dem ehemaligen Kampfgenossen dachte, der seinerseits es als feine Zurückhaltung auffaßte und rühmte, daß der verfemte Rebell nicht versuchte, die frühere Verbindung wieder anzuknüpfen, und ihn dadurch in Verlegenheit setzte!

Vorgenommen hatte sich Bakunin, seine Memoiren zu schreiben, womit er auch endlich einmal etwas getan hätte, um die leere Kasse zu füllen. Daß es nicht dazu kam, beweist die erstaunliche Frische des Geistes in diesem vollständig zerrütteten, sterbenden Körper. Sich rückwärts zu wenden, fiel ihm immer noch schwer, und die Daten der Vergangenheit als Vorgänge, die nicht in ihn selbst übergegangen und umgewandelt waren, aneinanderzureihen, langweilte ihn. So blieb sein Leben einem volkstümlichen Epos ähnlich: nun hell flammend, nun im Sande verrinnend, ganz im Dunkel sich verlierend, dann plötzlich mit vollem Klange wieder aufrauschend. Einen anderen Plan, seine tiefsten Überzeugungen zusammenfassend eine Ethik auf der Grundlage der Kollektivität zu schreiben, hätte er aus Mangel an Begabung für systematische Darstellung wohl auch dann nicht ausführen können, wenn Krankheit und Sorgen ihn weniger gehemmt hätten.

Die Hoffnung auf ein äußerlich gesichertes Leben wurde zunichte, als Bakunins Schwägerin mit dem Ertrag ihrer Reise aus Rußland zurückkehrte. Anstatt der hunderttausend Rubel, auf die er rechnen zu können geglaubt hatte, bestand der ganze Erlös für die Wälder, die die Geschwister ihm überlassen hatten, in siebentausend Rubeln. Die Not schlug wieder über ihm zusammen, und diesmal, ohne daß noch eine Aussicht auf das alte Erbe sie erleichtert hätte. Es wurde beschlossen, die Villa, welche Bakunin mit den Seinigen bewohnte, zu verkaufen und nach Neapel überzusiedeln, wo er Freunde und Anhänger hatte, namentlich Gambuzzi, der später seine Witwe heiratete. Mitbestimmend dafür war der Umstand, daß die schweizerischen Behörden anfingen, dem Aufenthalt des alten Revolutionärs Schwierigkeiten in den Weg zu legen, während die demokratische Regierung, die damals in Italien am Ruder war, die Zusage gab, ihm ein unbelästigtes Asyl zu gewähren.

Aus diesen häßlichen Verlegenheiten, neuem Druck, neuer Abhängigkeit wußte ein Gefährte den Ausweg, der lange schon neben Bakunin herging: der Tod. Er litt an Hypertrophie des Herzens, Wassersucht und Entzündung der Nieren. Der Anblick seines immer schwerfälliger werdenden Körpers, sein mühsames Keuchen, wenn er sich bewegte, verriet seinen Zustand, wenn er auch fast nie klagte. Der Gedanke des Sterbens hatte nichts Erschreckendes für ihn; er gab ihm das Gefühl endlichen Sichausstreckens und Ruhens. Vielleicht hörte er von der bevorstehenden Übersiedelung nach Italien sprechen als von einer Sache, die ihn nichts mehr anging, die für ihn nie wirklich werden würde. Etwas anderes sollte für ihn vorhergehen: ein letztes Zusammensein mit den alten Freunden in Bern, bevor er die Schweiz, bevor er die Erde verließe. Es leuchtete ein, daß der Verkehr mit der Schweiz von Italien aus umständlicher sein würde, und so ließ die Familie ihn ziehen, begleitet von einem italienischen Arbeiter, der in Verehrung an ihm hing; am selben Tage, wo er nach Bern abreiste, es war der 13. Juni, ging Antonie nach Neapel, um die dortige Wohnung einzurichten.

Die Schwestern und Brüder, an denen einst sein ganzes Herz gehangen hatte, waren weit, und die Erinnerungen an Kindheit und erste Jugend wohl von späterem, stärkerem Erleben überwachsen. Die schöne Zeit, wo er zu vollem Bewußtsein seiner selbst und seiner Aufgabe erwachte, war verknüpft mit dem Freunde seines Herzens und mit der Familie Vogt, an deren gastlichem Tisch er voll Jugend und Hoffnung gesessen hatte. »Ich bin gekommen, um bei euch zu sterben«, sagte er zu Frau Reichel. Am ersten Abend, den er bei Reichels zubrachte, wurde in alter Weise Musik gemacht, der er aufrecht stehend zuhörte, bis die Schmerzen ihn überwältigten. Dann begleitete ihn Reichel in die Mattenhofer Klinik, wo Professor Adolf Vogt ihm ein Zimmer besorgt hatte. Auf seinen Wunsch sagte ihm dieser, daß er ihn nicht mehr heilen könne. Sein Zustand verschlimmerte sich nun schnell. In den Stunden, wo er nicht schlummerte oder Schmerzen hatte, las er, unter anderem Schopenhauer. In bezug darauf sagte er zu Reichel, die Philosophie gehe von einem falschen Grundgedanken aus, indem sie den Menschen als selbständiges Einzelwesen und nicht als Teil einer Gruppe auffasse; diese falsche Auffassung sei es, die zum Pessimismus führe. Die Freunde besuchten ihn und erleichterten ihm soviel wie möglich seine Leiden; jedoch war er während der letzten Tage nur noch selten bei hellem Bewußtsein. Als Adolf Reichel ihn das letztemal verließ, sagte er ihm mit besonderer Zärtlichkeit Lebewohl. Am 1. Juli um die Mittagszeit starb er, sanft entschlafend.

Antonie, der telegraphiert wurde, als das Ende herannahte, fand ihn nicht mehr am Leben; auch andere Freunde und Jünger eilten herbei, um dem Toten die letzte Ehre zu erweisen. Auf dem Westlichen Friedhof wurde er begraben unter einem Stein, den die Familie Vogt setzte und für dessen Schmuck Frau Reichel sorgte, solange sie lebte. Es waren Deutsche, die den Sterbenden liebevoll pflegten und das Andenken des Toten heilighielten. Es ist interessant, die Charakteristik, die der Franzose Arnould von Bakunin entworfen hat, mit der Reichels zu vergleichen. Das von Arnould entworfene Bild ist glänzender, es zeigt den Alten vom Berge in seiner widerspruchsvollen, großartigen, bezaubernden Eigenart, und daß eine liebenswürdige Bosheit den Pinsel führt, macht die Schilderung nur um so überzeugender. In jahrelangem, täglichem Zusammenleben hatte Reichel wie kein anderer alle Absonderlichkeiten und Überraschungen seines Freundes kennengelernt; aber das Unwesentliche fällt ab von der großen Gestalt, die in seinem Herzen weiterlebt. Er gedenkt nur noch des Helden und Propheten, der durch Kampf und Leiden bis in den Tod seinem Glauben treu war.

Reichel überlebte Bakunin um viele Jahre; aber die meisten von denen, die seine Genossen gewesen waren, gingen um dieselbe Zeit dahin. Im selben Jahre starb der unglückliche August Roeckel, mit dem augenscheinlich keine Beziehung wieder angeknüpft wurde. Viele starben im Auslande, unbeachtet, fast versteckt; der Lärm des neuen Reiches übertönte die stillgewordenen Besiegten. Diejenigen, welche zur Zeit der Reichsgründung oder bald hernach geboren wurden, wußten es nicht anders, als daß die Besitzenden und Gebildeten, die Vertreter von Ordnung und Staat, im Rechte wären gegenüber allen Revolutionären, daß alle sozialistisch Gesinnten, von Kommunisten ganz zu schweigen, nicht nur im Irrtum, sondern Verbrecher wären. Man untersuchte diese Probleme nicht mehr, man hielt sie für gelöst. Das Wort Freiheit wurde nicht mehr mit Begeisterung, sondern mit einem Beiklang von Ironie ausgesprochen, und auf die Namen derjenigen, die, ihr Banner in der Hand, gefallen waren, senkte sich Staub, und Spinngewebe wuchs darüber. Es ist etwas Rätselhaftes und Furchtbares um die öffentliche Meinung: Sie trifft gewisse Namen mit einem bösen Blick, unter dem sie hinschwinden. Was die Männer von Achtundvierzig gedacht, gedichtet und gehofft hatten, wurde schwach und töricht gefunden, ohne daß man es kannte; man hielt es nicht für wert, kennengelernt zu werden. Vieles, was damals selbstverständliche Wahrheit war, lag unter Schutt begraben, und selbstbewußt triumphierende sowohl wie zerrissene, zweiflerisch grübelnde Generationen traten es gleichmäßig mit Füßen. Es gab wohl einzelne aus der Schicht der Bourgeoisie, die sich dem Sozialismus anschlossen, aber diese gingen offen über zu einer konstituierten Partei; die Bourgeoisie war nicht mehr wie damals durchsetzt von jungen Männern und Frauen, die mit den unteren Klassen sympathisierten und sich ihnen näherten in der Hoffnung, zu einem Volke mit ihnen verschmelzen zu können. Das Anschwellen der Industrie und des Kapitalismus riß die Besitzenden und das Proletariat hoffnungslos auseinander. Daß staatliche Macht das Höchste sei, was ein Volk erstreben könne, wurde allgemeine Auffassung. Das war seit langem der Glaube Frankreichs und Englands gewesen, nicht Deutschlands. Man fing nun an, mit Geringschätzung auf die Jahrhunderte zu blicken, wo Deutschland keine politische Macht gewesen war; die glorreiche Zeit des mittelalterlichen Kaisertums wurde vergessen, und wir besitzen noch immer kein Werk, das unsere große Vergangenheit vorbildlich darstellt. Der preußisch-deutsche Staat wurde als die Spitze betrachtet, in welche alles Bisherige einmündete und womit die Vollkommenheit erreicht wäre; der Gesichtspunkt, daß der mächtigste Staat schwach ist, wenn er sich nicht auf ein einiges Volkstum gründet, wurde übersehen. Die Begriffe Volkssouveränität, Demokratie, Staatenbund und andere waren verzerrt; denn der zentralisierte, mächtige Nationalstaat wurde der Maßstab, nach welchem jede Daseinsform der Völker beurteilt wurde. Auch innerhalb des Sozialismus siegte die Idee, daß das Proletariat streben müsse, in den Besitz der Macht zu gelangen. Allerdings waren die Achtundvierziger und war Bakunin stets von einer Umwälzung ausgegangen, die sich über ganz Europa ausdehnte; denn es ist klar, daß Dezentralisation in einem einzelnen

Lande dies zum Sklaven der übrigen Machtstaaten würde machen müssen. Nach 1870 gab es kein Junges Europa mehr, und diejenigen, welche sich Europäer oder Kosmopoliten nannten, meinten damit ein mehr oder weniger wohlwollendes Verständnis für die Kulturen aller Zeiten und Länder, nicht das Gefühl der Gemeinsamkeit auf Grund des Glaubens an das gleiche Ideal der Menschlichkeit und eine tatsächlich ganz Europa umfassende organische Gliederung, wie sie im Mittelalter bestand, wo die Grenzen zwischen den Nationen fließend waren. Die Kluft zwischen den Nationen und innerhalb der Nationen zwischen den Klassen, welche der begeisterte Blick der ersten Hälfte des neunzehnten Jahrhunderts auffüllen zu können glaubte, war am Ende unüberbrückbar geworden. Die Erschütterung des Weltkriegs, den Bakunin voraussah und erhoffte, bebt noch nach, und noch kann man hoffen, daß sie zu einem Ausgleich führt, den menschliche Macht allein nie gefunden hätte.

Der französische Historiker Michelet hat einmal in bezug auf Michael Bakunin gesagt: Wenn Deutschland Deutschland werden wird, dann wird es diesem Russen einen Altar errichten. Das kann im Munde dieses Bewunderers deutscher Kultur in deutscher Vergangenheit nur heißen: Wenn Deutschland ein Gebilde sein wird ähnlich dem Heiligen Römischen Reich Deutscher Nation. Das schwebte, bewußt und unbewußt, vielen der edlen Träumer und Kämpfer von 1848 vor. Noch sind Deutschlands eigene Söhne dieser Zeit nicht auferstanden, noch grüßen wir die schönen Farben Schwarz-Rot-Gold, für die sie in den Tod gingen, nicht mit Ehrfurcht und Liebe. Ich weiß nicht, ob man dann, wenn die versunkenen Ideale wieder begriffen werden, ihren Vertretern Standbilder setzen wird, deren so viele auf unseren Plätzen stehen, ohne sie zu schmücken, Dutzendgötzen, an denen der Geschäftige gleichgültig vorbeiläuft. Ein Denkmal Bakunins kann man sich ausmalen ähnlich dem Peters des Großen in Petersburg, an den seine Gestalt erinnerte und dessen Gegenspieler er in manchem Betracht war. Nicht als Reiter, sondern zu Fuß müßte man ihn den Felsen hinaufstürmen lassen, die Fackel in der einen Hand, um den Brand in den verhaßten Staat zu werfen, in der anderen die Fahne, die er schwingt im Glauben an das neue Reich, das er im Herzen trug.

Fußnoten

1.   Täuscher ist der Name eines damaligen antiklerikalen Führers.